2024年主题出版重点出版物

新时代
中国政治经济学

张雷声 ◎ 著

中国财经出版传媒集团

经济科学出版社
Economic Science Press

·北 京·

图书在版编目（CIP）数据

新时代中国政治经济学 / 张雷声著. -- 北京 : 经济科学出版社，2025. 2. -- ISBN 978 -7 -5218 -5688 -0

Ⅰ. F120. 2

中国国家版本馆 CIP 数据核字第 2024P1A865 号

责任编辑：孙丽丽　胡蔚婷
责任校对：齐　杰
责任印制：范　艳

新时代中国政治经济学
XINSHIDAI ZHONGGUO ZHENGZHIJINGJIXUE
张雷声　著
经济科学出版社出版、发行　新华书店经销
社址：北京市海淀区阜成路甲 28 号　邮编：100142
总编部电话：010 -88191217　发行部电话：010 -88191522
网址：www. esp. com. cn
电子邮箱：esp@ esp. com. cn
天猫网店：经济科学出版社旗舰店
网址：http：//jjkxcbs. tmall. com
北京季蜂印刷有限公司印装
710 ×1000　16 开　19. 75 印张　260000 字
2025 年 2 月第 1 版　2025 年 2 月第 1 次印刷
ISBN 978 -7 -5218 -5688 -0　定价：88. 00 元
（图书出现印装问题，本社负责调换。电话：010 -88191545）

目 录

导　论

新时代中国政治经济学是马克思主义政治经济学在新时代中国发展的最新境界。作为一门科学，新时代中国政治经济学具有严密的逻辑体系，它通过逻辑起点，在独特的经济范畴体系中，构建起了内涵丰富的体系。研究新时代中国政治经济学中的每一个具体范畴、每一个思想观点和每一个理论问题，是深刻理解习近平经济思想、把握新时代中国政治经济学的关键所在。

一、新时代中国政治经济学的逻辑起点

要搞清楚新时代中国政治经济学的逻辑起点是什么，首先必须搞清楚“何谓逻辑起点”。马克思认为，“正如从简单范畴的辩证运动中产生出群一样，从群的辩证运动中产生出系列，从系列的辩证运动中又产生出整个体系。”① 这也就是说，“从最简单的基本的东西出发……在这些基本东西那里‘全部发展就在萌芽之中’”②。因此，我们看到，构建体系的逻辑起点应该是理论叙述的起点，也就是在理论叙述展开过程

① 《马克思恩格斯文集》第1卷，人民出版社2009年版，第601页。

② 参见《列宁全集》第55卷，人民出版社1990年版，第79页。

中，包含着整个理论发展规定性的“最简单的基本的东西”。正因为这个“最简单的基本的东西”包含了整个理论发展的规定性，逻辑起点需要经历一系列的辩证转化环节，最终演绎到逻辑终点，因而逻辑起点既必须是对历史的逻辑的反映，也必须是从抽象上升到具体的结果，只不过这一最终的具体会表现为具有更多规定和关系的思维的总体。马克思正是在对资本主义生产方式的分析中，发现了商品这个包含着资本主义全部发展萌芽的最简单的基本东西，以此为逻辑起点，构建起了《资本论》的理论体系。因此，逻辑起点应为理论叙述的起始点，即在理论叙述展开过程中，包含着整个理论发展规定性的“最简单的基本的东西”。由此看来，学术界存在“以人民为中心论”“新时代论”“新常态论”“社会主要矛盾论”等多种关于新时代中国政治经济学逻辑起点的看法，忽略了这一点。但是，这些看法却也明确地提出了“理论问题”是新时代中国政治经济学的逻辑起点，从而反映了新时代中国政治经济学的逻辑起点对马克思主义政治经济学理论体系逻辑起点的创造性发展。

“理论问题”作为新时代中国政治经济学的逻辑起点，必须是能够反映新时代中国政治经济学内容的最本质规定的理论，通过理论的展开、理论之间的逻辑关系，把蕴涵于“起点理论”中的内容充分展示出来。因此，这个“理论问题”就是以习近平同志为主要代表的中国共产党人对邓小平提出的社会主义本质理论在新时代的丰富和发展，也可以概括为“中国特色社会主义本质理论”。

首先，新时代中国政治经济学的时代课题包含着社会主义本质的规定性。进入新时代，国内外形势变化和我国各项事业的发展，要求系统回答新时代坚持和发展什么样的中国特色社会主义、怎样坚持和发展中国特色社会主义，建设什么样的社会主义现代化强国、怎样建设社会主义现代化强国，建设什么样的长期执政的马克思主义政党、怎样建设长期执政的马克思主义政党等问题，从经济角度系统回答时代课题就成为新时代中国政治经济学的时代课题。新时代中国政治经济学的理论创新和实践创新，始终坚持了“中国特色社会主义是社会主义”这条基本原则。在阐述社会主义基本经济制度、分配制度、共同富裕等问题中，创造性地作出了“中国特色社会主义本质的要求”“中国特色社会主义本质的特征”“中国特色社会主义的内在要求”等判断，从而把“社会主义本质”上升到中国特色社会主义层面，并将社会主义本质的规定性纳入对时代课题的科学回答之中。

其次，新时代中国政治经济学的价值引领内含着社会主义本质的属性。“创新、协调、绿色、开放、共享”的新发展理念，是新时代推动我国经济由高速发展转向高质量发展的根本指针，它既抓住了制约中国经济发展的问题症结所在，又给出了解决问题的举措，是中国共产党适应经济发展新常态、建设现代化经济体系、构建“双循环”发展格局、实现经济高质量发展的基本遵循。从根本上说，新发展理念引领社会主义本质实现手段的采用，通过解放生产力、发展生产力、保护生产力，进行中国特色社会主义的“五位一体”建设，协调发展中各种利益关系、比例关系，处理经济建设人口增长与资源利用、生态环境保护之间的关系，实现社会的全面进步和人的全面发展，使广大人民群众有更多的获得感。

再次，新时代中国政治经济学的主要内容蕴含着社会主义本质的特性。新时代中国政治经济学“以人民为中心”、坚守人民立场的根本态度，反映了经济发展就是要紧紧抓住人民最关心、最直接、最现实的利益问题，以最广大人民根本利益为坐标，努力让人民过上更加美好的生活。新时代中国政治经济学蕴含着“公平正义是中国特色社会主义的内在要求”的内容，说明了公平正义是中国特色社会主义的本质属性和内在要求。新时代中国政治经济学中关于推进供给侧结构性改革，消除贫困、坚持共享发展，建设社会主义现代化强国等方面的深入研究，都蕴含着社会主义本质的特性，体现着“消灭剥削，消除两极分化，最终达到共同富裕”的本质要求。

最后，新时代中国政治经济学的政治特色反映着社会主义本质的要求。“坚持党的领导”是中国共产党百年奋斗的主要历史经验，在经济建设上，“党加强对经济工作的战略谋划和统一领导”①，充分反映了新时代中国政治经济学的政治特色。在处理好公有制与非公有制经济关系中，党始终坚持“两个毫不动摇”；在促进国民经济发展中，党始终坚持实施创新驱动发展战略；在推动区域经济发展中，党始终坚持实施区域协调发展战略；在解决好“三农”问题中，党始终坚持实施乡村振兴战略；等等。“中国共产党的领导是中国特色社会主义最本质的特征”②，深化了党的领导与中国特色社会主义的内在关系，反映了对坚持和发展中国特色社会主义的规律性认识。

二、新时代中国政治经济学的核心范畴

以“理论问题”作为建构新时代中国政治经济学理论体系的逻辑起点，但这并不是说，经济范畴在体系建构中就没有意义了。任何一个

① 参见《中共中央关于党的百年奋斗重大成就和历史经验的决议》，人民出版社 2021 年版，第 34 页。

② 《习近平谈治国理政》第二卷，外文出版社 2017 年版，第 18 页。

思想体系的构建，必须要依赖于“范畴”的建设，即清晰界定各个范畴和构建完备的范畴体系。因此，经济范畴依然是我们理解和把握新时代中国政治经济学中理论问题的基本元素，是新时代中国政治经济学的聚合点。而在构成新时代中国政治经济学体系的众多范畴中，核心范畴是从一系列基本范畴中抽象出的最高范畴，是范畴系列链条中最基本、最重要、最关键的范畴，在整个理论体系中具有重要地位，它起着把握新时代中国政治经济学体系逻辑发展“路标”的作用，在新时代中国政治经济学的体系中是“具有决定意义的”经济范畴。

核心范畴所体现的意义主要在于：第一，它是思想见解、理论内容、逻辑体系的“纽结”，并使思想见解、理论内容、逻辑体系具有高度的概括性、稳定性、开放性。习近平指出：在哲学社会科学话语体系建设中，“要善于提炼标识性概念，打造易于为国际社会所理解和接受的新概念、新范畴、新表述”，并强调“每个学科都要构建成体系的学科理论和概念”①。习近平这里所强调的“标识性概念”，指的就是“核心范畴”。正是在立足新时代中国特色社会主义发展实践的基础上，新时代中国政治经济学以提炼出的核心范畴为纽带，构建起了逻辑体系。第二，它是思想体系中的核心概念，起着思想逻辑展开的关键性作用，也反映着这个思想体系的发展性、创新性、创造性。恩格斯曾经在评价马克思《资本论》中范畴的运用时说过：“一门科学提出的每一种见解都包含这门科学的术语的革命。”② 马克思正是通过“术语的革命”实现了政治经济学的理论创新。新时代中国政治经济学中反映新见解和新理论的核心范畴的形成，正是一场“术语的革命”。

① 《习近平谈治国理政》第二卷，外文出版社 2017 年版，第 346 页。
② 《马克思恩格斯文集》第 5 卷，人民出版社 2009 年版，第 32 页。

社会主义本质、新发展理念、社会主要矛盾、社会主义基本经济制度、政府和市场、混合所有制经济、分配结构、共同富裕、新常态、供给侧结构性、现代化经济体系、脱贫攻坚、高质量发展、新发展阶段、新发展格局、社会主义现代化、开放型经济新体制、人类命运共同体，等等，是直接体现新时代中国政治经济学的理论特色、理论创新、理论创造的核心范畴。所有这些核心范畴的逻辑联系，构成了新时代中国政治经济学的特有的核心范畴体系，而拥有这一独特的核心范畴体系，则是新时代中国政治经济学作为一门科学自立于学科之林的基本依据，同时也是它开拓马克思主义政治经济学新境界的重要标志。

运用马克思关于总体问题研究的思路来分析核心范畴体系，我们可以从中看到新时代中国政治经济学的创新性贡献和原创性贡献。在《政治经济学批判（1857—1858 年手稿）》中，马克思在谈到总体结构中范畴的转换时，对总体结构中范畴转换有序性的二重性作了分析。马克思认为，总体结构中范畴转换的有序性，一方面表现为具有不同内涵规定性的不同范畴之间的层次转换关系，例如，商品转化为货币、货币转化为资本、资本转化为剩余价值等等；另一方面表现为具有不同内涵规定性的同一范畴的层次转换关系，例如，资本的一般性、特殊性和个别性的转化，以及资本一般和许多资本之间的转化。马克思的这一分析对我们把握新时代中国政治经济学的核心范畴体系有重要的启示。如果我们按照马克思关于范畴转换有序性的二重性来分析新时代中国政治经济学的核心范畴，大体可以将核心范畴分为两类：一类就是马克思所说的“具有不同内涵规定性的不同范畴”，即新发展理念、新常态、供给侧结构性、现代化经济体系、高质量发展、新发展格局等，这类核心范畴对于马克思主义政治经济学的发展来说，是具有原创性贡献的范畴。

而这类范畴主要是在对新时代中国特色社会主义经济发展实践经验进行总结的基础上，提炼出上升到理论高度的概念；一类就是马克思所说的“具有不同内涵规定性的同一范畴”，即社会主义本质、社会主义基本经济制度、政府与市场、混合所有制经济、社会主义现代化、创新驱动、乡村振兴、新型城镇化、开放型经济新体制、人类命运共同体等，这类核心范畴对于马克思主义政治经济学的发展来说，是具有创新性贡献的范畴。而这类范畴则主要是立足新时代中国特色社会主义经济发展实践，对中国共产党在历史上已经提出的范畴进行内涵上的丰富和发展。在新时代中国政治经济学的体系中，无论哪一类标识性范畴都起着逻辑推进、逻辑发展的作用，起着反映理论创新、理论创造的作用。

新时代中国政治经济学核心范畴所彰显的特点主要有：第一，实践性。实践性是马克思主义理论区别于其他理论的显著特征。新时代中国政治经济学是在以人民为经济发展主体、以满足人民的需求和增进人民的福祉为经济发展动力的实践中形成并发展起来的。其核心范畴的意义和作用，既表现为把马克思主义政治经济学范畴与新时代中国经济实践结合，在认识经济运动过程、把握社会经济发展规律的基础上，科学解答我国经济发展中的重大理论和实践问题，也表现为在立足我国国情和经济发展实践的基础上，从新的范畴或丰富已有范畴的新内涵角度对人民群众实践经验的提炼，从而对新时代中国经济发展新特点的揭示。第二，时代性。时代性是马克思主义政治经济学中国化的题中之义。新时代中国政治经济学是在时代发展提出的新要求、科学研究时代的新课题、系统回答“时代之问”中形成并发展起来的。其核心范畴的意义和作用，表现为坚持马克思主义时代观，始终站在时代发展的前列，反映时代发展中重大前沿问题的研究，连接新时代中国政治经济学内容的逻辑联系，以此寻求马克思主义政治经济学在21世纪的发展和创新。其核心范畴无疑起着用当代中国马克思主义经济学、用21世纪马克思主义观察时代、把握时代、引领时代的作用。第三，科学性。科学性是马克思主义政治经济学的内在品质。马克思主义政治经济学以唯物史观为基础，创建了劳动价值论和剩余价值论，揭示了资本主义生产方式运行的客观规律，为人类指明了从必然王国向自由王国飞跃的途径。新时代中国政治经济学立足新时代中国经济发展实际，继承和发展了马克思主义政治经济学。其核心范畴的意义和作用，表现为坚持解放思想、实事求是、与时俱进、求真务实，一切从实际出发，着眼解决新时代改革开放和社会主义现代化建设的实际问题，深化了对共产党执政规律、社会主义建设规律、人类社会发展规律的认识。第四，开放性。开放性是马克思主义政治经济学具有与时俱进理论品质的重要体现。新时代中国政治经济学作为马克思主义政治经济学的最新成果，必定也是一个开放性的体系，会随着时代、实践和科学的发展而不断发展。其核心范畴的意义和作用，表现为始终保持与时俱进的状态，在坚持马克思主义政治经济学基本原理的基础上，在坚持新时代中国特色社会主义经济发展实践的基础上，根据经济体制改革的新发展、社会主义现代化建设的新要求、人类文明新形态发展的新趋向，不断展现出新样态、新内涵，以丰富新时代中国政治经济学的内容，创新和创造马克思主义政治经济学。

三、新时代中国政治经济学体系的内在逻辑

新时代中国政治经济学的体系，由经济制度、经济发展、发展战略、对外开放四个层次构成。经济制度层次规定了中国特色社会主义经济的制度属性，从经济方面系统回答了新时代坚持和发展什么样的中国

特色社会主义、建设什么样的社会主义现代化强国、建设什么样的长期执政的马克思主义政党等问题；经济发展、发展战略两个层次则规定了中国特色社会主义经济运行的体制机制；对外开放层次反映了中国特色社会主义经济发展的世界意义。后三个层次的内容则从经济方面系统回答了新时代怎样坚持和发展中国特色社会主义、怎样建设社会主义现代化强国、怎样建设长期执政的马克思主义政党等问题。

在经济制度层次，新时代中国政治经济学以对社会主义本质认识的丰富和发展为逻辑起点，坚持“以人民为中心”的根本立场，坚持加强党对经济工作的领导，对社会主义基本经济制度作出了创新性的发展。在对以公有制为主体、多种经济成分共同发展的所有制结构分析中，提出了坚持“两个毫不动摇”、支持国有资本和国有企业做强做优做大、促进非公有制经济人士健康成长的思想见解；在对以按劳分配为主体、多种分配方式并存的分配制度分析中，提出了坚持按劳分配原则，完善按要素分配的体制机制，促进收入分配更合理、更有序的思想观点，并从促进公平正义、实现共同富裕方面作出了构建初次分配、再分配、三次分配协调配套的基础性制度安排。在对社会主义市场经济体制的分析中，提出了使市场在资源配置中起决定性作用、更好发挥政府作用，保护和激发市场主体活力，推动有效市场和有为政府结合等思想观点。

在经济发展层次，新时代中国政治经济学以新发展理念为价值引领，根据新时代社会主要矛盾的变化，创造性地提出了以新质生产力推动经济高质量发展的理论。基于对新时代我国经济发展进入新常态的判断，提出了供给侧结构性改革的主攻方向和改革路径等重大理论和实践问题；基于对中国特色社会主义现代化发展阶段的新判断，提出了建设现代化经济体系的战略目标和实际举措；基于我国发展阶段、环境和条件的变化，作出“要统筹中华民族伟大复兴全局和世界百年未有之大变局”的论断，提出了立足新发展阶段，构建新发展格局的思想。基于中国特色社会主义实践的发展，提出了推进中国式现代化、全面建成社会主义现代化国家的目标任务。推进制造强国建设，加快发展现代产业体系，壮大实体经济，发展数字经济，是新时代中国政治经济学的重要内容。

在发展战略层次，新时代中国政治经济学以新发展理念为价值引领，根据我国经济发展已由高速增长阶段转向高质量发展阶段的事实，提出了以发展动力转换、创新引领作用发挥、国家创新体系建设、战略科技力量强化等为内容的创新驱动发展战略。根据我国区域经济发展不平衡、不协调状况，从促进京津冀协同发展、长江经济带发展、长三角一体化发展、粤港澳大湾区建设，以及加快革命老区、民族地区和边疆地区发展等方面，深化了区域协调发展战略。依据解决好“三农”问题是全党工作重中之重的根本任务，从坚持农业农村优先发展、建立健全城乡融合发展体制机制和政策体系、推进农业农村现代化、培养造就“三农”工作队伍等方面，推进了乡村振兴战略的实施。新时代中国政治经济学关于经济发展战略的研究，对于推动中国特色社会主义经济发展和实现现代化具有重要的指导意义。

在对外开放层次，新时代中国政治经济学以新发展理念为价值引领，适应经济全球化发展新趋势和国内改革发展新要求，作出了构建开放型经济新体制的顶层设计和战略部署。为推进我国高水平对外开放，采取了增强国际国内两个市场两种资源联动、推动货物贸易优化升级、优化区域开放布局等具体举措。为增强中国的国际竞争力，部署了加快实施自由贸易区战略的有关问题，推动我国新一轮自由贸易区建设取得了重要突破和新的进展。为拓展国民经济发展的空间，提出并实施了“一带一路”国际合作，使其从理念转化为行动，从愿景转变为现实。为使中国能够深度融入世界，获得对外开放的良好外部环境，提出了“共商”规则、“共建”机制、“共享”目标的全球经济治理理念。为加强中国对外关系的发展，以解决经济全球化发展中存在的需要解决的共同问题，提出了构建人类命运共同体的问题。新时代中国政治经济学关于对外开放的研究，对于推动开放、包容、普惠、平衡、共赢的经济全球化发展，推动相互尊重、公平正义、合作共赢的新型国际关系建设具有重要的贡献。

四、新时代中国政治经济学的思想精髓

新时代中国政治经济学之所以能够开辟马克思主义政治经济学中国化时代化的新境界，关键就在于坚持运用了辩证唯物主义和历史唯物主义。因为“中国共产党人深刻认识到，只有把马克思主义基本原理同中国具体实际相结合、同中华优秀传统文化相结合，坚持运用辩证唯物主义和历史唯物主义，才能正确回答时代和实践提出的重大问题，才能始终保持马克思主义的蓬勃生机和旺盛活力”①。新时代中国政治经济学的理论创新和理论创造正是在坚持运用辩证唯物主义和历史唯物主义的基础上进行的。

习近平高度重视对辩证唯物主义和历史唯物主义的学习和运用，发表了一系列重要论述。自 2013 年以来，他在主持中央政治局多次集体

① 习近平：《高举中国特色社会主义伟大旗帜　为全面建设社会主义现代化国家而团结奋斗——在中国共产党第二十次全国代表大会上的报告》，人民出版社 2022 年版，第 17 页。

学习时都强调：马克思主义哲学包括辩证唯物主义和历史唯物主义，是马克思主义立场、观点、方法的集中体现，是马克思主义学说的思想基础。我们必须不断接受马克思主义哲学智慧的滋养，更加自觉地坚持和运用辩证唯物主义和历史唯物主义，把各项工作做得更好。在习近平看来，学习和运用辩证唯物主义，要注重学习掌握世界统一于物质、物质决定意识的原理，坚持从客观实际出发制定政策、推动工作；学习掌握事物矛盾运动的基本原理，不断强化问题意识，积极面对和化解前进中遇到的矛盾；学习掌握唯物辩证法的根本方法，不断增强辩证思维能力，提高驾驭复杂局面、处理复杂问题的本领；学习掌握认识和实践辩证关系的原理，坚持实践第一的观点，不断推进实践基础上的理论创新。① 学习和运用历史唯物主义，要注重学习和掌握社会基本矛盾分析法，深入理解全面深化改革的重要性和紧迫性；学习和掌握物质生产是社会生活的基础的观点，准确把握全面深化改革的重大关系；学习和掌握人民群众是历史创造者的观点，紧紧依靠人民推进改革。② 新时代中国政治经济学是坚持和运用辩证唯物主义和历史唯物主义的典范。它创造性地运用辩证唯物主义和历史唯物主义，以求真务实的分析思维深刻地分析了社会主义社会主要矛盾的转化，揭示了中国特色社会主义本质的要求、本质的特征，对社会主义基本经济制度作了新拓展，科学回答了坚持和发展中国特色社会主义经济的一系列问题；以矛盾分析思维解决我国发展所面临的突出矛盾和尖锐问题，形成了一系列独创性的观点，创造性地发展了马克思主义政治经济学；以整体分析思维促进中国

① 习近平：《辩证唯物主义是中国共产党人的世界观和方法论》，载于《求是》2019 年第 1 期。

② 习近平：《坚持历史唯物主义不断开辟当代中国马克思主义发展新境界》，载于《求是》2020 年第 2 期。

特色社会主义经济在各个领域、各个方面的“整体统一”中发展；以理论逻辑、历史逻辑和实践逻辑辩证统一的分析思维，彰显了问题研究的科学性、准确性，以及对马克思主义政治经济学的与时俱进性。

新时代中国政治经济学坚持运用辩证唯物主义和历史唯物主义，创造性地运用马克思主义世界观和方法论认识和解决新时代中国经济发展问题，发展了马克思主义世界观和方法论，这就是党的二十大报告概括的“六个必须坚持”。“六个必须坚持”，即“必须坚持人民至上”“必须坚持自信自立”“必须坚持守正创新”“必须坚持问题导向”“必须坚持系统观念”“必须坚持胸怀天下”，是习近平新时代中国特色社会主义思想的世界观和方法论，同样也是新时代中国政治经济学的世界观和方法论。

坚持人民至上，反映了新时代中国政治经济学的根本立场。立场决定观点、方法，决定了观察问题的视角。尊重人民主体地位、聚焦人民实践创造、以人民根本利益为最高标准，是新时代中国政治经济学形成和发展的依据。“人民至上”的根本立场深深嵌入在新时代中国政治经济学中，体现了它的“人民性”特点。正如党的二十大报告所说的，“我们要站稳人民立场、把握人民愿望、尊重人民创造、集中人民智慧，形成为人民所喜爱、所认同、所拥有的理论，使之成为指导人民认识世界和改造世界的强大思想武器”①。

坚持自信自立，铸就了新时代中国政治经济学的精神品格。新时代中国政治经济学坚持对马克思主义的坚定信仰，从新时代中国特色社会主义实践出发，勇于进行独立自主的理论探索和创新，科学解答坚持和

---

① 习近平：《高举中国特色社会主义伟大旗帜　为全面建设社会主义现代化国家而团结奋斗——在中国共产党第二十次全国代表大会上的报告》，人民出版社2022年版，第19页。

发展中国特色社会主义经济等重大时代课题，提出了一系列原创性和创新性的经济理论和发展战略，形成了对中国特色社会主义的坚定信念，坚定了道路自信、理论自信、制度自信、文化自信。新时代中国政治经济学以更加积极的历史担当和创造精神为发展马克思主义政治经济学作出了新的贡献，开辟了21世纪马克思主义发展的新境界。

坚持守正创新，体现了新时代中国政治经济学的内在要求。习近平指出："我们要坚持用马克思主义观察时代、解读时代、引领时代，用鲜活丰富的当代中国实践来推动马克思主义发展，用宽广视野吸收人类创造的一切优秀文明成果，坚持在改革中守正出新、不断超越自己，在开放中博采众长、不断完善自己，不断深化对共产党执政规律、社会主义建设规律、人类社会发展规律的认识，不断开辟当代中国马克思主义、21世纪马克思主义新境界！"① 新时代中国政治经济学"以科学的态度对待科学、以真理的精神追求真理，坚持马克思主义基本原理不动摇，坚持党的全面领导不动摇，坚持中国特色社会主义不动摇，紧跟时代步伐，顺应实践发展，以满腔热忱对待一切新生事物，不断拓展认识的广度和深度，敢于说前人没有说过的新话，敢于干前人没有干过的事情，以新的理论指导新的实践"②。

坚持问题导向，表现为新时代中国政治经济学的工作方法。"坚持问题导向是马克思主义的鲜明特点。问题是创新的起点，也是创新的动力源。"③ 只有坚持问题导向，才能直面问题，在研究问题中揭示问题内在的本质和规律，在解决问题中推动社会进步和发展。在新时代的历

① 习近平：《在纪念马克思诞辰200周年大会上的讲话》，人民出版社2018年版，第27页。

② 习近平：《高举中国特色社会主义伟大旗帜　为全面建设社会主义现代化国家而团结奋斗——在中国共产党第二十次全国代表大会上的报告》，人民出版社2022年版，第20页。

③ 习近平：《在哲学社会科学工作座谈会上的讲话》，载于《人民日报》2016年5月18日。

史条件下，新时代中国政治经济学“聚焦实践遇到的新问题、改革发展稳定存在的深层次问题、人民群众急难愁盼问题、国际变局中的重大问题、党的建设面临的突出问题，不断提出真正解决问题的新理念新思路新办法”①，并将其提升到理论高度，探索规律性认识。

坚持系统观念，表现为新时代中国政治经济学的思维方法。新时代中国政治经济学善于“通过历史看现实、透过现象看本质，把握好全局和局部、当前和长远、宏观和微观、主要矛盾和次要矛盾、特殊和一般的关系，不断提高战略思维、历史思维、辩证思维、系统思维、创新思维、法治思维、底线思维能力，为前瞻性思考、全局性谋划、整体性推进党和国家各项事业提供科学思想方法”②。坚持系统观念，反映了新时代中国政治经济学对马克思主义系统观的运用并发展。

坚持胸怀天下，彰显了新时代中国政治经济学的高远境界。新时代中国政治经济学站在世界历史的高度，以“胸怀天下”的高远境界，审视当今世界发展趋势，“深刻洞察人类发展进步潮流，积极回应各国人民普遍关切，为解决人类面临的共同问题作出贡献，以海纳百川的宽阔胸襟借鉴吸收人类一切优秀文明成果，推动建设更加美好的世界”③。坚持胸怀天下，反映了新时代中国政治经济学具有博大世界胸怀和坚定大国担当的境界。

这“六个必须坚持”，是习近平新时代中国特色社会主义思想的精髓，也是新时代中国政治经济学的精髓，是我们深刻理解和把握新时代中国政治经济学的“秘籍”。

---

① 习近平：《高举中国特色社会主义伟大旗帜 为全面建设社会主义现代化国家而团结奋斗——在中国共产党第二十次全国代表大会上的报告》，人民出版社2022年版，第20页。

②③ 习近平：《高举中国特色社会主义伟大旗帜 为全面建设社会主义现代化国家而团结奋斗——在中国共产党第二十次全国代表大会上的报告》，人民出版社2022年版，第21页。

第一章

新时代中国政治经济学的形成

新时代中国政治经济学，是以习近平同志为主要代表的中国共产党人领导中国人民，在新时代实现社会主义现代化和中华民族伟大复兴中形成并发展起来的。以习近平同志为主要代表的中国共产党人把马克思主义政治经济学与中国新时代的经济发展实践结合起来，推进了马克思主义政治经济学的不断飞跃，形成了新时代中国政治经济学。新时代中国政治经济学对马克思主义政治经济学作出了重大贡献，开创了马克思主义政治经济学发展创新的新境界。

一、中国特色社会主义进入新时代

党的十八大以来，中国特色社会主义进入了新时代。对此，党的十九大作出庄严宣告："中国特色社会主义进入了新时代，这是我国发展新的历史方位。"① 新时代的重要特征就是我国社会主要矛盾发生了变化，即由落后的社会生产与人民的物质文化需要之间的矛盾，转化为人民日益增长的美好生活需要和不平衡不充分的发展之间的矛盾。社会主要矛盾的变化也是主导新时代走向的一个很重要的因素，是马克思主义政治经济学在中国发生新的飞跃、形成了新时代中国政治经济学的重要依据。

首先，新时代意味着近代以来久经磨难的中华民族迎来了从站起

① 《十九大以来重要文献选编》上，中央文献出版社 2019 年版，第 7 页。

来、富起来到强起来的伟大飞跃，迎来了实现中华民族伟大复兴的光明前景。“鸦片战争后，中国陷入内忧外患的黑暗境地，中国人民经历了战乱频仍、山河破碎、民不聊生的深重苦难。为了民族复兴，无数仁人志士不屈不挠、前赴后继，进行了可歌可泣的斗争，进行了各式各样的尝试，但终究未能改变旧中国的社会性质和中国人民的悲惨命运。”[①]以毛泽东同志为主要代表的中国共产党人，在中华民族处于生死存亡的危急关头，领导中国人民推翻帝国主义、封建主义、官僚资本主义三座大山的压迫，实行民族独立、人民解放、国家统一、社会稳定，结束了中华民族100多年来半殖民地半封建社会的屈辱历史，中国人民从此站了起来。新中国成立后，以毛泽东同志为主要代表的中国共产党人，团结带领人民进行社会主义革命和建设，在全面恢复国民经济、进行社会主义“三大改造”的基础上，建立了社会主义经济制度，并对社会主义经济体制进行了初步探索。“我们党深刻认识到，实现中华民族伟大复兴，必须建立符合我国实际的先进社会制度。我们党团结带领人民完成社会主义革命，确立社会主义基本制度，推进社会主义建设，完成了中华民族有史以来最为广泛而深刻的社会变革，为当代中国一切发展进步奠定了根本政治前提和制度基础，实现了中华民族由近代不断衰落到根本扭转命运、持续走向繁荣富强的伟大飞跃。”[②] 以邓小平同志为主要代表的中国共产党人，开创了改革开放的伟大事业，带领人民开辟了一条中国特色社会主义的经济发展之路，形成了中国特色社会主义经济理论。以江泽民同志为主要代表的中国共产党人和以胡锦涛同志为主要代表的中国共产党人，坚持邓小平创立的中国特色社会主义经济理论，

---

① 《十九大以来重要文献选编》上，中央文献出版社2019年版，第9～10页。
② 《十九大以来重要文献选编》上，中央文献出版社2019年版，第10页。

以社会主义初级阶段基本经济制度、社会主义初级阶段收入分配，社会主义市场经济体制框架、社会主义新农村建设、现代化发展战略等理论，丰富和发展了中国特色社会主义经济理论。改革开放创造了人类历史上的发展奇迹，人民生活水平得到了极大改善和提高，中国人民实现了从站起来到富起来的历史性转变。中国特色社会主义新时代，以习近平同志为主要代表的中国共产党人团结带领中国人民走向“强起来”。以习近平同志为核心的党中央坚持以人民为中心的发展思想，把人民对美好生活的向往作为努力方向，在推进全面建成小康社会的征程中，提出了建成富强民主文明和谐美丽的社会主义现代化强国、实现中华民族伟大复兴“中国梦”的新的奋斗目标，并以永不懈怠的精神状态和一往无前的奋斗姿态，团结带领人民朝着这一目标奋进。

其次，新时代意味着科学社会主义在二十一世纪的中国焕发出强大生机活力，在世界上高高举起了中国特色社会主义伟大旗帜。中国特色社会主义，是中国共产党人立足于中国的基本国情、契合时代发展的潮流，把马克思主义基本原理与中国社会主义发展的伟大实践结合起来所做出的正确选择和伟大创造，既凝结着实现中华民族伟大复兴的最根本的梦想，也体现着人类对社会主义的美好憧憬和不懈探索。“中国特色社会主义，是科学社会主义理论逻辑和中国社会发展历史逻辑的辩证统一。”[①] 习近平关于中国特色社会主义的精辟概括，集中反映了中国特色社会主义的实质，说明了中国特色社会主义与科学社会主义既一脉相承又与时俱进。科学社会主义是由马克思恩格斯创立、列宁给予了创造性发展的学说。科学社会主义不仅是揭示无产阶级解放运动的性质、条

① 《习近平谈治国理政》第一卷，外文出版社 2018 年版，第 21 页。

件和一般目的发展规律的科学，而且也是研究人类社会由低级社会形态发展到高级社会形态的一般规律的科学，是以无产阶级彻底解放和人类解放为己任的科学。由此可见，科学社会主义就是从理论上阐明资本主义基本矛盾、无产阶级的历史地位和历史使命、社会主义取代资本主义的历史必然性，以及为被压迫的工人阶级指明彻底解放道路的科学。坚持科学社会主义的关键，就在于坚持马克思主义的世界观、方法论，坚持无产阶级彻底解放和人类解放的基本价值取向，坚持运用马克思主义立场、观点、方法认识现实社会主义。科学社会主义的基本原则体现在马克思恩格斯以批判旧世界为基础对未来社会的科学预测之中，他们在揭示人类社会发展的客观规律中对未来社会作了科学展望，其概括是粗线条的、原则性的，并且具有发展性。一是生产资料公有制。二是按劳分配。三是未来社会能够按照共同的合理的计划，自觉地调节和进行社会劳动。四是人的全面而自由的发展。五是在未来社会里，国家作为阶级压迫的暴力机关的性质和职能将转变为维护社会利益的简单的管理职能。中国特色社会主义它不仅符合科学社会主义的基本原则，而且更重要的是，它以中国社会发展的实际为基础贯穿并发展了科学社会主义的科学内涵、精神实质和基本原则。党的十一届三中全会以来，我们党在深刻总结世界社会主义兴衰成败的经验教训的基础上，在深入探索什么是社会主义、怎样建设社会主义的过程中，坚持并深化了科学社会主义的基本原则，逐步形成了科学、完整的中国特色社会主义理论。

最后，新时代意味着中国特色社会主义道路、理论、制度、文化不断发展，拓展了发展中国家走向现代化的途径，给世界上那些既希望加快发展又希望保持自身独立性的国家和民族提供了全新选择，为解决人类问题贡献了中国智慧和中国方案。中国特色社会主义的发展成就贯穿于改革开放整个历史时期，特别是从新时代十年来所取得的历史性成就和伟大变革上体现出来。党的二十大对新时代十年的历史性成就和伟大变革作了精辟论述，指出：“十年来，我们经历了对党和人民事业具有重大现实意义和深远历史意义的三件大事：一是迎来中国共产党成立一百周年，二是中国特色社会主义进入新时代，三是完成脱贫攻坚、全面建成小康社会的历史任务，实现第一个百年奋斗目标。这是中国共产党和中国人民团结奋斗赢得的历史性胜利，是彪炳中华民族发展史册的历史性胜利，也是对世界具有深远影响的历史性胜利。”[①] 新时代的十年，是党和国家发展进程中极不平凡的十年。面对世界经济复苏乏力、局部冲突和动荡频发、全球性问题加剧的外部环境，面对我国经济发展进入新常态等一系列深刻变化，以习近平同志为主要代表的中国共产党人坚持稳中求进的工作总基调，迎难而上，开拓进取，取得了改革开放和社会主义现代化建设的历史性成就。

十年来的历史性成就主要表现在：一是“创立了新时代中国特色社会主义思想，明确坚持和发展中国特色社会主义的基本方略，提出一系列治国理政新理念新思想新战略，实现了马克思主义中国化时代化新的飞跃”；二是“全面加强党的领导，明确中国特色社会主义最本质的特征是中国共产党领导，中国特色社会主义制度的最大优势是中国共产党领导，中国共产党是最高政治领导力量”；三是“对新时代党和国家事业发展作出科学完整的战略部署，提出实现中华民族伟大复兴的中国梦，以中国式现代化推进中华民族伟大复兴”；四是“经过接续奋斗，实现了小康这个中华民族的千年梦想，我国发展站在了更高历史起点

① 习近平：《高举中国特色社会主义伟大旗帜　为全面建设社会主义现代化国家而团结奋斗——在中国共产党第二十次全国代表大会上的报告》，人民出版社 2022 年版，第 4 页。

上”；五是“提出并贯彻新发展理念，着力推进高质量发展，推动构建新发展格局，实施供给侧结构性改革，制定一系列具有全局性意义的区域重大战略，我国经济实力实现历史性跃升”；六是“以巨大的政治勇气全面深化改革，打响改革攻坚战，加强改革顶层设计”；七是“实行更加积极主动的开放战略，构建面向全球的高标准自由贸易区网络，加快推进自由贸易试验区、海南自由贸易港建设，共建‘一带一路’成为深受欢迎的国际公共产品和国际合作平台”；八是“坚持走中国特色社会主义政治发展道路，全面发展全过程人民民主”“社会主义法治国家建设深入推进，全面依法治国总体格局基本形成”；九是“确立和坚持马克思主义在意识形态领域指导地位的根本制度，新时代党的创新理论深入人心，社会主义核心价值观广泛传播，中华优秀传统文化得到创造性转化、创新性发展”；十是“深入贯彻以人民为中心的发展思想，在幼有所育、学有所教、劳有所得、病有所医、老有所养、住有所居、弱有所扶上持续用力，人民生活全方位改善”；十一是“坚持绿水青山就是金山银山的理念，坚持山水林田湖草沙一体化保护和系统治理，全方位、全地域、全过程加强生态环境保护，生态文明制度体系更加健全，污染防治攻坚向纵深推进，绿色、循环、低碳发展迈出坚实步伐，生态环境保护发生历史性、转折性、全局性变化”；十二是“贯彻总体国家安全观，国家安全领导体制和法治体系、战略体系、政策体系不断完善”；十三是“确立党在新时代的强军目标，贯彻新时代党的强军思想，贯彻新时代军事战略方针，坚持党对人民军队的绝对领导”；十四是“全面准确推进‘一国两制’实践”；十五是“全面推进中国特色大国外交，推动构建人类命运共同体，坚定维护国际公平正义”；十六是

“深入推进全面从严治党，坚持打铁必须自身硬”。[①] 从党的十八大到党的十九大，再到党的二十大，新时代的成就是全方位、开创性的，新时代的变革则是深层次、根本性的。这些历史性成就和深层次变革充分表明，中国已经行进在新时代的历史进程中。

因此，“这个新时代，是承前启后、继往开来、在新的历史条件下继续夺取中国特色社会主义伟大胜利的时代，是决胜全面建成小康社会、进而全面建设社会主义现代化强国的时代，是全国各族人民团结奋斗、不断创造美好生活、逐步实现全体人民共同富裕的时代，是全体中华儿女勠力同心、奋力实现中华民族伟大复兴中国梦的时代，是我国日益走近世界舞台中央、不断为人类作出更大贡献的时代”[②]。新时代奠定了中国政治经济学发展创新的时代和实践基础。

二、新时代中国政治经济学形成的基础

以习近平同志为主要代表的中国共产党人，坚持马克思主义政治经济学原理和方法，深刻把握我国经济社会发展所处的历史方位，紧密结合中国特色社会主义经济建设的伟大实践，接续推进马克思主义政治经济学中国化的历史进程，形成了新时代中国政治经济学。

新时代中国政治经济学是在科学回答时代课题所面临的新的形势基础上形成的。党的十八大以后，国内外形势变化和我国各项事业的发展给以习近平同志为主要代表的中国共产党人提出了必须从理论和实践的结合上系统回答新时代坚持和发展中国特色社会主义等问题的重要时代

---

① 习近平：《高举中国特色社会主义伟大旗帜 为全面建设社会主义现代化国家而团结奋斗——在中国共产党第二十次全国代表大会上的报告》，人民出版社2022年版，第5～13页。

② 《十九大以来重要文献选编》上，中央文献出版社2019年版，第8页。

课题。时代课题产生于时代变化的基础。当今时代，面临着影响人类历史发展方向和进程的“世界百年未有之大变局”，国际权力结构、国际秩序、全球治理体系等变局的出现，给新时代中国政治经济学科学回答时代课题提出了新的研究任务。当今时代，经济全球化的迅速发展呈现出复杂的态势。经济全球化的系统风险不断上升，新冠肺炎疫情对世界经济造成严重冲击、逆全球化浪潮的兴起，等等，给新的经济全球化的到来提供了契机，从而对新时代中国政治经济学科学回答时代课题提出了新的研究要求。当今时代，我国发展仍然处于重要战略机遇期，但发展所面临的机遇和挑战都有新的变化，国际环境“更多逆风逆水”，国内发展环境“经历着深刻变化”，这就为新时代中国政治经济学科学回答时代课题提供了新的研究导向。“时代课题是理论创新的驱动力。”① 在马克思主义经济思想史上，马克思、恩格斯、列宁等都是通过思考和回答时代课题来推进经济理论创新的；毛泽东、邓小平等中国共产党人在革命、建设和改革的不同历史时期，也正是通过回答和解决中国面临的时代课题不断推进经济理论创新的。面对错综复杂的国内外经济形势，面对形形色色的经济现象，以习近平同志为主要代表的中国共产党人，科学回答了新时代的重要课题，实现了马克思主义政治经济学在新时代的理论创新。

新时代中国政治经济学是在坚守人民立场所要求的新的实践基础上形成的。坚持人民主体地位是中国共产党自成立起就一直坚守的立场。习近平提出的“以人民为中心”的发展思想，是对中国共产党坚持人民主体地位思想的坚持和发展，是对马克思主义政治经济学人民立场的

① 《十九大以来重要文献选编》中，中央文献出版社 2021 年版，第 668 页。

坚守，体现了新时代中国政治经济学的价值取向。在新的历史起点上，人民对美好生活的强烈期盼，对新时代中国政治经济学坚守人民立场提出了更高的要求。在全面建成小康社会的决胜期，坚守人民立场则需要瞄准人民群众普遍关心的突出问题，打赢脱贫攻坚战，决不能让困难地区和困难群众掉队，全面小康路上一个不能少，脱贫致富一个不能落下，“以为民谋利、为民尽责的实际成效取信于民”①。在推进全面深化改革中，坚守人民立场则需要重视增强人民群众的获得感、幸福感、安全感，强化民生兜底保障，稳步提高城乡低保、社会救助、抚恤优待等标准，积极应对人口老龄化，发展居家、社区和互助式养老等问题，党的一切工作就是要为老百姓排忧解难谋幸福。在全面依法治国的进程中，坚守人民立场则需要以解决人民群众反映强烈的突出执法司法问题为重点，努力让人民群众在每一个司法案件中都能感受到公平正义，顺应人民群众对公共安全、司法公正、权益保障的新期待，让人民群众切实感受到公平正义就在身边，增强人民群众安全感和满意度。在全面从严治党中，坚守人民立场则需要坚持和加强党的全面领导，深入推进反腐败斗争，持续进行党自身的革命性锻造，把党建设成为始终走在时代前列、人民衷心拥护、勇于自我革命、经得起各种风浪考验、朝气蓬勃的马克思主义执政党。“如果不坚决纠正不良风气，任其发展下去，就会像一座无形的墙把我们党和人民群众隔开，我们党就会失去根基、失去血脉、失去力量。”② 以作风正党风、以党风赢民心，在从严治党中保持党的先进性和纯洁性，不断增强与人民群众的血肉联系。

---

① 《十九大以来重要文献选编》中，中央文献出版社2021年版，第113页。

② 《党风廉政建设和反腐败斗争是我们必须抓好的重大政治任务》，载于《人民日报》2014年10月1日。

新时代中国政治经济学是在自觉回答中国之问、世界之问、人民之问、时代之问，彰显中国之路、中国之治、中国之理中形成的。坚持和发展中国特色社会主义经济提出了大量亟待解决的新问题，世界百年未有之大变局加速演进，世界进入新的动荡变革期，迫切需要回答好“世界怎么了”“人类向何处去”的时代之题，新时代中国政治经济学坚持把马克思主义政治经济学原理同中国特色社会主义经济的具体实际相结合，立足中华民族伟大复兴战略全局和世界百年未有之大变局，不断推进中国化时代化的马克思主义政治经济学的发展和创新。新时代中国政治经济学自觉回答“四个之问”，为我们深刻理解和把握新时代中国政治经济学提供了学术创造的思想元素，提供了实现理论创新的深厚源泉和强大动力，同时也使我们从新时代中国政治经济学的形成中，看到了党的领导人始终保持着一种尊崇创造性研究的精神，始终持守的是独立思考、刻苦钻研的治学精神和科研态度。这种治学精神和科研态度，是党的理论不断创新的根本所在。

新时代中国政治经济学是在践行使命担当所面对的新的条件基础上形成的。“中国共产党一经成立，就把实现共产主义作为党的最高理想和最终目标，义无反顾肩负起实现中华民族伟大复兴的历史使命，团结带领人民进行了艰苦卓绝的斗争，谱写了气吞山河的壮丽史诗。”① 百年来，中国共产党牢记使命，把为中华民族谋复兴作为党奋斗的方向和重点。新时代，“使命呼唤担当，使命引领未来”②，实现中华民族伟大复兴的中国梦，是以习近平同志为主要代表的中国共产党人，提出的党和国家面向未来的重大战略思想和政治宣言，彰显了中国共产党高度的

① 《十九大以来重要文献选编》上，中央文献出版社2019年版，第10页。
② 《十九大以来重要文献选编》上，中央文献出版社2019年版，第13页。

历史担当和使命践行。在新时代行进在“两个一百年”奋斗目标的历史交汇点上，践行使命担当面临着新的历史条件和要求。全面建成小康社会的第一个百年奋斗目标如期实现，对于实现第二个百年奋斗目标，以习近平同志为核心的党中央根据新形势新要求，作出了分两个阶段推进的战略安排，即“第一个阶段，从二〇二〇年到二〇三五年，在全面建成小康社会的基础上，再奋斗十五年，基本实现社会主义现代化”“第二个阶段，从二〇三五年到本世纪中叶，在基本实现现代化的基础上，再奋斗十五年，把我国建成富强民主文明和谐美丽的社会主义现代化强国”。[①] 处理好继承和创新、政府和市场、开放和自主、发展和安全、战略和战术等关系，既是我国中长期经济社会发展需要把握的五个重要原则，也是新发展阶段开启全面建设社会主义现代化国家新征程中需要处理好的五个重大关系。这实际上是对中国共产党在实现第二个百年奋斗目标中践行使命担当的一种新的要求。以习近平同志为主要代表的中国共产党人科学研判新形势，正确认识国际国内发展大势，在践行使命担当中形成并发展了新时代中国政治经济学。

围绕新时代的重大问题，以习近平同志为主要代表的中国共产党人立足中国的基本国情和新时代中国经济发展的实践，以人民为中心、为人民谋福祉，以问题为研究导向，运用马克思主义政治经济学基本原理进行分析概括并总结提炼出规律性的东西，系统研究并回答了时代课题。第一，以新发展理念引领我国经济发展。在明确阐释由创新、协调、绿色、开放、共享构筑的新发展理念的内涵及其关系基础上，根据我国发展阶段、环境、条件的变化，将贯彻新发展理念与构建新发展格

---

① 《十九大以来重要文献选编》上，中央文献出版社 2019 年版，第 20 页。

局联系起来，提出了构建以国内大循环为主体、国内国际双循环相互促进的新发展格局思想。第二，以对社会主义基本经济制度的新拓展彰显中国特色社会主义经济制度的优势。将社会主义基本经济制度从原来的公有制为主体、多种所有制经济共同发展，拓展为“公有制为主体、多种所有制经济共同发展，按劳分配为主体、多种分配方式并存，社会主义市场经济体制等”①，体现了社会主义经济制度反映生产关系运动规律的优越性，以及社会主义初级阶段经济发展与生产力发展状况相适应的必然要求，反映了中国共产党在对公有制、按劳分配与市场经济体制的有机兼容问题的探索上实现了重大突破。第三，以政府和市场关系的新定位完善社会主义市场经济体制的运行。市场在资源配置中起决定性作用，政府在市场经济发展中起积极作用，有效市场和有为政府的结合，这一关于政府和市场关系的新的科学定位，不仅进一步明确了深化经济体制改革的基本思路，而且也进一步提出了完善和推进社会主义市场经济发展的实践路径。第四，以经济进入新常态的重大判断推动我国经济高质量发展。在我国经济发展进入新常态背景下，对经济发展思路和工作着力点进行重大调整，是新时代中国政治经济学的中心内容。一是把供给侧结构性改革作为我国经济发展进入新常态的根本任务、以发展新质生产力促进经济高质量发展的根本举措。二是为促进经济社会的持续健康发展，积极推进城乡和区域经济发展协调，提出了一系列新思想新举措。三是坚持问题导向部署经济发展新战略，提出了京津冀协同发展战略、长江经济带发展战略、粤港澳大湾区发展战略、新型城镇化战略、创新驱动发展战略、能源安全新战略，等等。四是把扎实做好

① 《十九大以来重要文献选编》中，中央文献出版社 2021 年版，第 280 页。

"六稳"工作，全面落实"六保"任务作为坚持稳中求进工作总基调、推动经济高质量发展的着力点。五是建设包括了产业体系、市场体系、收入分配体系、城乡区域发展体系、绿色发展体系、全面开放体系等在内的现代化经济体系。第五，以高水平制度型对外开放推进中国深度融入世界。推动形成全面开放新格局、打造人类命运共同体、积极参与全球经济治理体系改革，是中国共产党对外开放思想在新时代的新创见。第六，以对"两个一百年"奋斗目标历史交汇点的科学认识开启全面建设社会主义现代化国家新征程。在决胜全面建成小康社会、打赢"三大攻坚战"的基础上，在深刻把握我国发展环境面临的复杂变化中，对建设社会主义现代化国家作出了新时代中国特色社会主义发展的战略安排。"全面建成社会主义现代化强国，总的战略安排是分两步走：从二〇二〇年到二〇三五年基本实现社会主义现代化；从二〇三五年到本世纪中叶把我国建成富强民主文明和谐美丽的社会主义现代化强国。"① 新时代中国政治经济学是马克思主义政治经济学同新时代中国经济发展实践相结合的最新理论成果，是以习近平同志为主要代表的中国共产党人在新时代对中国共产党经济思想的发展创新。

三、马克思主义政治经济学发展的新境界

新时代中国政治经济学的形成，开启了中国共产党经济思想在新时代发展创新的新篇章，开拓了马克思主义政治经济学中国化时代化的新境界，开创了中国特色社会主义政治经济学发展的新境界。

新时代中国政治经济学，丰富和拓新了马克思主义政治经济学在新

---

① 习近平：《高举中国特色社会主义伟大旗帜　为全面建设社会主义现代化国家而团结奋斗——在中国共产党第二十次全国代表大会上的报告》，人民出版社2022年版，第24页。

时代的发展。新中国成立以来，中国共产党的主要领导人，从毛泽东、邓小平到江泽民、胡锦涛，都对马克思主义政治经济学的中国化作过探讨。毛泽东在探索社会主义建设道路过程中对发展我国经济提出了社会主义社会的基本矛盾理论，统筹兼顾、注意综合平衡，以农业为基础、工业为主导、农轻重协调发展等“独创性的观点”“这些都是我们党对马克思主义政治经济学的创造性发展”①。在改革开放新时期，邓小平提出的社会主义本质理论、社会主义初级阶段基本经济制度理论、发展社会主义市场经济体制理论等，都是“马克思主义经典作家没有讲过，改革开放前我们也没有这方面的实践和认识，是适应当代中国国情和时代特点的政治经济学，不仅有力指导了我国经济发展实践，而且开拓了马克思主义政治经济学新境界”②。毛泽东、邓小平在把马克思主义政治经济学基本原理同改革开放新实践的结合中，不断丰富和发展了中国特色社会主义政治经济学的内容。在新的历史时期，江泽民以“三个代表”重要思想、胡锦涛以“科学发展观”，丰富和发展了中国特色社会主义政治经济学的内容。以习近平同志为主要代表的中国共产党人提出了中国特色社会主义政治经济学，进一步丰富并发展了毛泽东的中国社会主义过渡时期政治经济学、邓小平等的中国特色社会主义经济理论等，形成了中国特色的“系统化的经济学说”。

新时代中国政治经济学把马克思主义政治经济学原理同中国的具体实际、时代变化相结合，扎根中国大地，谱写了新篇章。新时代中国政治经济学面对世所罕见、史所罕见的政治经济风险挑战，提出了一系列原创性的新理念新思想新战略，科学回答了中国之问、世界之问、人民

---

① 《十八大以来重要文献选编》下，中央文献出版社 2018 年版，第 2 页。
② 《十八大以来重要文献选编》下，中央文献出版社 2018 年版，第 3 页。

之间、时代之问。当今世界正处于百年未有之大变局加速演进和进入新的动荡变革时期，中国社会也正处于一个快速发展、全面变革时期。如何以人民为中心时刻关注人民所关心关注的问题，如何以宽阔的眼界来审视世界和中国的发展，如何立足中华民族伟大复兴战略全局来推进21世纪马克思主义的发展，如何在经济全球化迅速发展呈现出复杂态势中面对大量亟待解决的新问题贡献中国智慧，等等，构成了新时代中国政治经济学必须解答的问题。

新时代中国政治经济学恪守“历史的活动和思想就是‘群众’的思想和活动”[①] 的马克思主义原则，坚守以人民为中心的发展理念，以人民的呼声为第一信号，以人民的需求为第一要务，以增进人民福祉为重要内容，以满足人民期待和实现人民愿望为己任，提出了“江山就是人民，人民就是江山”科学论断[②]，从打赢脱贫攻坚战、强化民生兜底保障、让人民拥有公平正义、享有美好生活需要等方面，寻求解决与人民切身利益相关的问题之道，回答了“四个之问”。新时代中国政治经济学贯穿着鲜明的民生导向，彰显了人民至上的价值取向。新时代中国政治经济学坚持中国共产党的使命担当，基于新时代社会主要矛盾的变化，在推进全面建成小康社会的征程中，提出了建成富强民主文明和谐美丽的社会主义现代化强国、实现中华民族伟大复兴的奋斗目标，从新发展理念的引领、社会主义基本经济制度新概括、政府和市场关系的新定位等方面，寻求解决与人民切身利益相关的问题之道，回答了“四个之问”。新时代中国政治经济学为建成社

① 《马克思恩格斯文集》第1卷，人民出版社2009年版，第286页。

② 参见《中共中央关于党的百年奋斗重大成就和历史经验的决议》，人民出版社2021年版，第66页。

会主义现代化强国、实现中华民族伟大复兴提供了完善的制度保证、坚实的物质基础、主动的精神力量。新时代中国政治经济学保持观察、思考世界问题的敏锐性，在面对世界多极化、经济全球化使整个人类遇到的一系列深层次、全方位、长远性的新问题中，提出了构建人类命运共同体的思想理念，从倡导“一带一路”国际合作、建立新型国际关系、树立共商共建共享的全球治理观、弘扬全人类共同价值等方面，使人类命运共同体构建这一崭新理念付诸于实际行动，以一系列中国观念、中国主张、中国方案，回应了“四个之问”。新时代中国政治经济学的世界视野和对人类前途命运的关注，充分彰显了中国共产党人胸怀天下的高远境界和崇高抱负。新时代中国政治经济学坚持马克思主义时代观，始终站在时代发展的前列，关注并研究时代发展中的重大前沿问题，提出了新时代新征程中国共产党的使命任务，在深入考察党史、新中国史、改革开放史、社会主义发展史、中华民族发展史的基础上，从新时代十年的伟大变革、以中国式现代化全面推进中华民族伟大复兴、促进世界和平与发展等方面，寻求马克思主义和社会主义在21世纪的创新发展之路，回答了“四个之问”。新时代中国政治经济学正确认识和处理中国与世界的关系，用当代中国马克思主义、21世纪马克思主义观察时代、把握时代、引领时代。

在把马克思主义政治经济学原理同中国具体实际相结合的基础上，新时代中国政治经济学进一步坚持了马克思主义政治经济学原理同中华优秀传统文化相结合，在“两个结合”中谱写了马克思主义政治经济学中国化时代化的新篇章。毛泽东曾经指出：“我们是马克思主义的历史主义者，我们不应当割断历史。从孔夫子到孙中山，我们应当给以总结，承继这一份珍贵的遗产。”① 承继中华民族历史长河中的珍贵遗产，转过来变为方法，对于指导中国革命是有重要帮助的。毛泽东在提出马克思主义和中国革命实践“深相结合”的基础上，还进一步提出了马克思主义与中国历史、文化的“深相结合”。他指出：“中国共产党人是我们民族一切文化、思想、道德的最优秀传统的继承者，把这一切优秀传统看成和自己血肉相联的东西，而且将继续加以发扬光大。中国共产党——就是要使得马克思列宁主义这一革命科学更进一步地和中国革命实践、中国历史、中国文化深相结合起来。”② 毛泽东提出的这两个“深相结合”推进着马克思主义中国化的进程。以习近平同志为核心的党中央立足中国特色社会主义新时代，在十年变革的伟大实践中思考着如何推进马克思主义政治经济学中国化时代化的问题，探索着如何发掘中华优秀传统文化中与马克思主义政治经济学相契合的内容问题，在总结中国革命、建设、改革历史经验的基础上，提出了马克思主义基本原理同中华优秀传统文化相结合的重要命题。这一重要命题是对毛泽东关于“深相结合”论断的创新性发展，是对马克思主义中国化历史的精辟总结，因而也是我们理解马克思主义政治经济学中国化时代化的重要方面。

新时代中国政治经济学蕴藏着马克思主义政治经济学原理同中华优秀传统文化相结合的力量。它关于“四个自信”中具有基础和根基地位的文化自信的阐述，从中华五千年优秀传统文化、中国近代以来在革命斗争中形成的革命文化、中国在建设社会主义的历史进程中形成并丰

---

① 《毛泽东选集》第二卷，人民出版社 1991 年版，第 534 页。

② 《中共中央文件选集一九四三——一九四四》第 14 册，中共中央党校出版社 1992 年版，第 41 页。

富和发展了的中国特色社会主义先进文化三者的内在统一上，从事关国运兴衰、事关文化安全、事关民族精神独立性的战略高度，形成了对中华文化的历史起源、发展、内涵精髓以及坚定文化自信重要性的总体性论述，说明了马克思主义理论与文化传承、文化基因的高度契合性，展现了汲取中华优秀文化的智慧以推动中国特色社会主义经济发展的精神力量。第一，把马克思主义政治经济学原理同中华优秀传统文化相结合，确立了马克思主义在意识形态领域指导地位的根本制度。马克思主义是指导党和人民事业的理论基础，也是我国文化发展的根本指针。在我国文化领域发生深刻变革，非马克思主义、反马克思主义与马克思主义的思想观点存在交锋，先进与落后、积极与消极、民族与外来并存的历史条件下，马克思主义在意识形态领域指导地位根本制度的确立，有力地保证了我国经济建设的正确方向。第二，把中华优秀传统文化中蕴含的精粹融入中国特色社会主义经济建设和实现中华民族伟大复兴中，坚持了物质文明和精神文明两手抓、两手硬的根本原则。马克思主义立场、观点、方法的运用是挖掘和阐发中华优秀传统文化的根本所在。在推进中国特色社会主义经济发展、实现中华民族伟大复兴的征程上，深刻汲取博大精深的中华优秀传统文化所蕴含的哲学思想、人文精神、道德理念、历史智慧，以中华民族最基本的文化基因与当代文化相适应、与现代社会相协调，推动社会主义精神文明和物质文明协调发展，从而凝聚起全党全国各族人民为建设社会主义现代化强国和实现中华民族伟大复兴而不懈奋斗的磅礴力量。第三，在运用中华优秀传统文化中蕴含的精粹分析世界、加强全球治理中，提出了构建人类命运共同体的思想理念。新时代中国政治经济学坚持马克思主义关于世界历史的基本原理，汲取中华优秀传统文化中“天人合一”“协和万邦”“和而不同”

"人心和善"的思想精粹，针对全球面临的治理难题和发展困境，以构建具有合作共赢的利益观、多种安全的新安全观、包容互鉴的文明观、共商共建共享的全球治理观为实际内容的人类命运共同体，为人类发展提供了新的选择，揭示了世界各国相互依存和人类命运紧密相联的发展趋势。

新时代中国政治经济学在"两个结合"中，用马克思主义政治经济学原理和时代精神激活中国具体实际，激活中华优秀传统文化，使马克思主义政治经济学原理植根于中国具体实际、植根于中华优秀传统文化精粹的土壤之中，使中国具体实际、中华优秀传统文化的精粹结合进中国化时代化马克思主义政治经济学的发展过程之中，谱写了马克思主义政治经济学中国化时代化的新篇章。

第二章

新时代中国政治经济学的立场

任何社会的观念的上层建筑，都是一定的社会经济形态及由它所决定的政治制度的反映，“任何一个时代的统治思想始终都不过是统治阶级的思想”①。马克思主义政治经济学的研究站在无产阶级的立场上，代表着无产阶级的利益。在中国特色社会主义事业“五位一体”总体布局中，经济建设是中心，以经济建设为中心，其他方面的建设都服从和服务于这个中心。新时代中国政治经济学作为马克思主义政治经济学发展的新境界，它的研究不仅反映着社会统治阶级的利益，更重要的是反映着与统治阶级利益相一致的作为社会主体的广大人民群众的利益；它的研究还必须反映中国处于并将长期处于社会主义初级阶段基本国情的要求，反映中国特色社会主义发展的要求。因此，新时代中国政治经济学的研究必须坚持以人民为中心，坚持以经济建设为中心。

一、“以人民为中心”的根本立场

研究立场决定着研究的目的、方法和价值取向。在对马克思主义政治经济学的研究中，有人提出了研究“去政治化”问题，认为应该淡化用“主义”或理论学说来推动整体性制度变迁和世界性革命。这实际上就是个研究立场问题，即研究到底是“为了谁”，在“替谁说话”，是“谁的代言人”。研究如果放弃了应有的目标和价值，只是追求一种

① 《马克思恩格斯文集》第2卷，人民出版社2009年版，第51页。

学理上和逻辑上的满足，那么，这种研究就会远离真正的实际，就会失去其应有的意义和价值。在2016年1月18日省部级主要领导干部学习贯彻党的十八届五中全会精神专题研讨班上的讲话中，习近平对“以人民为中心”的内涵作了科学论述，他指出：“着力践行以人民为中心的发展思想。这是党的十八届五中全会首次提出来的，体现了我们党全心全意为人民服务的根本宗旨，体现了人民是推动发展的根本力量的唯物史观。”[①] 因此，“要坚持以人民为中心的发展思想，要坚持把增进人民福祉、促进人的全面发展、朝着共同富裕方向稳步前进作为经济发展的出发点和落脚点，部署经济工作、制定经济政策、推动经济发展都要牢牢坚持这个根本立场”[②]。“以人民为中心”反映了新时代中国政治经济学的根本立场。

“以人民为中心”的研究立场反映了时代变化、社会变迁的要求。在不同历史时期，对“人民”的理解是不同的。在《关于正确处理人民内部矛盾的问题》中，毛泽东就曾指出：“人民这个概念在不同的国家和各个国家的不同的历史时期，有着不同的内容。拿我国的情况来说，在抗日战争时期，一切抗日的阶级、阶层和社会集团都属于人民的范围，日本帝国主义、汉奸、亲日派都是人民的敌人。在解放战争时期，美帝国主义和它的走狗即官僚资产阶级、地主阶级以及代表这些阶级的国民党反动派，都是人民的敌人；一切反对这些敌人的阶级、阶层和社会集团，都属于人民的范围。在现阶段，在建设社会主义的时期，一切赞成、拥护和参加社会主义建设事业的阶级、阶层和社会集团，都

---

① 《习近平谈治国理政》第二卷，外文出版社2017年版，第213页。

② 参见《习近平主持中共中央政治局第二十八次集体学习并讲话》，载于《人民日报》2015年11月25日。

属于人民的范围。”① 今天，在中国特色社会主义的发展中，人民是以劳动群众为主体的社会基本成员的政治代名词，包含了一切赞成、拥护和参加社会主义建设的广大劳动群众。由此可见，“人民”具有两层涵义：首先它是一个政治概念，代表的是一种政治价值取向；其次它并不特指社会某一阶层或某一人群，而是指以是否赞成、拥护和参加社会主义建设为准则的最广泛意义上的劳动群众。“以人民为中心”，就是以一切赞成、拥护和参加社会主义建设的广大劳动群众为中心，就是以这些赞成、拥护和参加社会主义建设的广大劳动群众的根本利益为中心。

新时代中国政治经济学“以人民为中心”的根本立场，体现在基本理论、结构体系、现实问题等方面的研究中，呈现在人们面前的并不是抽象的理论规定的结果，而是来自中国特色社会主义经济发展的伟大实践，通过它把解决人民群众切身利益问题放在首位的作用，以及它接受广大人民群众的经济实践活动的检验而得到人们的认同。新时代中国政治经济学“以人民为中心”的根本立场，强调的正是中国共产党要实现好、维护好、发展好最广大人民根本利益，坚持发展为了人民、发展依靠人民、发展成果由人民共享，使全体人民在共建共享发展中有更多获得感的根本宗旨和要求。以“以人民为中心”的立场考察和分析中国特色社会主义经济建设理论和实践，既是一个把马克思主义政治经济学原理与新时代中国的具体实践结合起来，通过认识经济运动过程、把握社会经济发展规律，科学地解答我国经济发展中的重大理论和实践问题的过程，也是一个立足于我国国情和发展实践，把人民群众的实践经验上升为系统化的经济学说，揭示出中国经济发展的新特点新规律，

① 《毛泽东文集》第 7 卷，人民出版社 1999 年版，第 205 页。

提炼和总结出中国经济发展实践的规律性成果的过程。由此可见，以“以人民为中心”的立场考察中国的经济建设现实，其科学性就在于它把新时代中国政治经济学的政治性或意识形态性，具体化为实现好、维护好、发展好最广大人民根本利益的理论和实践。“以人民为中心的发展思想，不是一个抽象的、玄奥的概念，不能只停留在口头上、止步于思想环节，而要体现在经济社会发展各个环节。要坚持人民主体地位，顺应人民群众对美好生活的向往，不断实现好、维护好、发展好最广大人民根本利益，做到发展为了人民、发展依靠人民、发展成果由人民共享。”① 在中国特色社会主义经济发展中，“以人民为中心”的根本立场可以具体化为，“要通过深化改革，创新驱动，提高经济发展质量和效益，生产出更多更好的物质精神产品，不断满足人民日益增长的物质文化需要。要全面调动人的积极性、主动性、创造性，为各行业各方面的劳动者、企业家、创新人才、各级干部创造发挥作用的舞台和环境。要坚持社会主义基本经济制度和分配制度，调整收入分配格局，完善以税收、社会保障、转移支付等为主要手段的再分配调节机制，维护社会公平正义，解决好收入差距问题，使发展成果更多更公平惠及全体人民”②。

由此可见，“以人民为中心”的根本立场是新时代中国政治经济学的本质规定。新时代中国政治经济学离开人民，就失去了它的意义和价值。习近平在谈到社会主义文艺的“人民性”时指出：“人民是文艺创作的源头活水，一旦离开人民，文艺就会变成无根的浮萍、无病的呻

① 《习近平谈治国理政》第二卷，外文出版社 2017 年版，第 213～214 页。
② 《习近平谈治国理政》第二卷，外文出版社 2017 年版，第 214 页。

吟、无魂的躯壳。”① 这一关于社会主义文艺本质规定的论述同样也适用于新时代中国政治经济学。新时代中国政治经济学从本质上来说，就是中国人民的政治经济学。

“以人民为中心”的根本立场在新时代中国政治经济学中的体现，首先表现为坚持人民主体地位。考察中国共产党的历史，我们会发现，在中国革命和建设的过程中，毛泽东曾多次提醒过全党：共产党的路线，就是发动群众、壮大人民力量的路线。在中共七大的闭幕式上，他还特别强调：“全中国的人民大众”是中国共产党的“上帝”。② 只有依靠人民，才能完成新民主主义革命、社会主义革命和建设的伟大历史任务。人民是历史活动的主体，是推动历史发展的决定力量，人民是发展的最深厚的力量源泉，人民也是社会主义经济实践的主体。坚持发展依靠人民，就是尊重人民主体地位，发挥人民首创精神，从人民中汲取发展的营养和智慧，孕育推进经济建设的思路。新时代中国政治经济学，坚持人民是历史的创造者这一历史唯物主义的基本观点，把人民群众是经济发展、经济改革的主体落到实处，充分体现在中国特色社会主义经济建设之中。解放和发展生产力是贯穿于新时代中国政治经济学形成全过程的一个重大原则，它是从我国基本国情和改革开放的经济发展实践中提炼和总结出来的，反映了中国特色社会主义经济发展在社会主义初级阶段的根本任务要求。这一重大原则的贯彻必然要求尊重人民主体地位、发挥人民首创精神。生产力是社会发展的决定因素，是人类社会发展的动力，解放和发展生产力，说明了在发展生产力中必须改革束缚生产力发展的生产关系，改革不适应经济基础的上层建筑，改革的主体必

① 《习近平著作选读》第一卷，人民出版社 2023 年版，第 290 页。
② 参见《毛泽东选集》第 3 卷，人民出版社 1991 年版，第 1101、1102 页。

须是人民，“改革开放中许许多多的东西，都是由群众在实践中提出来的”①，改革必须依靠人民。“紧紧依靠人民。人民是我们党执政的最大底气。”②

其次表现为坚持为民谋利。“人民性的重点就是人民利益。”③ “在任何时候任何情况下，与人民同呼吸共命运的立场不能变，全心全意为人民服务的宗旨不能忘，群众是真正英雄的历史唯物主义观点不能丢。”④ 以“以人民为中心”坚持中国特色社会主义经济建设，“要把人民放在心中最高位置”⑤，以人民的呼声为第一信号，以人民的需求为第一要务，以增进人民福祉为重要内容，以满足人民期待和实现人民愿望为己任。无论是对经济建设实践经验的总结概括，对政策及措施的制定，还是对经济建设理论的研究，都必须贯穿鲜明的民生导向，彰显人民利益至上的价值取向。“要把为民造福作为最重要的政绩。中国共产党把为民办事、为民造福作为最重要的政绩，把为老百姓办了多少好事实事作为检验政绩的重要标准。”⑥ 增进人民的福祉，满足人民日益增长的物质文化生活需要，就是要让人民有更好的教育、更稳定的工作、更满意的收入、更可靠的社会保障、更高水平的医疗卫生服务、更舒适的居住条件、更好的环境，就是要真诚倾听人民呼声、真实反映人民愿望、真情关心人民疾苦、真切回应人民期待，保证人民平等参与、平等发展权利，维护社会公平正义，使发展更具公平性、普惠性，让全体人

---

① 参见《十八大以来重要文献选编》中，中央文献出版社 2016 年版，第 41 页。

② 《习近平谈治国理政》第四卷，外文出版社 2022 年版，第 54 页。

③ 习近平：《胸怀大局把握大势着眼大事　努力把宣传思想工作做得更好》，载于《人民日报》2013 年 8 月 21 日。

④ 《十八大以来重要文献选编》上，中央文献出版社 2014 年版，第 309 页。

⑤ 《十八大以来重要文献选编》下，中央文献出版社 2018 年版，第 352 页。

⑥ 《习近平谈治国理政》第四卷，外文出版社 2022 年版，第 55 页。

民有更多的获得感、幸福感。在涉及改革发展的重大理论和实践问题中，将人民的思想感情和世界观、人民的精神渗透在研究之中。由此可见，以实现最大多数人的利益为目标，坚持发展成果由人民共享的发展理念，切实保障人民群众的利益，不断增进人民的福祉，这就是新时代中国政治经济学对人民的责任。

最后表现为坚持人民评判。人民是最高裁决者和最终评判者。人民是社会主义经济建设的主体力量，同样也是社会主义经济建设为之谋利益的主要对象，因此，把人民作为中国特色社会主义经济发展成效的最终评判者是必然的。新时代中国政治经济学关于社会主义基本经济制度完善、社会主义经济发展实践推进、社会主义经济体制改革举措制订，以及如何解决“共建共享发展”中短板问题等的研究，接受人民的“裁决”和“评判”，实际意味着“最终都要看人民是否真正得到了实惠，人民生活是否真正得到了改善，人民权益是否真正得到了保障”①，要让人民群众有更多获得感。因此，在新时代中国政治经济学的研究中，只有将公有制为主体和共同富裕的原则贯穿于社会主义基本经济制度理论和社会主义分配制度的研究之中，贯穿于社会主义新发展理念、经济发展新常态、供给侧结构性改革，以及推动新型工业化、信息化、城镇化、农业现代化相互协调发展的研究之中，中国特色社会主义经济建设才不至于迷失方向，人民才能得到更多的实惠。在社会主义市场经济发展的历史进程中，必须把“人民拥护不拥护”“人民赞成不赞成”“人民高兴不高兴”“人民答应不答应”，作为制定各项方针政策的出发点和归宿，把人民满意与否是衡量经济发展成效的根本尺度。

---

① 《十八大以来重要文献选编》上，中央文献出版社2014年版，第698页。

人民至上、为民谋利、人民评判，是新时代中国政治经济学“以人民为中心”根本立场的具体表现。

二、坚持以经济建设为中心

以经济建设为中心是党的基本路线的中心，是中国特色社会主义发展的工作重点。中国特色社会主义进入新时代以后，我国社会主要矛盾虽然发生了变化，但是，我国处于并将长期处于社会主义初级阶段的基本国情没有变，以经济建设为中心没有变。以习近平同志为核心的党中央牢牢把握社会主义初级阶段这个基本国情，牢牢立足社会主义初级阶段这个最大实际，牢牢坚持党的基本路线这个党和国家的生命线、人民的幸福线，领导和团结全国各族人民，不仅在发展实践中坚持以经济建设为中心，而且从立场、理念、目标等方面进一步发展了“以经济建设为中心”的思想。

以经济建设为中心，是邓小平针对中国社会主义初级阶段的基本国情于1980年1月16日在中央召集的干部会议上正式提出的，它是党的基本路线的基石，是中国特色社会主义发展的一条主线。1992年初，邓小平在视察南方的谈话中指出：“要坚持党的十一届三中全会以来的路线、方针、政策，关键是坚持‘一个中心、两个基本点’。不坚持社会主义，不改革开放，不发展经济，不改善人民生活，只能是死路一条。基本路线要管一百年，动摇不得。”① 经济建设是中国共产党在社会主义初级阶段的中心任务，以经济建设为中心，就是以发展经济、改善人民生活为中心。经济建设的这一重要的特殊地位与作用，任何时候

① 《邓小平文选》第3卷，人民出版社1994年版，第370～371页。

都不能动摇。如果经济建设这个中心发生动摇，整个党的基本路线就会被动摇。

以经济建设为中心，在我国改革开放的历史进程中一直为历届党的领导集体所坚守。无论我们党经历了多少艰难险阻，遇到了怎样的严峻挑战，碰到了多少的困苦磨难，坚持以经济建设为中心始终不渝。在新时代，坚持以经济建设为中心，贯通于新时代中国政治经济学之中。

第一，坚持以经济建设为中心不动摇的基本依据。2013 年 8 月 19 日，习近平在全国宣传思想工作会议上指出："党的十一届三中全会以来，我们党始终坚持以经济建设为中心，集中精力把经济建设搞上去、把人民生活搞上去。只要国内外大势没有发生根本变化，坚持以经济建设为中心就不能也不应该改变。这是坚持党的基本路线 100 年不动摇的根本要求，也是解决当代中国一切问题的根本要求。"① 不仅国内外大势没有根本变化，而且"我国仍处于并将长期处于社会主义初级阶段的基本国情没有变，我国是世界最大发展中国家的国际地位没有变"②。我国进入新时代，社会主要矛盾虽然由人民日益增长的物质文化需要同落后的社会生产之间的矛盾，转变为人民日益增长的美好生活需要和不平衡不充分的发展之间的矛盾。社会主要矛盾的变化说明了发展的不平衡、不充分是制约满足人民日益增长美好生活需要的主要因素。社会主要矛盾的变化，对解决发展的不平衡不充分问题，提升发展质量和效益，更好满足人民在经济、政治、文化、社会、生态等方面日益增长的需要，更好推动人的全面发展和社会全面进步，提出了更高的要求。因此，"我国社会主要矛盾的变化，没有改变我们对我国社会主义所处历

---

① 《习近平谈治国理政》，外文出版社 2014 年版，第 153 页。
② 《十九大以来重要文献选编》上，中央文献出版社 2019 年版，第 9 页。

史阶段的判断”[①]，没有改变以经济建设为中心。

第二，以经济建设为中心是社会主义社会一切发展和进步的物质基础。一是把以经济建设为中心融入“五位一体”总体布局之中，推进中国特色社会主义事业的发展。“我们要坚持发展是硬道理的战略思想，坚持以经济建设为中心，全面推进社会主义经济建设、政治建设、文化建设、社会建设、生态文明建设，深化改革开放，推动科学发展，不断夯实实现中国梦的物质文化基础。”[②] 二是把以经济建设为中心融入“四个全面”战略布局之中，推进社会主义现代化强国建设。以经济建设为中心规定了全面建成小康社会、全面深化改革、全面依法治国、全面从严治党的根本任务，而全面建成小康社会则促进以经济建设为中心发展到一个新的阶段，全面深化改革则推进了聚精会神搞建设、一心一意谋发展的深入，全面依法治国则为坚持以经济建设为中心提供坚实的法治保障，全面从严治党则为坚持以经济建设为中心提供了强有力的政治保证。“四个全面”战略布局是坚持以经济建设为中心的战略保障。三是以经济建设为中心是解决中国所有问题的关键。发展是党执政兴国的第一要务，是解决中国所有问题的关键。“面对中国经济发展进入新常态、世界经济发展进入转型期、世界科技发展酝酿新突破的发展格局，我们要坚持以经济建设为中心，”只有这样，我们才能“不断壮大我国经济实力和综合国力”[③]，才能奠定更加坚实的物质基础。

第三，坚持以经济建设为中心不动摇的思想引领和实践方向。2016年10月27日，中国共产党第十八届中央委员会第六次全体会议通过的

① 《十九大以来重要文献选编》上，中央文献出版社2019年版，第9页。
② 《习近平谈治国理政》，外文出版社2014年版，第41页。
③ 参见《习近平谈治国理政》第二卷，外文出版社2017年版，第38页。

《关于新形势下党内政治生活的若干准则》，明确阐述了思想引领问题。该文献指出："全党必须毫不动摇坚持以经济建设为中心，聚精会神抓好发展这个党执政兴国的第一要务，坚持以人民为中心的发展思想，统筹推进'五位一体'总体布局和协调推进'四个全面'战略布局，坚持创新、协调、绿色、开放、共享的发展理念，努力提高发展质量和效益，不断提高人民生活水平，为实现'两个一百年'奋斗目标、实现中华民族伟大复兴的中国梦打下坚实物质基础。"① 新时代坚持以经济建设为中心，必须落实新发展理念。"新发展理念要落地生根、变成普遍实践。"② 以新发展理念规约经济建设，必须着力实施创新驱动发展战略，增强经济发展动力，必须让市场在资源配置中发挥决定性作用，让政府在宏观调控、提供公共服务、弥补市场失灵、促进共同富裕等方面，更好地发挥作用。新时代的发展和以经济建设为中心，最重要的是建立完善的现代市场体系，消除各种形式的行政垄断，为经济发展提供更好的法治环境，保障市场经济体制健康运行，进一步解放和发展生产力，解放和激发社会创造力。

三、以新发展理念为价值引领

新时代中国政治经济学坚持"以人民为中心"，坚持以经济建设为中心，就必须要坚定不移地坚持新发展理念的价值引领。在新时代经济发展的实践中，习近平在不同场合对新发展理念的科学内涵、新发展理念之于经济建设的意义、新发展理念的实践要求等问题作出了论述。

第一，新发展理念的科学内涵。新发展理念是引领和推动经济建设

---

① 《关于新形势下党内政治生活的若干准则》，载于《人民日报》2016 年 11 月 3 日。
② 《习近平谈治国理政》第二卷，外文出版社 2017 年版，第 219 页。

的价值体系、指导思想。新发展理念中的创新发展理念是引领发展的第一动力。在国际发展竞争日趋激烈和我国发展动力转换的形势下，只有把创新摆在国家发展全局的核心位置，不断推进理论创新、制度创新、科技创新、文化创新等各方面创新，让创新贯穿党和国家一切工作，让创新在全社会蔚然成风，才能塑造更多依靠创新驱动、更多发挥先发优势的引领型发展。发展动力决定发展速度、效能、可持续性。抓住了创新，就抓住了牵动经济社会发展全局的“牛鼻子”。“抓创新就是抓发展，谋创新就是谋未来。不创新就要落后，创新慢了也要落后。要激发调动全社会的创新激情，持续发力，加快形成以创新为主要引领和支撑的经济体系和发展模式。要积极营造有利于创新的政策环境和制度环境。”① 在我国发展的现实中，树立创新发展理念，必须落实在培育发展新动力、拓展发展新空间、实施创新驱动发展战略、推进农业现代化、构建产业新体系、构建发展新体制、创新和完善宏观调控方式等方面。结合世界发展历程和我国改革开放成功实践，我国的发展基点是在创新上，“通过创新培育发展新动力、塑造更多发挥先发优势的引领型发展”②。既要坚持全面系统的观点，又要以主要领域和关键环节的突破带动全局；既要强化事关发展全局的基础研究和共性关键技术研究取得重大突破，又要以重大科技创新为引领，加快科技创新成果向现实生产力转化，增强我国经济整体素质和国际竞争力。创新发展处于新发展理念之首，有着统领发展全局的意义。

协调是持续健康发展的内在要求。协调，注重的是解决发展不平衡

① 《习近平在部分省区党委主要负责同志座谈会上强调加大支持力度增强内生动力，加快东北老工业基地振兴发展》，载于《人民日报》2015 年 7 月 20 日。

② 《习近平谈治国理政》第二卷，外文出版社 2017 年版，第 204 页。

问题，在中国特色社会主义事业总体布局中，正确处理发展中的重大关系，促进城乡区域协调发展，促进经济社会协调发展，促进新型工业化、信息化、城镇化、农业现代化同步发展，是协调发展的重要任务。增强发展的协调性，就要坚持区域协同、城乡一体、物质文明精神文明并重、经济建设国防建设融合，才能在协调发展中拓宽发展空间，在加强薄弱领域中增强发展后劲。新形势下的协调发展有其新特点，即协调兼具发展手段、发展目标、发展的评价标准和尺度功能；协调反映了发展两点论和重点论的统一；协调体现了发展平衡和不平衡的统一。讲到底，协调发展的本质就在于实现经济按比例发展客观规律的要求，发展具有协调性，就一定能够释放出新的生产力发展的巨大潜能。在我国发展的现实中，树立协调发展理念，必须落实在推动区域协调发展、推动城乡协调发展、推动物质文明和精神文明协调发展、推动经济建设和国防建设融合发展等方面。唯物辩证法认为，事物具有普遍联系性，事物各要素之间存在相互影响、相互作用，发展具有整体性协调性。“协调既是发展手段又是发展目标，同时还是评价发展的标准和尺度”；“协调是发展两点论和重点论的统一，”既要着力破解难题、补齐短板，又要考虑巩固和厚植原有优势，两方面相辅相成、相得益彰；“协调是发展平衡和不平衡的统一”，不是搞平均主义，而是注重发展机会公平、资源配置均衡；“协调是发展短板和潜力的统一”，协调发展就要找出短板，在补齐短板上多用力，通过补齐短板挖掘发展潜力、增强发展后劲。[①] 全国一盘棋，协调发展是制胜要诀。

绿色是永续发展的必要条件和人民对美好生活追求的重要体现。绿

① 参见《习近平谈治国理政》第二卷，外文出版社 2017 年版，第 205 ~ 206 页。

色发展的本质是处理好发展中人与自然的关系。生态环境是人类生存和发展的基本条件。“环境就是民生，青山就是美丽，蓝天也是幸福。”①要像保护眼睛一样保护生态环境，像对待生命一样对待生态环境。对破坏生态环境的行为，不能手软，不能下不为例。人类可以利用自然、改造自然，但归根到底必须呵护自然，不能凌驾于自然之上。面对工业文明带来的矛盾和问题，必须坚持节约资源和保护环境的基本国策，坚持可持续发展，坚定走生产发展、生活富裕、生态良好的文明发展道路，加快建设资源节约型、环境友好型社会，形成人与自然和谐发展现代化建设新格局，推进美丽中国建设，为全球生态安全作出新贡献。只有坚持绿色富国、绿色惠民，为人民提供更多优质生态产品，推动形成绿色发展方式和生活方式，才能协同推进人民富裕、国家富强、中国美丽。在我国发展的现实中，树立绿色发展理念，必须落实在促进人与自然和谐共生、设立统一规范的国家生态文明试验区、推动低碳循环发展、全面节约和高效利用资源、加大环境治理力度、筑牢生态安全屏障等方面。绿色可以保障发展的可持续性。“在生态环境保护上，一定要树立大局观、长远观、整体观，不能因小失大、顾此失彼、寅吃卯粮、急功近利。我们要坚持节约资源和保护环境的基本国策，像保护眼睛一样保护生态环境，像对待生命一样对待生态环境，推动形成绿色发展方式和生活方式，协同推进人民富裕、国家强盛、中国美丽。”②

开放是国家繁荣发展的必由之路，这已为中国40多年改革开放的实践所证实。我国要继续发展壮大，就必须顺应经济深度融入世界经济的趋势，奉行互利共赢的开放战略，坚持内外需协调、进出口平衡、引

① 《习近平谈治国理政》第三卷，外文出版社2020年版，第362页。
② 《习近平谈治国理政》第二卷，外文出版社2017年版，第209～210页。

进来和走出去并重、引资和引技引智并举，发展更高层次的开放型经济，积极参与全球经济治理和公共产品供给，提高我国在全球经济治理中的制度性话语权，构建广泛的利益共同体。只有提高对外开放水平，加强发展的内外联动，充分运用人类社会创造的先进科学技术成果和有益管理经验，协同推进战略互信、经贸合作、人文交流，才能开创对外开放新局面，形成深度融合的互利合作格局。“一个国家能不能富强，一个民族能不能振兴，最重要的就是看这个国家、这个民族能不能顺应时代潮流，掌握历史前进的主动权。”① 中国在发展中树立开放发展理念，落实在现实中就是既抓住有利因素，更不忽视来自国际国内的风险挑战，完善对外开放战略布局、形成对外开放新体制、推进“一带一路”建设、积极参与全球经济治理、积极承担国际责任和义务，以及深化内地和港澳、大陆和台湾地区合作发展等方面。开放与发展的合成，意义极其深远。

共享是中国特色社会主义的本质要求。共享包括全民共享、全面共享、共建共享和渐进共享。这就要求坚持发展为了人民、发展依靠人民、发展成果由人民共享，作出更有效的制度安排，使全体人民在共建共享发展中有更多获得感，增强发展动力，增进人民团结，朝着共同富裕方向稳步前进。以共享体现发展成果惠及全体人民的发展公平，增进人民福祉。因为广大人民群众共享改革发展成果，是社会主义的本质要求，是我们党坚持全心全意为人民服务根本宗旨的重要体现。我们追求的发展是造福人民的发展，我们追求的富裕是全体人民共同富裕。改革发展搞得成功不成功，最终的判断标准是人民是不是共同享受到了改革

① 《习近平谈治国理政》第二卷，外文出版社 2017 年版，第 210 页。

发展成果。只有让广大人民群众共享改革发展成果，才能真正体现社会主义制度优越性。在我国发展的现实中，树立共享发展理念，一是充分调动人民群众的积极性、主动性、创造性，举全民之力推进中国特色社会主义事业，不断把“蛋糕”做大。二是把不断做大的“蛋糕”分好，让社会主义制度的优越性得到更充分体现，让人民群众有更多获得感。因此，必须落实到增加公共服务供给、实施脱贫攻坚工程、提高教育质量、促进就业创业、缩小收入差距、建立更加公平更可持续的社会保障制度、推进健康中国建设、促进人口均衡发展等方面。

创新、协调、绿色、开放、共享的发展理念相互贯通、相互促进，是具有内在联系的集合体。五个方面不能顾此失彼，也不能相互替代。创新发展注重的是解决发展动力问题，必须把创新作为引领发展的第一动力，不断推进理论、制度、科技、文化等各方面创新；协调发展注重的是解决发展不平衡问题，必须牢牢把握中国特色社会主义事业总体布局，不断增强发展整体性；绿色发展注重的是解决人与自然和谐问题，必须坚持节约资源和保护环境的基本国策，推进美丽中国建设；开放发展注重的是解决发展内外联动问题，必须坚持对外开放的基本国策，奉行互利共赢的开放战略，发展更高层次的开放型经济；共享发展注重的是解决社会公平正义问题，必须坚持发展为了人民、发展依靠人民、发展成果由人民共享，使全体人民朝着共同富裕方向稳步前进。“新发展理念是一个系统的理论体系，回答了关于发展的目的、动力、方式、路径等一系列理论和实践问题，阐明了我们党关于发展的政治立场、价值导向、发展模式、发展道路等重大政治问题。”① 坚持新发展理念，是

① 《习近平谈治国理政》第四卷，外文出版社2022年版，第170～171页。

关系我国发展全局的深刻变革，关系我国经济建设的成效。

第二，新发展理念之于经济建设的意义。新发展理念是中国共产党在新的历史时期、新的历史条件、新的发展形势下提出来的重要思想，集中体现了以习近平同志为核心的党中央对我国新的发展阶段所存在的社会问题、经济问题、生态环境问题等所具有的深思远虑，对经济社会发展规律认识的进一步深化，以及对社会主义本质要求和发展方向的科学把握。新发展理念对中国特色社会主义经济建设具有重大指导意义。

我们可以从三个方面把握新发展理念的提出。一是针对我国经济发展进入新常态的实际提出来的。"十三五"规划作为我国经济发展进入新常态后的第一个五年规划，必须适应新常态、把握新常态、引领新常态。习近平指出："新常态下，我国经济发展表现出速度变化、结构优化、动力转换三大特点，增长速度要从高速转向中高速，发展方式要从规模速度型转向质量效率型，经济结构调整要从增量扩能为主转向调整存量、做优增量并举，发展动力要从主要依靠资源和低成本劳动力等要素投入转向创新驱动。这些变化不依人的意志为转移，是我国经济发展阶段性特征的必然要求。"① 经济发展新常态说明，中国经济建设必须在注重满足人民需求，分析市场和消费心理，引导社会预期，加强产权和知识产权保护，发挥企业家才能，提高人力资本素质等方面落实新发展理念。二是针对经济社会发展新趋势新机遇和新矛盾新挑战的状况提出来的。国际金融危机之后，世界经济复苏低迷，增长势头乏力。在世界经济处于深度调整期，原有的增长模式难以为继，科技创新将孕育着

① 《十八大以来重要文献选编》中，中央文献出版社2016年版，第774页。

新的突破。这对中国的发展来说，既提供了机遇也带来了挑战。面对这种新变化新情况，中国在发展中再坚持粗放发展模式、简单地追求增长速度，显然是行不通的，必须确立新发展理念来引领和推动经济发展，不断开创经济发展的新局面。三是针对我国全面建成小康社会必须解决的问题提出来的。在全面建成小康社会的历史进程中，存在着一些短板，比如，农村贫困人口脱贫，就是一个突出短板。此外，在社会事业发展、生态环境保护、民生保障等方面也存在着一些明显的短板。全力补齐短板，确保小康社会全面建成，就必须以新发展理念作为引领，切实解决实际问题。

新发展理念是发展行动的先导，是管全局、管根本、管方向、管长远的东西，是发展思路、发展方向、发展着力点的集中体现。新发展理念是指挥棒、红绿灯，必须把思想和行动统一到新发展理念上来，对不适应、不适合甚至违背新发展理念的认识要立即调整，对不适应、不适合甚至违背新发展理念的行为要坚决纠正，对不适应、不适合甚至违背新发展理念的做法要彻底摒弃。新发展理念是推动经济建设的新思路、新理念、新设计，引领我国经济建设走向高质量、高效益，为全面建成社会主义现代化国家、实现中华民族伟大复兴奠定坚实基础。因此，在进行经济建设中如何理解新发展理念，需要从以下三个方面着手：一是从根本宗旨上把握新发展理念。我们党的根本宗旨就在于为人民谋幸福、为民族谋复兴，从党的根本宗旨上把握新发展理念，关键就在于“要自觉主动解决地区差距、城乡差距、收入差距等问题，推动社会全面进步和人的全面发展，促进社会公平正义，让发展成果更多更公平惠及全体人民，不断增强人民群众获得感、幸福感、安全感，让人民群众真真切切感受到共同富裕不仅仅是一个口号，而是看得见、摸得着、真实可感的事实”[①]。二是从问题导向把握新发展理念。我国经济建设中存在着发展不平衡不充分的问题，比如“卡脖子”问题、城乡区域发展差距较大问题，等等。而在解决这些问题中，需要精准贯彻新发展理念，真正实现高质量发展。三是从忧患意识把握新发展理念。随着我国社会主义主要矛盾的转化、国际力量对比的调整，我国发展面临的内外部风险空前上升。因此，只有增强忧患意识，坚持底线思维，把安全发展放在突出位置，是贯彻新发展理念的题中之义。

第三，新发展理念的实践要求。“新发展理念要落地生根、变成普遍实践，关键在各级领导干部的认识和行动。”[②] 把新发展理念落到实处，需要从四个方面着手：

一是深学笃用，展现新发展理念的真理力量。“理念在人们头脑中确立需要一个过程。确立新发展理念，需要不断学、深入学、持久学，从灵魂深处确立对新发展理念的自觉和自信。”[③] 在学习中，要结合历史学，多维比较学，联系实际学，深入把握新发展理念对发展经验教训的深刻总结，深入把握新发展理念对经济社会发展各项工作的指导意义，真正做到崇尚创新、注重协调、倡导绿色、厚植开放、推进共享。新法治理念中包含着大量充满时代气息的新知识、新经验、新信息、新要求，我们不能把学习仅看成是政治性要求，它也是知识性、专业性要求，在学习和落实新发展理念中要体现专业水准。

二是用好辩证法，做好落实新发展理念的科学设计。新发展理念的提出是对辩证法的运用，新发展理念的实施，同样也离不开辩证法的指导。其一要坚持系统的观点，依照新发展理念的整体性和关联性进行系

---

① 《习近平谈治国理政》第四卷，外文出版社 2022 年版，第 171 页。

②③ 《习近平谈治国理政》第二卷，外文出版社 2017 年版，第 219 页。

统设计，做到相互促进、齐头并进，不能单打独斗、顾此失彼，不能偏执一方、畸轻畸重；其二要坚持“两点论”和“重点论”的统一，善于厘清主要矛盾和次要矛盾、矛盾的主要方面和次要方面，区分轻重缓急，在兼顾一般的同时紧紧抓住主要矛盾和矛盾的主要方面，以重点突破带动整体推进，在整体推进中实现重点突破；其三要遵循对立统一规律、质量互变规律、否定之否定规律，善于把握发展的普遍性和特殊性、渐进性和飞跃性、前进性和曲折性，坚持继承和创新相统一，既求真务实、稳扎稳打，又与时俱进、敢闯敢拼；其四要坚持具体问题具体分析，“入山问樵、入水问渔”，一切以时间、地点、条件为转移，善于进行交换比较反复，善于把握工作的时度效。

三是创新手段，推动新发展理念的贯彻落实。改革和法治是推进新发展理念落实的两大主要手段。贯彻落实新发展理念，必须发挥改革的推动作用和法治的保障作用。对于改革手段，“贯彻落实新发展理念，涉及一系列思维方式、行为方式、工作方式的变革，涉及一系列工作关系、社会关系、利益关系的调整，不改革就只能是坐而论道，最终到不了彼岸”[①]。从中央关于全面深化改革的各项部署来说，是与贯彻落实新发展理念相贯通的，但也可能存在不够具体或者空白点等情况，面对这些问题，“在贯彻落实中，对中央改革方案中的原则性要求，可以结合实际，进一步具体化；遇到改革方案的空白点，可以积极探索、大胆试验；遇到思想阻力和工作阻力，要努力排除，不能退让和妥协，不能松懈斗志、半途而废”[②]。对于法治手段，“要深入分析新发展理念对法治建设提出的新要求，深入分析贯彻落实新发展理念在法治领域遇到的

① 《习近平谈治国理政》第二卷，外文出版社 2017 年版，第 221～222 页。
② 《习近平谈治国理政》第二卷，外文出版社 2017 年版，第 222 页。

突出问题，有针对性地采取对策措施，运用法治思维和法治方式贯彻落实新发展理念”[①]。

四是守住底线，及时化解贯彻落实中的矛盾风险。面对国际国内面临的矛盾风险挑战，我们在贯彻落实新发展理念中“决不能掉以轻心”。国际国内各种矛盾风险挑战源、各类矛盾风险挑战点是相互交织、相互作用的，如果我们防范不及时、应对不力，就可能使小的矛盾风险挑战发展成大的矛盾风险挑战，局部的矛盾风险挑战发展成系统的矛盾风险挑战，经济、社会、文化、生态领域的矛盾风险挑战转化为政治矛盾风险挑战，等等。国际国内各种矛盾风险挑战的传导、叠加、演变、升级，最终会危及中国共产党的执政地位，对国家安全产生严重影响。因此，贯彻落实新发展理念必须做好应对任何形式的矛盾风险挑战的准备，做好经济上、政治上、文化上、社会上、外交上、军事上各种斗争的准备。

---

① 《习近平谈治国理政》第二卷，外文出版社 2017 年版，第 221 页。

第三章

新时代中国政治经济学的重大原则

新时代，中国共产党在对经济建设实践经验和理论探索的总结中，形成了新时代中国政治经济学的许多重要理论成果，如关于社会主义本质的理论，关于社会主义基本经济制度的理论，关于新发展理念的理论，关于发展社会主义市场经济、使市场在资源配置中起决定性作用和更好发挥政府作用的理论，关于我国经济发展进入新常态并推进供给侧结构性改革的理论，关于新发展阶段构建新发展格局的理论，关于推动新型工业化、信息化、城镇化、农业现代化相互协调的理论，关于用好国际国内两个市场、两种资源的理论，关于促进社会公平正义、逐步实现全体人民共同富裕的理论，关于建设现代化体系、推进经济高质量发展的理论，等等。新时代中国政治经济学在"以人民为中心"的根本立场上，将解放和发展生产力、公有制为主体和共同富裕、社会主义市场经济改革、对外开放等重大原则贯穿于这一理论发展过程之中，体现了它的内在特性和根本精神，呈现出探索中国特色社会主义经济运行规律和发展道路的理论逻辑。

一、解放和发展生产力的原则

解放和发展生产力是社会主义的本质要求，是中国特色社会主义经济发展在社会主义初级阶段的根本任务，也是新时代中国政治经济学的重大原则。生产力的原则是从我国基本国情和改革开放的经济发展实践中提炼和总结的规律性成果，是中国共产党对适应中国和时代发展进步要求的中国特色社会主义发展实践进行探索，在理论认识上的一个重要飞跃。

生产力是社会发展的决定因素，是人类社会发展的动力。讲发展生产力，同时也必须讲解放生产力，要把这两个方面都讲全。在全面建成小康社会的决胜阶段，解放和发展生产力是与正确处理公平和效率的关系紧密联系在一起的。解放和发展生产力，首先说明了社会主义发展必须讲效率，即“讲社会主义，首先就要使生产力发展，这是主要的”①，“要坚持社会主义制度，最根本的是要发展社会生产力”“社会主义优越性最终要体现在生产力能够更好地发展上”②。但是，在社会主义的改革开放中，解放和发展生产力还蕴涵着社会主义的发展必须注重公平的意义。公平是现存经济关系的观念化表现，是随着社会经济关系的发展变化而发展变化的。就我国现实的经济关系而言，符合社会主义市场经济发展的要求，公平必须是与效率相一致的公平。解放和发展生产力说明了在追求效率中要注重公平，即在发展生产力中，必须改革束缚生产力发展的生产关系，改革不适应经济基础的上层建筑。解放生产力和发展生产力的统一，一方面体现了效率与公平的统一，说明了只有通过解放和发展生产力，才能真正体现社会主义的本质要求；另一方面也强调了社会主义初级阶段必须既注重生产力的发展也注重生产力的解放，说明了社会主义制度更利于人们自觉地运用它来建设和发展社会主义。

解放和发展生产力，反映了社会主义经济建设中资源配置与资源的开发、利用的统一。就资源配置而言，效率既取决于主体活动的能力和

---

① 《邓小平文选》第二卷，人民出版社 1994 年版，第 314 页。
② 《邓小平文选》第三卷，人民出版社 1993 年版，第 149 页。

活动工具，也直接决定于其活动方式，更取决于人的活动的积极性、主动性和创造性。而决定效率的动力因素即人的活动的积极性、主动性和创造性，通常是由公平决定的。如果一个社会公平的程度越合理，这个社会成员的贡献便会与他的所得越趋于一致，他的劳动积极性、主动性和创造性也就越高；反之，则越低。公平在一定程度上是通过调动人的积极性、主动性和创造性来提高“效率”的，公平成了效率的根本保证。就资源的开发和利用而言，效率也必须统一于公平。现代社会面临越来越大的人口、资源、环境的压力，不能仅仅追求效率，而不关注公平。人与自然的关系表现为生产力，这是毫无疑问的。如果我们仅仅追求效率，而看不到生产力发展中的环境保护、资源的开发和利用，就会出现大量不公平现象，如代内不公平和代际不公平，这些不公平给人们带来的灾难是深重的，给社会造成的动荡和破坏也是深远的。我国生产力发展中对自然资源的开发和利用，如果只追求效率而不注重公平，也必然会受到干旱缺水、水土流失、沙尘暴等灾害的惩罚，将损害更多人的利益。因此，解放和发展生产力，是既追求效率又注重公平的。人类社会发展规律决定了解放和发展生产力始终贯穿于人类社会发展的始终，同样贯穿于社会主义发展的始终。新时代中国政治经济学的研究，如果不要以解放和发展生产力作为重大原则，就会失去对现实经济建设的指导意义。

解放和发展生产力作为重大原则，是由新时代中国政治经济学的研究对象决定的。新时代中国政治经济学是以中国社会主义初级阶段经济关系为研究对象的，既要研究社会主义初级阶段经济关系系统，包括本质关系和具体实现形式，也要研究社会主义初级阶段的经济运行和经济发展。经济关系和生产力是密不可分的，研究经济关系的目的是解放和发展生产力，促进我国改革开放的深化和社会主义经济建设实践的发展，而对社会主义初级阶段的经济运行和经济发展的研究又是为研究经济关系服务的，是要以解放和发展生产力来促进经济关系的发展和完善。

新时代中国政治经济学从当代中国最重要和最基本的“经济事实”即社会主义初级阶段的国情出发，重点研究社会主义初级阶段的经济关系，着力探索和揭示中国特色社会主义经济体制和经济运行的规律。社会主义初级阶段的经济关系，实际意味着对于在经济文化落后的基础上建立起来的社会主义制度，对于在社会主义经济建设中曾经走过弯路的社会主义国家来说，要消除社会的主要矛盾，这不仅仅存在着发展生产力的问题，同时还有解放生产力的问题。“社会主义基本制度确立以后，还要从根本上改变束缚生产力发展的经济体制，建立起充满生机和活力的社会主义经济体制，促进生产力的发展。”① 就解放生产力而言，在现阶段讲的是改革问题，是生产关系的调整问题。革命是解放生产力，改革也是解放生产力。“推进国家治理体系和治理能力现代化，就是要适应时代变化，既改革不适应实践发展要求的体制机制、法律法规，又不断构建新的体制机制、法律法规，使各方面制度更加科学、更加完善……”② 这就是说，解放生产力就是要解决好改革中生产力和生产关系相协调的问题，就是要处理好生产力与经济社会关系整体相联系的问题。就发展生产力而言，讲的是经济发展问题。尽管通过改革解放了被束缚的生产力，推动了生产力的飞跃和提升，但它不是发展生产力本身，发展生产力有自身的规律。因此，新时代中国政治经济学研究社

① 《邓小平文选》第三卷，人民出版社 1993 年版，第 370 页。
② 《十八大以来重要文献选编》上，中央文献出版社 2014 年版，第 549 页。

会主义初级阶段的经济关系，不仅要研究经济关系本身，也要研究生产力，不仅要研究发展生产力，还要研究解放生产力。正如邓小平在我国改革开放之初就明确指出的：“过去，只讲在社会主义条件下发展生产力，没有讲还要通过改革解放生产力，不完全。应该把解放生产力和发展生产力两个讲全了。”[①] 只有通过解放和发展生产力，才能真正体现社会主义的本质。

解放和发展生产力是新时代中国政治经济学的内在要求，它体现在全部理论原理中。没有解放和发展生产力重大原则的贯彻，是不可能形成社会主义本质的新概括，也不可能揭示出社会主义社会的主要矛盾，更不可能确立起社会主义经济发展的新战略、搞清楚经济发展的新常态，那么，在中国特色社会主义经济发展实践中，坚持以经济建设为中心，以“新发展理念”为引领，全面推进“五位一体”的建设，实现经济的高质量发展，就只能是一句空话。解放和发展生产力是贯穿于新时代中国政治经济学的主线，正是在这个意义上，新时代中国政治经济学表现为解放和发展生产力的“系统的经济学说”。

解放和发展生产力是中国特色社会主义经济发展在社会主义初级阶段的根本任务，这一根本任务贯穿社会主义初级阶段始终。习近平曾经强调：“全面建成小康社会，实现社会主义现代化，实现中华民族伟大复兴，最根本最紧迫的任务还是进一步解放和发展社会生产力。”[②] 中国 70 多年的社会主义建设，彻底改变了一穷二白的历史面貌。特别是党的十一届三中全会以来，通过改革开放我国的生产力有了极大的发展，人民生活水平有了极大的提高。综合国力明显增强，国际地位和影

① 《邓小平文选》第三卷，人民出版社 1993 年版，第 370 页。
② 《十八大以来重要文献选编》上，中央文献出版社 2014 年版，第 549 页。

响力显著提高。国内生产总值由 1952 年的 679 亿元增加到 2022 年的 121.02 万亿元，增加了 200 多倍，我国的经济总量在世界的位次不断提升。工农业产品产量位居世界前列，钢产量由解放初期居世界第 26 位跃居现在的第一位，原油产量由第 27 位跃居第五位，发电量由第 25 位跃居第二位，我国货物贸易额由第 6 位上升到第二位，其中出口额跃居第一位。2022 年我国粮食总产量达 13731 亿斤，粮食产量连续 8 年稳定在 1.3 万亿斤以上。城乡居民生活水平发生了质的变化。2022 年，我国农村居民人均可支配收入 20133 元，首次迈上 2 万元新台阶。城乡收入倍差缩小为 2.45。2022 年，在百年变局和世纪疫情叠加的复杂局面下，面对疫情散发多发、极端高温天气等诸多超预期因素影响，我国消费市场受到的冲击比较大，但全年社会消费品零售总额稳定在 44 万亿元左右，其中网上商品零售额达到了 12 万亿元。我国仍然是全球第二大消费市场和第一大网络零售市场，超大规模市场优势依然明显。[①] 中国社会主义建设的发展成就，尤其是改革开放多年来取得的成绩，说明了解放和发展生产力是社会主义赖以生存和发展的根本，是新时代中国政治经济学理论和实践的思维逻辑和历史逻辑。

二、公有制为主体和共同富裕的原则

在改革开放的历史进程中，邓小平曾多次强调："一个公有制占主体，一个共同富裕，这是我们所必须坚持的社会主义的根本原则。"[②] 公有制为主体在体现我国社会制度的社会主义性质同时，也反映了经济改革的现实要求，即初级阶段社会主义的不成熟性必然要求在发展公有

① 根据国家统计局数据整理。

② 《邓小平文选》第三卷，人民出版社 1993 年版，第 111 页。

制经济的同时大力发展非公有制经济。共同富裕是社会主义制度区别于其他社会制度的根本特征，是我国改革开放的成败标准。习近平在主持中央政治局就马克思主义政治经济学基本原理和方法论进行第二十八次集体学习时强调，要坚持和完善社会主义基本经济制度，毫不动摇巩固和发展公有制经济，毫不动摇鼓励、支持、引导非公有制经济发展，推动各种所有制取长补短、相互促进、共同发展，同时公有制主体地位不能动摇，国有经济主导作用不能动摇，这是保证我国各族人民共享发展成果的制度性保证，也是巩固党的执政地位、坚持我国社会主义制度的重要保证。要坚持和完善社会主义基本分配制度，努力推动居民收入增长和经济增长同步、劳动报酬提高和劳动生产率提高同步，不断健全体制机制和具体政策，调整国民收入分配格局，持续增加城乡居民收入，不断缩小收入差距。[①] 公有制为主体和共同富裕是马克思主义政治经济学的基本原则，也是新时代中国政治经济学必须坚持的重大原则。

公有制为主体是我国社会主义基本经济制度的本质要求，是基于我国的具体实际而产生的。党的十一届三中全会以后，中国共产党立足于我国初级阶段社会主义的实际，作出了对计划经济体制和单一的公有制认识的思想突破，形成了以公有制为主体、多种所有制经济共同发展的社会主义基本经济制度。公有制为主体，首先说明了公有制在这种所有制结构中所居地位的主体性质。积极探索公有制为主体的有效实现形式，发展混合所有制经济，有利于国有资本放大功能、保值增值、提高竞争力。公有制为主体，也说明了公有制经济存在于与非公有制经济共同发展的所有制结构之中。在公有制为主体的条件下，大力发展非公有

① 参见《十八大以来重要文献选编》下，中央文献出版社 2018 年版，第 4 ~5 页。

制经济，是社会主义基本经济制度的重要内容之一。我国的非公有制经济是建立在社会主义制度基础上的，是受公有制经济引导、制约的。因此，从党的十八大到党的二十大，都明确强调："毫不动摇巩固和发展公有制经济，毫不动摇鼓励、支持、引导非公有制经济发展。"① "两个毫不动摇"说清楚了公有制为主体原则在中国特色社会主义经济理论和实践发展中的重要性。

共同富裕是社会主义的本质要求和奋斗目标，是检验社会主义建设成败的关键标准。改革开放之初，邓小平就强调指出："一部分地区、一部分人可以先富起来，带动和帮助其他地区、其他的人，逐步达到共同富裕；社会主义的目的就是要全国人民共同富裕，不是两极分化。"共同富裕既不是平均富裕也不是同步富裕，它是指全体人民在消除两极分化和贫穷基础上的普遍富裕。共同富裕的本质意义就在于，它不仅强调"富裕"，包括物质生活和精神生活的全面富裕，而且强调"共同"，即全体人民通过辛勤劳动和相互帮助最终达到富裕的普遍性。没有富裕的"共同"，是贫穷的社会，没有"共同"的富裕，是不公的社会，贫穷的社会和不公的社会都不是社会主义社会。只有共同富裕，才是社会主义与资本主义的本质区别，才能使社会主义最终战胜资本主义。因此，共同富裕是中国特色社会主义的根本原则，所以必须使发展成果更多更公平惠及全体人民，朝着共同富裕与方向稳步前进。共同富裕作为社会主义的本质要求，是中国共产党始终如一的根本价值取向。

公有制为主体是实现共同富裕的经济基础，离开这个经济基础来谈共同富裕，不仅不能正确理解共同富裕的科学意义，而且也不可能真正

---

① 习近平：《高举中国特色社会主义伟大旗帜　为全面建设社会主义现代化国家而团结奋斗——在中国共产党第二十次全国代表大会上的报告》，人民出版社2022年版，第29页。

实现共同富裕。在我国社会主义初级阶段，坚持公有制为主体是实现共同富裕的根本保证，因为只有坚持公有制为主体，才能促进社会生产力的快速发展，才能维护人民群众的共同利益和长远利益，也才能真正促进全社会共同富裕的早日实现。新时代中国政治经济学是为人民谋发展、谋利益的政治经济学，研究好新时代中国政治经济学，就必须将公有制为主体和共同富裕这一重大原则贯穿其中的方方面面。

第一，必须将公有制为主体和共同富裕这一重大原则，贯穿于社会主义基本经济制度理论的研究之中。在我国改革开放的经济发展实践中形成的社会主义基本经济制度理论，通过发展非公有制经济来促进公有制经济的发展，增强经济社会发展活力，增强国有经济活力、控制力、影响力；着力解决收入差距问题，避免两极分化，使发展成果真正公平惠及全体人民，从而在实现全面建成小康社会的进程中，通过稳增长、调结构、惠民生、促改革，跨越“中等收入陷阱”。公有制为主体和共同富裕通过制度保障全体人民共享发展成果，保证我国经济发展的社会主义制度和社会主义方向。

第二，必须将公有制为主体和共同富裕这一重大原则，贯穿于社会主义发展的新发展理念理论的研究之中。以公有制为主体和共同富裕的目标推进经济发展实践，才会坚持用创新、协调、绿色、开放、共享的发展理念，解决发展不平衡、不协调、不可持续的突出问题，消解发展方式创新能力不强、部分行业产能过剩严重、企业效益下滑等现象，破解城乡区域发展差距、资源约束趋紧、生态环境恶化等经济发展难题，不断开创经济发展新局面。

第三，必须将公有制为主体和共同富裕这一重大原则，贯穿于经济发展进入新常态理论的研究之中。经济发展新常态意味着中国经济的发展不能只看增长率，必须坚持以提高经济发展质量和效益为中心，切实完成转方式、调结构的历史任务，实现经济增长保持中高速、产业迈向中高端，有效维护公平正义，有力保障和改善民生，促进经济社会平稳健康发展。认识新常态，适应新常态，引领新常态，不坚持公有制为主体和共同富裕，何以可能。

第四，必须将公有制为主体和共同富裕这一重大原则，贯穿于推动新型工业化、信息化、城镇化、农业现代化相互协调理论的研究之中。“四化”发展是一个深度融合、整体互动的复杂的系统工程，它们不是孤立的，而是在相互关联中发展的，它们的作用也不是单独发挥的，而是在融合、互动、协调中实现的。坚持走中国特色新型“四化”道路，坚持“四化”同步发展的方向，就必须处理好“四化”与发挥市场决定性作用的关系，处理好“四化”与政府治理的关系，处理好“四化”与人民共享发展成果的关系。对“四化”理论的把握和研究，必须坚持公有制为主体和共同富裕。

第五，必须将公有制为主体和共同富裕这一重大原则，贯穿于供给侧结构性改革理论的研究之中。当前中国经济放缓，看似有效需求不足，其实是有效供给不足。“供给侧 + 结构性 + 改革”，就是在适度扩大总需求的同时，从供给角度实施结构优化，矫正供需结构错配和要素配置扭曲，减少无效和低端供给，扩大有效和中高端供给，促进要素流动和优化配置，实现更高水平的供需平衡。实行供给侧结构性改革，目的在于着力提高供给体系质量和效率，增强经济持续增长动力，推动我国社会生产力水平实现整体跃升。深入研究供给侧结构性改革理论，必须坚持公有制为主体和共同富裕的重大原则。

总之，公有制为主体和共同富裕的重大原则反映了中国特色社会主义经济发展的出发点、性质、过程和落脚点，它对于中国特色社会主义经济理论和实践发展来说，并不是可有可无的，而是具有一定的指导和规制作用的。丢了这一重大原则，中国特色社会主义经济的发展就迷失了方向。在中国特色社会主义发展的理论和实践之中，必须坚定不移地坚持公有制为主体和共同富裕的重大原则，这是我国社会主义经济发展的必然要求，也是中国共产党通过改革开放的实践总结出来的一条基本经验，它必然会成为实现富强民主文明和谐美丽的社会主义现代化强国、推动中国社会发展和时代进步的理论逻辑力量和思想理论动力。

三、社会主义市场经济改革的原则

社会主义市场经济是一种史无前例的体制，建立、发展和完善社会主义市场经济体制是一场前无古人的伟大革命。1992 年党的十四大正式确立“我国经济体制改革的目标是建立社会主义市场经济体制”以来，我国成功地实现了从高度集中的计划经济体制向充满活力的社会主义市场经济体制的转变，实现了从封闭半封闭到全方位开放的转折，实现了人民生活从温饱到小康的历史性跨越，实现了经济总量跃居世界第二的历史性飞跃。在中国特色社会主义道路探索中坚持社会主义市场经济改革，是中国共产党领导的改革开放实践的伟大创举，体现了马克思主义政治经济学理论逻辑和当代中国社会发展历史逻辑的辩证统一。它作为新时代中国政治经济学理论原理的“灵魂”，开拓了理论原理发展的新境界，对马克思主义政治经济学做出了重要创新。

新时代中国政治经济学必须坚持社会主义市场经济改革这一重大原则，关键就在于，它反映的是社会主义基本制度与市场经济体制的结合，是将市场经济的种子播撒进社会主义的土壤，生根发芽、开花结果，极大地调动了人民的积极性、创造性，极大地促进了社会生产力的发展，极大地增强了国民经济的生机活力，使中国人民在中国共产党的领导下全面建成了小康社会，稳步行进在实现社会主义现代化国家、实现中华民族伟大复兴的征程上。

社会主义市场经济是社会主义基本制度与市场经济体制的结合。在我国经济体制改革初期，邓小平就曾对“社会主义也可以搞市场经济”的问题有所论及。他指出：“说市场经济只存在于资本主义社会，只有资本主义的市场经济，这肯定是不正确的。社会主义为什么不可以搞市场经济，这个不能说是资本主义。”① 邓小平的这一论述揭示了市场经济作为经济运行“方法”所具有的体制性的规定。20 世纪 90 年代初，邓小平更为清晰、简洁地阐述了市场经济与社会基本制度之间的关系。他指出：“计划多一点还是市场多一点，不是社会主义与资本主义的本质区别。计划经济不等于社会主义，资本主义也有计划；市场经济不等于资本主义，社会主义也有市场。计划和市场都是经济手段。”② 这一后来成为名言被人们反复引证的论述，对市场经济的体制性规定作了更为明确的说明。邓小平关于社会主义市场经济的论述，一方面把市场经济与资本主义制度相离析，形成抽象意义的市场经济范畴；另一方面又强调市场经济体制必然要与一定的社会基本经济制度相结合，提出社会主义市场经济体制这一新观念。如习近平所说：“这一重大理论突破，对我国改革开放和经济社会发展发挥了极为重要的作用。”③ 社会主义基本制度与市场经济体制的结合，强调了社会主义市场经济是同社会主

---

① 《邓小平文选》第二卷，人民出版社 1994 年版，第 236 页。
② 《邓小平文选》第三卷，人民出版社 1993 年版，第 373 页。
③ 《十八大以来重要文献选编》上，中央文献出版社 2014 年版，第 498 页。

义基本制度结合在一起，是市场在国家宏观调控下对资源配置起决定性作用的经济。显然，与社会主义基本制度结合在一起的市场经济改革，在国家宏观调控下对资源配置起决定性作用的市场经济改革，是对我国经济发展的基本要求，自始至终贯穿于中国特色社会主义经济发展的理论和实践，揭示了社会主义的本质规定性和社会主义经济发展的路径。

坚持社会主义市场经济改革，核心问题是处理好政府和市场的关系。自党的十四大确立社会主义市场经济体制以来，中国共产党依据实践拓展和认识深化对政府和市场关系做出了科学定位，从党的十五大提出“使市场在国家宏观调控下对资源配置起基础性作用”，到党的十六大提出“在更大程度上发挥市场在资源配置中的基础性作用”，到党的十七大提出“从制度上更好发挥市场在资源配置中的基础性作用”，再到党的十八大提出“更大程度更广范围发挥市场在资源配置中的基础性作用”，直到党的十八届三中全会提出“使市场在资源配置中起决定性作用和更好发挥政府作用”，以及党的十九届五中全会强调有效市场与有为政府的结合，足以说明了这一点。从市场的“基础性作用”到“决定性作用”和更好发挥政府作用，体现了市场决定资源配置的一般规律，这必将对我国改革开放和经济社会发展发挥极为重要的作用；同时，“决定性作用”并非“全部作用”，这是坚持社会主义市场经济改革方向的必然要求，必须充分体现社会主义制度的优越性、发挥党和政府的积极作用，才能保证我国改革开放和经济社会发展的正确方向。从市场的“基础性作用”到“决定性作用”和更好发挥政府作用，充分说明中国共产党不仅进一步明确了深化经济体制改革的基本思路，而且也进一步提出了完善和推进社会主义市场经济发展的实践路径，从而使新时代中国政治经济学明确地在社会主义基本制度与市场经济体制的结合上研究好经济发展的理论和实践，在把握好政府和市场这两方面的优势中推进中国社会主义的经济发展。

党的十八大以来，习近平多次谈到社会主义市场经济改革问题，强调指出，使市场在资源配置中起决定性作用和更好发挥政府作用，二者是有机统一的，不是相互否定的，不能把二者割裂开来、对立起来。处理政府和市场的关系问题，“实际上就是要处理好在资源配置中市场起决定性作用还是政府起决定性作用这个问题。经济发展就是要提高资源尤其是稀缺资源的配置效率，以尽可能少的资源投入生产尽可能多的产品、获得尽可能大的效益”[①]。政府和市场的关系问题，说到底就是政府和市场如何准确定位的问题。就市场而言，如何将它的职能定位在提高经济效率上，以价格决定机制、竞争机制等实现资源的有效配置，提高微观主体的积极性和经济效率；就政府而言，如何将它的职能定位在宏观经济引导上，从顶层设计把握市场经济的发展方向，从宏观调控角度引导市场经济良性发展等，既不缺位也不越位、错位。只有正确处理好政府和市场的关系，使市场能够发挥其配置资源的应有作用，使政府发挥其宏观调控和监管的积极作用，才能使我国经济体制改革向纵深发展，使社会主义市场经济得到健康发展，使中国特色社会主义经济沿着正确轨道持续发展。

“必须坚持社会主义市场经济改革方向”，党的十八届三中全会关于社会主义市场经济体制改革目标的重申，是中国共产党在中国特色社会主义经济建设中的又一重大的理论和实践的推进，也是全面深化改革的基本遵循。新时代中国政治经济学在研究并解决社会主义市场经济发

① 《十八大以来重要文献选编》上，中央文献出版社2014年版，第499页。

展中存在的诸如市场秩序不规范、生产要素市场发展滞后、市场规则不统一、市场竞争不充分等问题中，必须坚持社会主义市场经济改革的方向，不仅如此，还必须在对新发展理念理论、国有企业改革和发展问题、驱动创新发展战略、“一带一路”发展战略，以及供给侧结构性改革等问题的研究中，坚持社会主义市场经济改革的方向。坚持社会主义市场经济改革，保证着我国市场经济的社会主义改革方向，牵引着我国社会主义经济发展的成败，决定着新时代中国政治经济学理论成果形成的科学性、准确性。遥望理论和实践发展的前路，社会主义市场经济改革原则，既是推进中国特色社会主义经济发展的引航之灯，也是新时代中国政治经济学研究的指路明灯。

四、对外开放的原则

坚持对外开放是我国建设社会主义现代化强国的一项重大决策，也是我国一项长期的基本国策。改革开放以来，随着我国经济体制改革由农村到城市、由点到面的全面而深入地展开，对外开放取得了巨大成就，实现了从封闭半封闭经济到全方位开放的历史转折，形成了从沿海到沿江沿边、从东部到中西部区域梯次开放的格局，实现了从贸易到投资、从货物贸易到服务贸易领域不断拓展的开放格局，呈现了从数量小到数量大、从质量低到质量高的开放新趋势。据不完全统计，截至2021 年底，中国共设立 230 个国家级经济技术开发区，建立了 169 个国家级高新技术产业开发区、63 个国家级出口加工区、155 个国家级综合保税区和 19 个国家级边（跨）境经济合作区。这些经济、技术开发区已成为所在地区经济发展的新增长点，有力地促进了我国经济社会和对外开放的发展。2022 年，中国货物进出口总值达到 42.1 万亿元，增长

7.7%。其中，出口239654亿元，增长10.5%；进口181024亿元，增长4.3%。进出口相抵，贸易顺差58630亿元。中国创造了世界贸易发展史的奇迹。2022年，中国服务进出口总额达59801.9亿元，同比增长12.9%。其中，服务出口同比增长12.1%，进口增长13.5%，服务贸易逆差2757.1亿元。[①] 中国外贸发展不仅有力促进了国内经济社会发展，也为全球贸易增长和国际金融危机之后的经济复苏作出了积极贡献。这些经济成就充分证明，对外开放是一国的强盛之路，它的涵义已远远超出"能够不经受资本主义生产的可怕的波折而占有它的一切积极的成果"[②]，而扩展为一项长期的基本国策、一个"战略问题"[③]，成为"决定当代中国命运的关键一招""决定实现'两个一百年'奋斗目标、实现中华民族伟大复兴的关键一招"[④]。

新时代中国政治经济学的对外开放原则是根源于事实和发展过程的，是从我国基本国情和经济发展实践中提炼和总结的规律性成果。在当前我国对外经济形势出现重大转变，国内部分行业产能过剩，资源能源对外依存度持续攀升，依靠拼优惠、拼资源的"三来一补"加工贸易模式已经不适应我国社会经济发展的情况下，中国现在已经站在了实施新一轮高水平对外开放的新起点上。中国对外开放的着力点已在于：全面推进双向开放，促进国内国际要素有序流动、资源高效配置、市场深度融合，加快培育国际竞争新优势，完善对外开放战略布局；完善法治化、国际化、便利化的营商环境，健全有利于合作共赢、同国际投资

① 根据国家统计局数据整理。

② 《马克思恩格斯文集》第3卷，人民出版社2009年版，第571页。

③ 《邓小平文选》第三卷，人民出版社1993年版，第32页。

④ 参见《习近平总书记系列重要讲话读本（2016年版）》，学习出版社、人民出版社2016年版，第67～68页。

贸易规则相适应的体制机制，健全对外开放新体制；秉持亲诚惠容，坚持共商共建共享原则，开展与有关国家和地区多领域互利共赢的务实合作，打造陆海内外联动、东西双向开放的全面开放新格局，推进“一带一路”建设；推动国际经济治理体系改革完善，积极引导全球经济议程，维护和加强多边贸易体制，促进国际经济秩序朝着平等公正、合作共赢的方向发展，共同应对全球性挑战，积极参与全球经济治理。中国对外开放的目标就在于，以“一带一路”建设为统领，丰富对外开放内涵，提高对外开放水平，协同推进战略互信、投资经贸合作、人文交流，深度参与全球产业分工和合作，维护多元稳定的国际经济格局和经贸关系，努力形成深度融合的互利合作格局，开创对外开放新局面，构建全方位开放新格局。

对外开放的决策部署深深地融入了中国共产党领导的中国特色社会主义经济发展之中。改革开放之初，邓小平就曾反复强调，我国自己的实践和别国的实践都证明，关起门来搞建设是不能成功的。在经济全球化加快发展的今天，在世界政治经济格局发生重大变化的情况下，中国共产党更是矢志不渝地坚持对外开放、与时俱进地扩大对外开放、高水平地推进对外开放。

改革开放以来，中国对外开放所取得的成就和中国共产党对外开放的决策部署，深刻说明了对外开放已经深入到中国特色社会主义经济发展的实践之中，中国的经济发展、社会进步，中国对世界的贡献，都和实行对外开放分不开。只有坚持对外开放，中国特色社会主义经济才能得到真正发展，统筹国内国际两个大局，利用国际国内两个市场、两种资源，发展更高层次的开放型经济，积极参与全球经济治理，维护我国发展利益，积极防范各种风险，确保国家经济安全才有可能。

对外开放作为新时代中国政治经济学的重大原则，它像一根红线贯穿其理论原理之中，推进着新时代中国政治经济学的理论研究及其实践指导。我国实行对外开放不是目的而是手段，是为了使中国在聚精会神搞建设的过程中，在把立足国内、扩大内需作为经济发展的长期战略的同时，打开大门，更好地学会充分利用外部条件搞建设，充分利用国际国内两个市场、两种资源，不断丰富对外开放的形式和内容，不断拓展对外开放的广度和深度，不断提高对外开放的质量和水平，不断提升我国的经济结构与核心竞争力，从而不断为全面建成小康社会、实现中华民族伟大复兴提供强大动力。在中国特色社会主义经济发展中，坚定不移地实行对外开放，中国就能面对世界展开双翅，飞向更加广阔的长空。牢牢把握对外开放的重大原则，研究新时代中国政治经济学的理论原理，才能使社会主义本质理论、社会主义基本经济制度理论、新发展理念理论、社会主义市场经济理论、经济发展进入新常态理论、“四化”相互协调理论，以及国际国内两个市场、两种资源理论、共同富裕理论、经济高质量发展理论等，真正具有以实践发展为依据而得以完善，并使实践以理论创新为指导而得以发展的作用。

第四章

新时代中国政治经济学的方法论

马克思主义政治经济学研究社会生产关系的对象，决定了它必须采取揭示事物根本性质的定性方法开展研究。唯物辩证法是马克思主义政治经济学的方法论。马克思主义政治经济学借助唯物辩证法，揭示了资本主义生产方式的运动规律，以及人类社会发展的客观规律。新时代中国政治经济学研究社会主义初级阶段经济关系和经济运行的对象，也决定其必须采取揭示事物根本性质的定性方法开展研究，决定其运用唯物辩证法分析社会的主要矛盾、经济制度的完善、经济体制的改革，以及经济的健康运行。

一、新时代中国政治经济学的方法论基础

马克思主义政治经济学的方法论是新时代中国政治经济学的方法论基础。考察新时代中国政治经济学的方法论，必须首先认识马克思主义政治经济学的方法论。马克思主义政治经济学的方法论并不是脱离实际的、高谈阔论和思辨的纯粹方法，而是马克思在全面、系统、深刻地揭示人类社会发展的客观规律基础上总结出来的科学的方法论，它来自改造社会的实践。在马克思探索社会发展规律和谋求解放全人类的道路中，方法论是马克思主义政治经济学研究的本质规定性和规律性在逻辑上的反映，它为人类提供了认识世界和改造世界的最一般、最普遍的方法，是对客观事物普遍规律的反映。

马克思主义政治经济学的方法论虽然不同于世界观，但却与世界观

相统一。所谓世界观，就是人们对整个世界的根本看法，它回答的是有关客观世界、人类社会和思维，以及人与世界的关系的最普遍的问题。这一根本看法决定着人们认识、分析和处理各种问题的方法。恩格斯曾经对马克思的世界观与方法论的关系作了经典的概括："马克思的整个世界观不是教义，而是方法。它提供的不是现成的教条，而是进一步研究的出发点和供这种研究使用的方法"①，"是人们最好的劳动工具和最锐利的武器"②。马克思主义政治经济学方法论是马克思主义世界观具体运用的结果，是建立在世界观的基础之上的，没有世界观就没有方法论。但与此同时，马克思主义世界观又是通过方法论得到阐明的，方法论是世界观的具体化、现实化，方法论再现了世界观。一旦人们按照世界观的根本看法去认识世界、改造世界，或者把世界观的各种原理、原则用来指导对世界、现实的认识时，世界观就成了方法论，世界观与方法论就具有统一性。毛泽东也曾说过："世界本来是发展的物质世界，这是世界观；拿了这样的世界观转过来去看世界、去研究世界上的问题、去指导革命、去做工作、去从事生产、去指挥作战、去议论人家长短，这就是方法论，此外并没有别的什么单独的方法论。所以在马克思主义者手里，世界观同方法论是一个东西，辩证法、认识论、论理学，也是一个东西。"③ 因此，世界观制约并决定着方法论，有什么样的世界观，就有什么样的方法论；方法论也支持并影响着世界观，世界观是通过方法论不断得到进一步的发展和提升的。总之，方法论离不开世界观，世界观也离不开方法论。方法论和世界观是高度统一的，也就是

---

① 《马克思恩格斯全集》第 39 卷，人民出版社 1974 年版，第 406 页。
② 《马克思恩格斯选集》第 4 卷，人民出版社 1995 年版，第 239 页。
③ 《毛泽东著作专题摘编》（上卷），中央文献出版社 2003 年版，第 30 页。

说，认识世界和改造世界是高度统一的。马克思主义政治经济学的方法论讲到底就是唯物辩证法。

把唯物辩证法应用到政治经济学中来，是马克思的首创。“就本来意义上说，辩证法就是研究对象的本质自身中的矛盾。”① 马克思就是运用矛盾分析方法，来研究资本主义经济，揭露资本主义矛盾，揭示无产阶级与资产阶级的根本对立。马克思公开承认自己是黑格尔的学生，认为黑格尔是过去所有时代中最有学问的人之一，他能把欧洲哲学史上所有哲学家的辩证法思想都吸收过来，变成自己的东西，也承认自己在政治经济学的研究中运用了黑格尔的辩证法。但是，针对有人把马克思的唯物主义辩证法与黑格尔的唯心主义辩证法混为一谈的错误，马克思指出：“我的辩证方法，从根本上来说，不仅和黑格尔的辩证方法不同，而且和它截然相反。”② 马克思认为，黑格尔辩证法有着致命的弱点，即把社会和思维运动过程的终点看成是他的哲学，把社会运动的终点看成是他那个时代的普鲁士王国。

马克思的辩证法与黑格尔的辩证法存在三个根本区别：第一，辩证法建立的基础不同。黑格尔辩证法建立的基础是唯心主义，黑格尔颠倒了思维与存在、物质与精神的关系。“在黑格尔看来，思维过程，即甚至被他在观念这一名称下转化为独立主体的思维过程，是现实事物的创造主，而现实事物只是思维过程的外部表现。”③ 在黑格尔的眼中，外界存在的东西都是观念的产物。唯物辩证法则不同，它建立的基础是唯物主义，“观念的东西不外是移入人的头脑并在人的头脑中改造过的物

① 《列宁全集》第 38 卷，人民出版社 1986 年版，第 278 页。
②③ 《马克思恩格斯选集》第 2 卷，人民出版社 2012 年版，第 93 页。

质的东西而已”[①]。这两种不同的辩证法对现实世界必然起着不同的作用。唯物辩证法的唯物主义基础就表现在，社会经济形态的发展“是一种自然历史过程”，研究经济运动规律不是从观念出发，而是从客观事实出发。

第二，辩证法的彻底性不同。黑格尔辩证法是在承认思维的辩证发展的同时，否定物质世界的辩证发展，是在承认事物对立面的统一和斗争的同时，把统一看成是绝对的，而把斗争看成是相对的。唯物辩证法则是“在对现存事物的肯定的理解中同时包含对现存事物的否定的理解，即对现存事物的必然灭亡的理解”；同时，它也表现为“对每一种既成的形式都是从不断的运动中，因而也是从它的暂时性方面去理解。”正因为如此，马克思强调：“辩证法不崇拜任何东西，按其本质来说，它是批判的和革命的。”[②] 唯物主义辩证法在肯定资本主义制度必然产生的同时，又论证了它灭亡的必然性，从而“在其合理形态上，引起资产阶级及其空论主义的代言人的恼怒和恐怖”[③]。

第三，辩证法的阶级性不同。由于黑格尔把社会和思维的运动过程看成是有终点的，社会运动的终点就是他那个时代的普鲁士王国，思维运动的终点就是他的哲学，因而他运用唯心主义辩证法，企图论证普鲁士君主立宪制度的合理性，他的辩证法也就起着维护统治阶级的反动作用，成为德国资产阶级的意识形态。唯物主义辩证法的批判性和革命性，表明它在对资本主义生产方式运动规律的探索中，说明了资本主义社会的发展是一个辩证的运动过程，在对资本主义社会肯定的理解中，同时也包含着对它否定的理解。唯物辩证法的运用引起了统治阶级的恐

---

① 《马克思恩格斯选集》第 2 卷，人民出版社 2012 年版，第 93 页。
②③ 《马克思恩格斯选集》第 2 卷，人民出版社 2012 年版，第 94 页。

慌，“使实际的资产者最深切地感到资本主义社会充满矛盾的运动的，是现代工业所经历的周期循环的各个变动，而这种变动的顶点就是普遍危机”①。资本主义社会内在矛盾导致周期性经济危机爆发，必然导致资本主义走向灭亡。唯物辩证法代表了无产阶级劳苦大众的利益，是为无产阶级利益服务的。

马克思运用唯物辩证法创立了马克思主义政治经济学。马克思运用唯物辩证法“把堆积如山的实际材料总结为几点概括性的、彼此紧相联系的思想”②，我们可以简要地概括为五个方面：一是从商品经济矛盾、资本主义生产过程的矛盾、资本主义基本矛盾等方面的分析中，揭示出资产阶级社会的一切矛盾，反映了资本主义产生、发展、灭亡的内在机理；二是从商品、价值、货币、资本、剩余价值、资本积累、生产价格等经济范畴的辩证转化中，揭示出工人受整个资产阶级剥削的整体意义，表明了阶级利益的根本对立性；三是从价值规律转变为资本主义占有规律的分析中，揭示出资本对雇佣劳动的剥削关系，表现为形式上的平等而实质上的不平等；四是从单个资本到社会资本、直接生产过程到流通过程再到生产总过程的分析中，再现出资本运动的辩证过程，反映了宏观与微观相统一的经济运动；五是从实际经济生活出发，在对大量的历史材料和现实材料进行广泛深入研究的基础上，从“现代社会经济运动的规律”分析中，剖析了资本主义生产关系的实质，揭示了人类社会发展的客观规律。

① 《马克思恩格斯选集》第 2 卷，人民出版社 2012 年版，第 94 页。

② 参见《列宁专题文集　论辩证唯物主义和历史唯物主义》，人民出版社 2009 年版，第 162 页。

二、唯物辩证法及其具体运用

唯物辩证法最先由马克思提出，然后经恩格斯、列宁、毛泽东等马克思主义经典作家的发展而形成了体系化的基本内容。唯物辩证法是关于世界普遍联系和永恒发展的科学，“是关于自然界、人类社会和思维的运动和发展的普遍规律的科学”①。它强调用普遍联系的观点看世界，世界就表现为一个有机整体，世界上的一切事物都处于相互影响、相互作用、相互制约之中；用发展的眼光看事物，事物则呈现出由简单到复杂、由低级到高级的变化趋势，其实质是新事物的产生和旧事物的灭亡。唯物辩证法关于事物普遍联系和永恒发展的观点，揭示了物质世界是普遍联系和不断运动变化的统一整体。恩格斯指出：“当我们通过思维来考察自然界或人类历史或我们自己的精神活动的时候，首先呈现在我们眼前的，是一幅由种种联系和相互作用无穷无尽地交织起来的画面，其中没有任何东西是不动的和不变的，而是一切都在运动、变化、生成和消逝。”② 唯物辩证法的对立统一规律、质量互变规律、否定之否定规律，从不同角度阐释了事物的普遍联系和永恒发展。对立统一规律揭示了事物普遍联系和永恒发展的源泉和动力，质量互变规律揭示了事物普遍联系和永恒发展的状态，否定之否定规律揭示了事物普遍联系和永恒发展的趋势和道路。唯物辩证法的基本范畴，即现象和本质、内容和形式、原因和结果、可能性和现实性、偶然性和必然性，从不同侧面揭示了事物普遍联系和永恒发展的内涵和外延。在唯物辩证法中，对立统一（矛盾）学说贯穿其全部内容，如列宁所说，我们“可以把辩

① 《马克思恩格斯文集》第9卷，人民出版社2009年版，第149页。
② 《马克思恩格斯文集》第9卷，人民出版社2009年版，第23页。

证法简要地规定为关于对立面的统一的学说，这样就会抓住辩证法的核心”[①]。因此，对立统一（矛盾）学说是唯物辩证法的实质与核心。

马克思在《政治经济学批判》序言中强调，唯物辩证法是指导他进行政治经济学研究的“总的结果”，并将之简要表述为：“人们在自己生活的社会生产中发生一定的、必然的、不以他们的意志为转移的关系，即同他们的物质生产力的一定发展阶段相适合的生产关系。这些生产关系的总和构成社会的经济结构，即有法律的和政治的上层建筑竖立其上并有一定的社会意识形式与之相适应的现实基础。物质生活的生产方式制约着整个社会生活、政治生活和精神生活的过程。不是人们的意识决定人们的存在，相反，是人们的社会存在决定人们的意识。社会的物质生产力发展到一定阶段，便同它们一直在其中运动的现存生产关系或财产关系（这只是生产关系的法律用语）发生矛盾。于是这些关系便由生产力的发展形式变成生产力的桎梏。那时社会革命的时代就要到来了。随着经济基础的变更，全部庞大的上层建筑也或慢或快地发生变革。……无论哪一个社会形态，在它所能容纳的全部生产力发挥出来以前，是决不会灭亡的；而新的更高的生产关系，在它的物质存在条件在旧社会的胎胞里成熟以前，是决不会出现的。……资产阶级的生产关系是社会生产过程的最后一个对抗形式……”[②]

唯物辩证法在运用过程中表现为研究方法和叙述方法。研究方法主要有抽象法、系统方法等。首先，抽象法是辩证逻辑的一个基本方法。它是运用人的抽象思维能力，从大量的社会现象中，抽去外部的、偶然

① 参见《列宁专题文集（论辩证唯物主义和历史唯物主义）》，人民出版社 2009 年版，第 141 页。

② 《马克思恩格斯文集》第 2 卷，人民出版社 2009 年版，第 591 ~ 592 页。

的、非本质的联系，找出内部的、必要的、本质的联系的方法。抽象法是任何学科进行科学研究都要采取的方法。自然科学采用抽象法可以在实验室中，通过化学的、生物的、物理的各种实验手段来进行。但是，“分析经济形式，既不能用显微镜，也不能用化学试剂。二者都必须用抽象力来代替”①。抽象力是人的抽象思维的能力，是对事物各种表象抽取和概括它的本质特征的能力。它既不是感性直观的能力，也不是自然科学的实验研究手段，它表现为抽象法的手段。在研究中，马克思根据政治经济学的性质和研究目的，撇开了资本主义社会存在着的多种次要的关系，抽象出能够反映其本质的资本主义生产关系作为研究对象。经过对特定的研究对象进行理论分析、加工，又进一步抽象出反映资本主义生产关系的最一般、最简单的经济范畴即商品，作为构建理论体系的逻辑起点。其次，系统方法是按照事物本身的系统性把对象放在系统的形式中加以考察的一种方法。也即，从系统的观点出发，始终着重从整体与部分之间、整体与外部环境的相互联系、相互作用、相互制约的关系中综合地、精确地考察对象，以达到最佳处理问题的一种方法。马克思对资本主义生产关系的研究，就是把资本主义制度作为一个系统、作为一个由多种要素（局部生产关系）按一定顺序和层次组成的社会有机体来阐述的。马克思把资本主义生产关系看作是一个庞大的、复杂的系统。在这个系统之下，有许多层次的小系统。从组成大系统的各要素来看，它包括生产关系、交换关系、分配关系、消费关系；从社会生产部门来看，它包括工业、农业、商业、银行等。马克思根据各个要素在大系统中的地位和作用，按照一定的顺序进行了排列，分析了各个要

① 《马克思恩格斯选集》第2卷，人民出版社2012年版，第82页。

素，以及各个要素之间的相互联系、相互作用。从这种系统的观点出发，资本主义经济制度各要素之间的关系不是机械地捏合在一起的，而是处在相互联系和相互作用之中，并且通过一定的结构和这一结构的不断的自我调整，遵循最佳原则把这些要素有机地统一起来，以获得最大的结构功能。系统方法的运用，说明了资本主义社会处在经常运动、变化和发展之中，资本主义社会是一个不断新陈代谢、自我更新的活生生的有机体。所以，列宁说："按照马克思的理论，每一种生产关系体系都是特殊的社会机体，它有自己产生、活动和向更高形式过渡，即转化为另一种社会机体的特殊规律。"①

叙述方法主要有抽象上升到具体的方法、逻辑与历史相一致的方法。首先，抽象上升到具体的方法是马克思在对资本主义生产方式运动规律的探索中建立理论体系的方法，是在理论的逻辑结构中再现现实经济运动的方法，也即运用经济范畴、概念建立理论体系的方法。抽象和具体之间的关系，实际上是生产关系方面的各个经济范畴之间的关系，是经济范畴的简单规定性和复杂规定性之间的关系；从抽象上升到具体则是由简单的经济范畴上升到复杂的经济范畴的逻辑发展过程。也就是说，在理论体系构建中，抽象是起点，是最简单的经济范畴；具体是结果，是在简单的经济范畴转化过程中展开的复杂的经济范畴。"只是思维用来掌握具体、把它当作一个精神上的具体再现出来的方式。"② 马克思主义政治经济学对于从商品上升到货币、从货币上升到资本、从资本上升到剩余价值；从资本循环上升到资本周转、从单个资本上升到社会资本；从剩余价值上升到利润、从利润上升到平均利润、从价值上升

① 《列宁全集》第1卷，人民出版社1984年版，第372页。

② 《马克思恩格斯文集》第8卷，人民出版社2009年版，第25页。

到生产价格；从平均利润上升到各种具体形式的利润，即如剩余价值分割为企业主收入、银行利润、借贷利息、地租等逻辑过程的考察，就是抽象上升到具体方法运用的充分体现。由简单的经济范畴上升到复杂的经济范畴的逻辑发展过程，反映了经济范畴的辩证转化关系，展现了资本主义生产关系的经济运动，从而证明了“现代社会，从经济上来考察，孕育着另一个更高的社会形态”①。其次，逻辑与历史相一致的方法是逻辑方法与历史方法的统一。逻辑的方法就是思维推理的方法，即抽象上升到具体方法运用中所反映的各个经济范畴之间的辩证逻辑联系；历史的方法则是在研究经济现象时，按照历史发展的实际进程研究。逻辑的方法与历史的方法之间的统一主要表现在：逻辑的东西是对历史的一种理解，是用概念体系来反映历史的东西。逻辑的东西既可以展示现存社会结构整体及它的表现形式，也可以用概括的形式揭示社会整体的发生、发展和灭亡的趋势。历史的东西可以通过逻辑的方式再现出来。一般来说，政治经济学的发展与资本主义经济的发展大体一致，“经济范畴出现的顺序同它们在逻辑发展中的顺序也是一样的”②，即从最初简单的关系向复杂的关系的发展，因此按照历史的方法也可以大致呈现对政治经济学范畴及其发展脉络的批判。因此，“历史从哪里开始，思想进程也应当从哪里开始，而思想进程的进一步发展不过是历史过程在抽象的、理论上前后一贯的形式上的反映；这种反映是经过修正的，然而是按照现实的历史过程本身的规律修正的，这时，每一个要素可以在它完全成熟而具有典型性的发展点上加以考察。”③ 运用逻辑与历史相一致的方法分析社会结构，既可以了解这个社会结构产生的历

---

① 《马克思恩格斯全集》第 16 卷，人民出版社 1964 年版，第 255 页。
②③ 《马克思恩格斯文集》第 2 卷，人民出版社 2009 年版，第 603 页。

史、现状，也可以把握这个社会结构未来发展的征兆。

但是，我们看到，逻辑与历史相一致只是大体的一致。因为历史的发展往往不是“直线式的”，而常常是“跳跃式的和曲折前进的”，如果思维的逻辑进程处处都跟随历史的进程，势必会把精力过多地放在许多细枝末节和无关紧要的材料上面，从而干扰甚至打乱思维的逻辑进程。为此，在构建理论体系时，当逻辑与历史不一致时，对经济范畴顺序和理论叙述的安排，就必须按照逻辑顺序来进行，历史进程必须服从逻辑进程。这就说明逻辑可以对具体历史的某些过程进行修正，而这种修正是建立在历史发展的必然规律的基础之上的，从而可以更好地用逻辑的必然性展现历史的规律。因此，对于经济范畴和经济关系，不能通过考证它们在历史上出现的具体时间，从而按照它们在历史上先后出现的次序进行机械地排列研究，而是要考察它们在特定社会中发展的完全成熟的形式，根据它们在社会结构内部的地位和关系来研究。

三、新时代中国政治经济学的新探索

在中国特色社会主义新时代，习近平自觉运用唯物辩证法分析时代问题和社会问题，研判社会主要矛盾的转化、国内国际形势的变化，坚持从客观实际出发制定政策、推动工作，不断强化问题意识，积极面对和化解前进中遇到的矛盾，不断增强辩证思维能力，提高驾驭复杂局面、处理复杂问题的本领，坚持实践第一的观点，不断推进实践基础上的理论创新，提出了新时代中国政治经济学的基本原理，丰富和发展了马克思主义政治经济学原理的体系和内容。新时代中国政治经济学是创造性地运用唯物辩证法的最新成果。新时代中国政治经济学对马克思主义政治经济学方法论的新探索主要表现在以下几个方面。

第一，求真务实是新时代中国政治经济学研究的根本方法。求真务实反映了“求真”与“务实”的统一。“求真”强调的是抓住事物的根本性质，揭示事物的客观规律；而“务实”则强调拿着对事物规律性的认识去指导实践。二者的统一，强调的是尊重客观经济规律，按客观经济规律办事，实事求是，一切从实际出发。空谈必然误国、实干才能兴邦。解放思想、实事求是、与时俱进，是求真务实的题中之义，“是马克思主义活的灵魂，是我们适应新形势、认识新事物、完成新任务的根本思想武器”①。这个活的灵魂贯穿于新时代中国政治经济学的全部理论内容。立足中国全面建成小康社会、全面深化改革的实际，新时代中国政治经济学坚持社会主义基本经济制度，强调以人民为中心，促进公平正义，增进人民福祉，坚持社会主义市场经济改革的正确方向，使市场在资源配置中起决定性作用，同时更好地发挥政府的作用，等等，都是求真务实的结果。求真务实是唯物辩证法的创造性运用。在求真务实方法的运用中，解放思想是前提，是解放、发展和保护社会生产力、解放、调动和增强社会活力的“总开关”。解放思想的目的在于更好地实事求是、与时俱进。新时代中国政治经济学的理论创新和实践创新正是在解放思想中不断向前推进的。

第二，守正创新是新时代中国政治经济学研究的思想方法。守正创新是坚持和发展马克思主义、开创21世纪马克思主义新境界的本质要求。“守正”就是守“马克思主义立场观点方法”之正，守“马克思主义政治经济学原理”之正。守正的目的是创新，创新就是在守正的基础上，即坚持用马克思主义立场观点方法观察时代，创造出新的理论和

① 《十六大以来重要文献选编》下，中央文献出版社2008年版，第594页。

实践成果。“理论的生命力在于不断创新，推动马克思主义不断发展是中国共产党人的神圣职责。我们要坚持用马克思主义观察时代、解读时代、引领时代，用鲜活丰富的当代中国实践来推动马克思主义发展，用宽广视野吸收人类创造的一切优秀文明成果，坚持在改革中守正出新、不断超越自己，在开放中博采众长、不断完善自己，不断深化对共产党执政规律、社会主义建设规律、人类社会发展规律的认识，不断开辟当代中国马克思主义、二十一世纪马克思主义新境界!”① 新时代中国政治经济学“以科学的态度对待科学、以真理的精神追求真理，坚持马克思主义基本原理不动摇，坚持党的全面领导不动摇，坚持中国特色社会主义不动摇，紧跟时代步伐，顺应实践发展，以满腔热忱对待一切新生事物，不断拓展认识的广度和深度，敢于说前人没有说过的新话，敢于干前人没有干过的事情，以新的理论指导新的实践”②。守马克思主义的“正”，创马克思主义中国化时代化的“新”，是体现新时代中国政治经济学“守正创新”思想方法的根本点。

第三，矛盾分析方法是认识事物的最有效手段。新时代中国政治经济学研究的正是我国社会主义经济发展中的诸多错综复杂的矛盾。面对经济全球化深化发展中我国日益多样化、多元化的社会经济成分、组织形式、利益分配和就业方式的状况，以及社会生活各领域层出不穷的新问题、新矛盾，新时代中国政治经济学全面分析问题、正面解决问题，形成了一系列新理念新思想新论断。例如，针对我国社会经济发展中的不平衡、不协调、不可持续，以及科技创新能力不强等问题，形成了破

---

① 《十九大以来重要文献选编》上，中央文献出版社 2019 年版，第 434 ~ 435 页。

② 习近平：《高举中国特色社会主义伟大旗帜　为全面建设社会主义现代化国家而团结奋斗——在中国共产党第二十次全国代表大会上的报告》，人民出版社 2022 年版，第 20 页。

解发展难题、厚植发展优势、决定着发展成效的新发展理念；又如，针对我国经济发展中反复出现的产能过剩、重复建设等问题，形成了减少无效和低端供给、扩大有效和中高端供给、增强供给结构对需求变化的适应性和灵活性的供给侧结构性改革思路。还如，针对我国经济体制改革中存在的国家治理不力问题，形成了适应国家现代化总进程、提高党的执政水平、加强治理能力建设的国家治理体系和治理能力现代化理论。矛盾分析方法的运用最突出的是问题导向。坚持问题导向是马克思主义的鲜明特点。“理论创新只能从问题开始。从某种意义上说，理论创新的过程就是发现问题、筛选问题、研究问题、解决问题的过程。”①新时代中国政治经济学坚持问题导向，就必然是以解决矛盾为目标，在直面问题、分析问题、解决问题的过程中，生成新的理论。

第四，系统方法是分析现实问题的有效方法。中国特色社会主义经济发展是人类社会发展系统中的重要内容，在分析和研究各种重大的理论和实践问题中，要找寻到解决问题的办法和举措，“只有用普遍联系的、全面系统的、发展变化的观点观察事物，才能把握事物发展规律”②。系统方法是从系统的观点出发，对系统内部的各要素进行综合分析，在对各要素的相互联系和作用中考察对象，从而实现对问题做出最优处理的一种方法。整体性、联系性、动态性是系统方法的突出特点。新时代中国政治经济学关于基本经济制度、市场经济体制和经济活动机制的统一性、中国特色社会主义“五位一体”总布局、“五大发展”的新发展理念、“四化”相互协调的新思想，以及用好国际国内两

① 《十八大以来重要文献选编》下，中央文献出版社2018年版，第326页。

② 习近平：《高举中国特色社会主义伟大旗帜　为全面建设社会主义现代化国家而团结奋斗——在中国共产党第二十次全国代表大会上的报告》，人民出版社2022年版，第20、21页。

个市场、两种资源的统筹理论，等等，是把系统方法运用于分析中国经济发展实践而形成的理论成果。这些理论成果能够“通过历史看现实，透过现象看本质”，能够“把握好全局和局部、当前和长远、宏观和微观、主要矛盾和次要矛盾、特殊和一般的关系”[①]，也是基于经济发展的各部分、各要素之间相互联系和相互作用，遵循最佳原则实现有机统一，以整体推进的顶层设计、战略思考和多个方面的协同发展、统筹兼顾，来获得最大的结构功能，推动经济的发展。

第五，理论逻辑、历史逻辑、实践逻辑三者相统一的方法（以下简称“三个逻辑相统一”的方法）是新时代中国政治经济学新拓展的方法。运用“三个逻辑相统一”的方法研究新时代中国政治经济学，可以达到研究的透彻性，从纵横交错的理论、历史、现实中抓住问题的本质，展现研究的“理论之美”。

在“三个逻辑相统一”方法中，理论逻辑反映问题研究本身的内在要素之间的必然性联系和内在规定性，而这种必然性联系和内在规定性决定着问题研究的性质和方向。理论逻辑要求问题研究不能浮于表层、浮于现象，而要深入到本质层面。新时代中国政治经济学是与马克思主义政治经济学、毛泽东过渡时期经济理论、邓小平的经济理论等一脉相承、与时俱进的理论，马克思主义政治经济学、毛泽东过渡时期经济理论、邓小平的经济理论等这些要素之间具有必然性联系和内在规定性，而这种必然性联系和内在规定性就是科学社会主义的科学内涵、精神实质和基本原则。新时代中国政治经济学随着历史和实践的发展实现了理论创新，而这些创新性的理论中必然蕴含着科学社会主义的科学内

① 习近平：《高举中国特色社会主义伟大旗帜　为全面建设社会主义现代化国家而团结奋斗——在中国共产党第二十次全国代表大会上的报告》，人民出版社 2022 年版，第 20、21 页。

涵、精神实质和基本原则。正因为如此，科学社会主义决定着新时代中国政治经济学的性质和方向，决定着新时代中国政治经济学是社会主义，而不是别的什么主义。从这个角度我们也可以认为，理论逻辑具有科学判断力的意义。2016 年 5 月 17 日，习近平在哲学社会科学工作座谈会上，在谈到加快构建中国特色哲学社会科学时明确指出："对一切有益的知识体系和研究方法，我们都要研究借鉴"，但是，"需要注意的是，在采用这些知识和方法时不要忘了老祖宗，不要失去了科学判断力"①。丢了就失去了科学判断力。

理论逻辑统一于历史逻辑，就在于理论逻辑是在历史进程中形成、发挥作用，并不断得到发展的。历史逻辑是理论逻辑产生和发展的现实基础。理论逻辑是从历史中来的，马克思主义政治经济学是在继承并吸收人类优秀的思想成果基础上产生的；理论逻辑也是要从历史中走出来、发展起来的，马克思主义政治经济学的巨大威力和生命价值，正是在历史发展中发挥着引领作用、引导着人类社会发展的走向，以及使社会主义在经济文化比较落后的国家不断取得胜利而产生的，也是在历史发展中不断发展着自身、形成新的理论形态而体现的。这就是说，理论逻辑是蕴藏在历史逻辑中的，它从历史逻辑中来，在历史逻辑中发挥作用，也在历史逻辑中不断发展自身，从而表现为对历史逻辑的反映和理解。理论逻辑穿越了历史逻辑，既证实了理论逻辑的科学性，也指导着历史逻辑的发展，又在历史逻辑中发展自身。这就是理论逻辑与历史逻辑的统一性。在马克思主义政治经济学的研究中，研究理论逻辑的同时必须要研究历史逻辑。在 2019 年 3 月 18 日的学校思想政治理论课教师

① 《习近平谈治国理政》第二卷，外文出版社 2017 年版，第 341 页。

座谈会上，习近平强调，思想政治理论课教师在政治要强、情怀要深、思维要新的基础上，还必须“视野要广，有知识视野、国际视野、历史视野，通过生动、深入、具体的纵横比较，把一些道理讲明白、讲清楚”①。知识视野、国际视野和历史视野的统一既构成了教学视野的广度和深度，同样也构成了问题研究的广度和深度。

理论逻辑、历史逻辑又是统一于实践逻辑的，它们是实践逻辑的科学反映。实践逻辑表明了当下的实践、发展了的实践，是客观关系的系统，同时也是社会制度的产物。首先，理论逻辑和历史逻辑所要连接的实践逻辑，是当下的实践、发展了的实践，理论逻辑、历史逻辑只有与当下的实践、发展了的实践相结合，才能更好地发挥效应。其次，新时代中国政治经济学研究所面对的实践，不是不相干的、杂乱无章的、零散的实践，而是实践逻辑，即反映客观关系的、反映社会制度的系统实践。在 2016 年 5 月 17 日的哲学社会科学座谈会上，习近平在谈到我国哲学社会科学在新形势下的地位更加重要、任务更加繁重时，所概括的“五个面对”，即“面对社会思想观念和价值取向日趋活跃、主流和非主流同时并存、社会思潮纷纭激荡的新形势”“面对我国经济发展进入新常态、国际发展环境深刻变化的新形势”“面对改革进入攻坚期和深水区、各种深层次矛盾和问题不断呈现、各类风险和挑战不断增多的新形势”“面对世界范围内各种思想文化交流交融交锋的新形势”“面对全面从严治党进入重要阶段、党面临的风险和考验集中显现的新形势”，正是反映客观关系、社会制度的系统实践。只有针对实践逻辑，才可能准确地概括出所要研究的课题。因此，针对“五个面对”，习近平

① 《习近平谈治国理政》第三卷，外文出版社 2020 年版，第 330 页。

所概括的研究课题就是："如何巩固马克思主义在意识形态领域的指导地位，培育和践行社会主义核心价值观，巩固全党全国各族人民团结奋斗的共同思想基础，迫切需要哲学社会科学更好发挥作用""如何贯彻落实新发展理念、加快转变经济发展方式、提高发展质量和效益，如何更好保障和改善民生、促进社会公平正义，迫切需要哲学社会科学更好发挥作用""如何提高改革决策水平、推进国家治理体系和治理能力现代化，迫切需要哲学社会科学更好发挥作用""如何加快建设社会主义文化强国、增强文化软实力、提高我国在国际上的话语权，迫切需要哲学社会科学更好发挥作用""如何不断提高党的领导水平和执政水平、增强拒腐防变和抵御风险能力，使党始终成为中国特色社会主义事业的坚强领导核心，迫切需要哲学社会科学更好发挥作用"①。可见，历史逻辑是对过去了的实践活动的必然性和规律性的概括，而实践逻辑则是对正在进行的实践活动的必然性和规律性的概括。正是实践逻辑与历史逻辑存在着的这种差别，清楚地说明了把实践逻辑从历史逻辑中剥离出来的重要意义。

运用"三个逻辑相统一"方法研究新时代中国政治经济学具有重要的研究价值和效果。一是运用"三个逻辑相统一"方法研究新时代中国政治经济学，可以讲清楚支撑问题研究的各要素之间的内在关联，以及呈现出的复杂的逻辑关系。例如，中国特色社会主义发展进程中创新、协调、绿色、开放、共享之间的内在统一，所有制结构、分配结构、市场经济体制之间的内在统一，农业现代化、工业化、信息化、城镇化的内在统一，等等。二是运用"三个逻辑相统一"方法研究新时

① 参见习近平：《在哲学社会科学工作座谈会上的讲话》，载于《人民日报》2016 年 5 月 18 日。

代中国政治经济学，可以讲清楚各要素之间表现出的逻辑继承、逻辑脉络、逻辑发展。中国特色社会主义政治经济学中“五位一体”的总布局，在解读各要素之间的内在关系时，它反映的就是一个逻辑整体，而当我们从逻辑发展角度来认识时，就会看到它在中国特色社会主义的发展中经历了从“两位一体”到“三位一体”，再到“四位一体”，直至“五位一体”的发展过程。三是运用“三个逻辑相统一”的方法研究新时代中国政治经济学，可以从历史进程的逻辑进路上和正在进行的实践活动的逻辑进路上反映理论逻辑，从而说明所要研究的问题的性质和意义。之所以如此，就是因为在新时代中国政治经济学研究中，坚持和运用了唯物辩证法。“三个逻辑相统一”的方法是马克思主义方法论的重要内容之一，体现着唯物辩证法的重要精神，内涵着唯物辩证法的基本要求。新时代中国政治经济学的科学性，就在于运用唯物辩证法来分析和研究中国的实际，解决中国的问题。

第五章

关于社会主义本质的丰富和发展

在改革开放的历史进程中，邓小平于 1992 年创造性地提出了社会主义本质的范畴及完整论断，从生产力和生产关系相统一方面对社会主义本质作出了阐释："社会主义的本质，是解放生产力，发展生产力，消灭剥削，消除两极分化，最终达到共同富裕。"① 党的十八大以来，在新时代形成并发展起来的新时代中国政治经济学，在中国特色社会主义建设中，不拘泥于现成的社会主义理论，用在实践中深化的社会主义理论，丰富和发展了邓小平关于社会主义本质的内容，把中国共产党对社会主义本质问题的认识推到了一个新的高度。

一、"中国特色社会主义本质"的判断

党的十八大以来，新时代中国政治经济学对社会主义本质问题认识的丰富和发展表现在，以习近平同志为主要代表的中国共产党人创造性地提出了"中国特色社会主义本质"的新判断，把对"社会主义本质"的认识上升到了对"中国特色社会主义本质"的认识层面。

邓小平提出的社会主义本质论断，是基于中国这样的经济文化落后国家如何建设、巩固和发展社会主义经济关系提出的，是基于社会主义事业遭受挫折、存在失误的最根本原因就是没有搞清楚什么是社会主义和怎样建设社会主义的问题提出的，也是基于中国改革开放和社会主义

① 《邓小平文选》第三卷，人民出版社 1993 年版，第 393 页。

现代化建设的实践提出的。为了澄清人们对社会主义理解存在的一些偏误，把“社会主义本质”作为理解社会主义的内在规定性、理解中国特色社会主义理论的基本范畴提了出来。邓小平关于社会主义本质的概括，展示了建设中国特色社会主义的方向和原则。社会主义本质问题成为之后每一代中国共产党人的探索领域。随着改革开放的深入推进，以江泽民同志为主要代表的中国共产党人从人的全面发展方面，以胡锦涛同志为主要代表的中国共产党人从和谐社会构建方面，丰富和发展了邓小平关于社会主义本质的内容。

新时代，立足于我国建设和发展社会主义的客观环境、现实国情和时代要求，以习近平同志为核心的党中央把马克思主义政治经济学原理和我国社会主义建设和发展的具体实际相结合，从认识中国特色社会主义方面，把对社会主义本质的认识推向了深入。

从我国发展的新的历史方位来看，中国特色社会主义进入新时代。新时代中国政治经济学认为，把握新时代的特点、直面新时代的课题，关键在于要明确：“新时代是中国特色社会主义新时代，而不是别的什么新时代。”① 在新时代，中国特色社会主义这面伟大的旗帜在世界上高高飘扬，焕发出了科学社会主义的强大生机活力；中国共产党紧紧围绕坚持和发展中国特色社会主义这个主题，适应中国特色社会主义发展的新要求治国理政；中国特色社会主义道路、理论、制度、文化的发展，给世界上那些既希望加快发展又希望保持自身独立性的国家和民族提供了全新的选择。

从新时代中国政治经济学研究的时代课题来看，党的十八大以后，

① 《习近平在学习贯彻党的十九大精神研讨班开班式上发表重要讲话》2018 年 1 月 5 日，新华社。

国内外形势变化和我国各项事业的发展给以习近平同志为核心的党中央提出了一个重要的时代课题，这就是首先必须在经济方面从理论和实践的结合上系统回答新时代坚持和发展什么样的中国特色社会主义、怎样坚持和发展中国特色社会主义的问题。新时代中国政治经济学中的所有理论创新和实践创新，都是围绕在经济上如何坚持和发展中国特色社会主义来展开的。它对坚持和发展中国特色社会主义经济作出了科学回答，进一步深化了中国共产党对共产党执政规律、社会主义建设规律、人类社会发展规律的认识，开创了21世纪马克思主义发展的新境界。

从对中国特色社会主义的理解来看，在新时代中国政治经济学中，始终坚持了“中国特色社会主义是社会主义”这一条基本原则。中国特色社会主义，是中国共产党人立足于中国的基本国情、契合时代发展的潮流，把马克思主义基本原理与中国社会主义发展的伟大实践结合起来所做出的正确选择和伟大创造，既凝结着实现中华民族伟大复兴的最根本的梦想，也体现着人类对社会主义的美好憧憬和不懈探索。“中国特色社会主义，是科学社会主义理论逻辑和中国社会发展历史逻辑的辩证统一。”① “中国特色社会主义，既坚持了科学社会主义基本原则，又根据时代条件赋予其鲜明的中国特色”。② 中国特色社会主义是根植于中国大地、反映中国人民意愿、适应中国和时代发展进步要求的科学社会主义。

由此可见，新时代中国政治经济学对社会主义本质问题的认识，立足中国特色社会主义新时代，围绕坚持和发展中国特色社会主义的时代课题，把握中国特色社会主义是社会主义三个方面来展开，以“中国

---

① 《习近平谈治国理政》，外文出版社2014年版，第21页。

② 《十八大以来重要文献选编》上，中央文献出版社2014年版，第10页。

特色社会主义本质”的新判断丰富和发展了邓小平的“社会主义本质”范畴。我们甚至还可以认为，“中国特色社会主义本质”是新时代中国政治经济学的研究主线，它决定并规范着新时代中国政治经济学的内容和性质，而新时代中国政治经济学的全部内容又从不同角度、不同层次体现了“中国特色社会主义本质”的内涵。

二、社会主义本质内涵的拓展和创造

新时代中国政治经济学对社会主义本质问题认识的丰富和发展，在内涵上表现为，以新发展理念为引领，把中国特色社会主义发展的手段，从“解放生产力，发展生产力”拓展为解放、发展和保护生产力；在中国特色社会主义发展过程中，以促进公平正义做到“消灭剥削，消除两极分化”；把中国特色社会主义发展的目标，拓展为通过坚持共享发展来“最终达到共同富裕”；创造性地把“坚持党的领导”纳入中国特色社会主义本质的内涵之中。

第一，从“解放生产力，发展生产力”拓展为解放、发展和保护生产力。解放生产力，发展生产力是社会主义本质实现的手段，也是我国社会主义初级阶段的根本任务。人类社会发展规律决定了解放和发展生产力始终贯穿于人类社会发展始终，贯穿于社会主义始终。社会主义取代资本主义，是生产力进一步发展的要求。社会主义制度的建立、巩固与发展，更是离不开生产力的发展。对于在经济文化落后的基础上建立起来的社会主义制度，对于在社会主义建设中曾经走过弯路的国家来说，不仅要发展生产力，更重要的是解放生产力。生产力的高度发展是衡量社会主义性质的标准，违背了这一标准，社会主义本质的实现就是一句空话。

新时代中国政治经济学不仅强调解放生产力、发展生产力对于中国特色社会主义发展的决定性作用，而且同时也强调了保护生产力对于中国特色社会主义发展的重要作用，进一步丰富和发展了对社会主义本质的认识。

新时代中国政治经济学提出的新发展理念，引领着中国特色社会主义发展手段的采用。发展理念是发展行动的先导，是发展思路、发展方向、发展着力点的集中体现。创新、协调、绿色、开放、共享的新发展理念，“不是凭空得来的，是我们在深刻总结国内外发展经验教训的基础上形成的，也是在深刻分析国内外发展大势的基础上形成的，集中反映了我们党对经济社会发展规律认识的深化，也是针对我国发展中的突出矛盾和问题提出来的”①。创新、协调、绿色、开放、共享，“这五大发展理念相互贯通、相互促进，是具有内在联系的集合体，要统一贯彻，不能顾此失彼，也不能相互替代”②。五大发展的新理念相互联系，相互制约，彼此之间构成了一个完整的发展理念，掰开某一个方面单独谈论发展，发展都不是全面的，都会影响社会整体进程的推进。其中，“创新”回答发展的动力问题，是推进社会整体进步的动力。“协调”是社会主义发展的内在要求，保证政治、经济、社会、文化、生态等协调推进。“绿色”作为社会发展的持久支撑，是实现人与自然可持续发展的必要条件。“开放”是在全球化背景下提升国际竞争力和影响力的必由之路，解决的是对内和对外联动问题。“共享”是发展的归属，最终实现共同富裕，是由中国共产党的性质和社会主义的本质要求决定的。新发展理念深刻回答了新时代中国“实现什么样的发展、怎样发

---

① 《习近平谈治国理政》第二卷，外文出版社 2017 年版，第 197 页。
② 《习近平谈治国理政》第二卷，外文出版社 2017 年版，第 200 页。

展”的重大问题。以新发展理念引领中国特色社会主义本质实现手段的采用，就是进行“五位一体”的建设，协调发展中各种利益关系、比例关系、社会关系，处理经济建设人口增长与资源利用、生态环境保护之间的关系，实现社会的全面进步和人的全面发展，使广大人民群众有更多的获得感。

新时代中国政治经济学中的生态文明观对解放生产力、发展生产力作了进一步的丰富和发展。生态文明观是指对人与自然关系以及如何与自然相处的合规律性的根本看法。新时代中国特色社会主义生态文明观的主要内容包括：一是“坚持人与自然和谐共生”的科学自然观；二是“绿水青山就是金山银山”的绿色发展观；三是“良好生态环境是最普惠的民生福祉”的生态民生观；四是“山水林田湖草是生命共同体”的整体系统观；五是“用最严格制度保护生态环境”的严密法治观；六是“共谋全球生态文明建设之路”的全球共赢观。“我们在生态环境方面欠账太多了，如果不从现在起就把这项工作紧紧抓起来，将来会付出更大的代价。”① 生态环境问题已经成为制约中国特色社会主义发展的突出难题，主要包括：一是资源保障能力较弱，制约了经济社会可持续发展；二是环境污染严重，制约了人民群众对美好生活的新期待；三是生态系统脆弱，制约了生态系统服务经济社会发展的能力。因此，坚持人与自然和谐共生就成为新时代坚持和发展中国特色社会主义的基本方略之一。在新时代中国特色社会主义生态文明观的指导下，加快推进绿色发展、着力解决突出环境问题、加大生态系统保护力度、改革生态环境监管体制，推动美丽中国建设不断迈上新台阶。“保护环境

① 《习近平诠释环保与发展：绿水青山就是生产力》2014 年 8 月 15 日，中国经济网。

就是保护生产力，改善环境就是发展生产力。”① 新时代中国政治经济学中的生态文明观，进一步拓展了社会主义本质的实现手段，以中国特色社会主义本质的实现手段，即“解放生产力、发展生产力和保护生产力”对社会主义本质问题认识作了丰富和发展。

第二，以促进公平正义做到“消灭剥削，消除两极分化”。通过促进公平正义消灭剥削，消除两极分化是社会主义与一切剥削制度的根本区别。在新时代新发展阶段，通过促进公平正义消灭剥削、消除两极分化，是中国特色社会主义本质实现过程中的重要任务。在新时代实现伟大梦想、进行伟大斗争、建设伟大工程、推进伟大事业的进程中，必须坚持中国特色社会主义的根本立场和根本原则，彰显公平正义对社会各个领域发展的统摄作用。

新时代中国政治经济学蕴含着“公平正义是中国特色社会主义的内在要求”的内容。其一，公平正义不是外加给中国特色社会主义的，而是中国特色社会主义的本质属性和内在要求。在《共产党宣言》中，马克思恩格斯指出：“共产主义并不剥夺任何人占有社会产品的权力，它只剥夺利用这种占有去奴役他人劳动的权力。”② 在社会主义初级阶段，要正确处理资本与劳动的收入分配关系，限制资本的自我膨胀，防止资本的无序扩张，特别是在社会主义现代化强国的建设中，防止财富快速聚集在少数人手中形成阶层固化，促进公平正义就成为中国特色社会主义发展的内在要求。当前，我国发展不平衡不充分，各种制度机制、保障体系还不健全，还存在着一些有违公正现象，促进社会公平正

① 《中国发展新起点　全球增长新蓝图——在二十国集团工商峰会开幕式上的主旨演讲》（2016 年 9 月 3 日，杭州），载于《人民日报》2016 年 9 月 4 日。

② 《马克思恩格斯文集》第 2 卷，人民出版社 2009 年版，第 47 页。

义是一项长期的历史任务和不断发展的历史过程。

其二，中国特色社会主义公平正义的实现路径是要以人民根本利益为出发点和归宿，保证人民平等参与、平等发展权利，消灭剥削，消除两极分化。习近平新时代中国特色社会主义思想坚守人民立场，在理论内容上反映了公平正义与人民的关系。推进中国特色社会主义市场经济中的公平正义，就是要坚持社会主义基本经济制度，使市场在资源配置中起决定性作用、更好发挥政府作用，使改革发展带来的物质财富更多、更公平地惠及全体人民；推进中国特色社会主义民主政治中的公平正义，就是要体现人民意志、保障人民权益、激发人民创造活力，用制度体系保证人民当家作主，进行社会主义民主政治制度安排，有效保证人民享有广泛的、充实的权利和自由，保证人民广泛参加国家治理和社会治理；推进中国特色社会主义法治建设中的公平正义，就是要保护人民权益、伸张正义，把社会公平正义这一法治价值追求贯穿到立法、执法、司法、守法的全过程和各方面，努力让人民群众在每一项法律制度、每一个执法决定、每一宗司法案件中都感受到公平正义；推进中国特色社会主义文化繁荣的公平正义，就是要用社会主义核心价值观凝心聚力、强基固本，广泛开展以富强、民主、文明、和谐，自由、平等、公正、法治，爱国、敬业、诚信、友善为主要内容的社会主义核心价值观的宣传教育，夯实中国特色社会主义的思想道德基础；推进中国特色社会主义社会建设的公平正义，就是要紧紧抓住人民最关心最直接最现实的利益问题，以最广大人民根本利益为坐标，打造共建共治共享的社会治理格局，努力让人民过上更加美好的生活；推进中国特色社会主义生态文明的公平正义，就是要树立尊重自然、顺应自然、保护自然的生态文明理念，坚持节约资源、保护环境的基本国策，促进人与自然和谐相处，让人民群众都能在良好的生态环境下生活，给子孙后代留下天蓝、地绿、水净的美好家园。

其三，实现公平正义靠的是制度保障，要逐步建立以权利公平、机会公平、规则公平为主要内容的社会公平保障体系，营造公平的社会环境。新时代中国政治经济学中提出的发展中国特色社会主义的战略举措，都把促进公平正义、增进人民福祉作为审视各方面体制机制和政策规定的标准，通过创新各项制度建设维护和实现社会公平正义。“五位一体”发展中提出的区域协调发展、城乡协调发展、乡村振兴战略、经济建设和国防建设协调发展等一系列战略，解决的是发展中出现的“木桶效应”，保证资源要素流动、发展机会和发展条件的相对公正。社会主义分配制度实施中提出的初次分配充分发挥“市场在资源配置中的决定性作用”，充分发挥公有制的影响力，控制收入分配差距，再分配通过政策调节，“更好地发挥政府的作用”，注重社会公平的具体措施，有效地控制了“权力寻租”等导致贫富分化的非市场化不合理因素。全面建成小康社会中打赢脱贫攻坚战实施的“五个一批”工程、“两不愁三保障”等政策，一方面注重了扶贫与扶志、扶智的结合，确保精准扶贫政策实施的公正性；另一方面也有效地缩小了贫富差距，确保减贫任务的按计划完成，为实现全体人民共同富裕打下坚实基础。在发展中保障民生，调节劳资关系，抑制分配不公和贫富差距等，打造共建共治共享的社会治理格局等，有效地保障了在中国特色社会主义发展中，以促进社会公平正义消灭剥削、消除两极分化，实现中国特色社会主义的本质要求。

其四，实现公平正义的基础是依靠全体人民共同奋斗推动经济社会发展。新时代中国政治经济学强调，实现社会公平正义是由多种因素决定的，最主要的还是经济社会发展水平。经济社会发展是推进中国特色社会主义发展的必然要求。以经济建设为中心，促进经济高质量发展，在经济指标、社会指标等方面提高人民的生活质量，满足人民对美好生活的需求。创新发展理念位于新发展理念之首，抓住了创新就抓住了牵动经济社会发展全局的“牛鼻子”，通过实施创新驱动发展战略，促进大数据、云计算、人工智能等高新技术与实体经济的有机融合，推动现代化工业生产效率的质性飞跃。推动经济高质量发展，需要解决现阶段经济社会发展中出现的短板，引导全社会把经济与社会、人与自然的协调发展放在突出位置，把产业结构、经济布局、社会结构的协调发展放在重要位置。在生态文明建设上，坚持人口、经济、社会与资源、环境、生态的相互协调，合理开发和节约使用各种自然资源，正确处理经济发展与生态保护的关系，推动人民公正享有美丽环境的需要。经济社会的高度发展，为以促进公平正义做到“消灭剥削，消除两极分化”奠定坚实基础，从而使中国特色社会主义本质得到真正实现。

第三，以坚持共享发展“最终达到共同富裕”。共同富裕是社会主义社会的内在要求。在社会主义制度下，人民群众在政治上和经济上的平等关系，决定了他们在物质和精神生活上必然要求实现共同富裕。但是，实现这一目标必然需要一个漫长的历史过程和远大的战略安排。“我国正处于并将长期处于社会主义初级阶段，我们不能做超越阶段的事情，但也不是说在逐步实现共同富裕方面就无所作为，而是要根据现有条件把能做的事情尽量做起来，积小胜为大胜，不断朝着全体人民共同富裕的目标前进。”① 新时代中国政治经济学提出坚持共享发展，并

① 习近平：《深入理解新发展理念》，载于《求是》2019年第10期。

强调了共享的“渐进性”，即从低级到高级、从不均衡到均衡的发展过程，“体现的是逐步实现共同富裕的要求”。坚持共享发展是对“最终达到共同富裕”在中国特色社会主义发展现阶段的战略安排。坚持共享发展的提出，是社会主义本质论在新时代的发展和创新。

“共享是中国特色社会主义的本质要求”“是社会主义制度优越性的集中体现”。把坚持共享发展提升到了中国特色社会主义本质的理论高度，进一步丰富和发展了对社会主义本质的认识。新时代中国政治经济学中阐述的以人民为中心、人民主体思想，强调的人的全面发展、人民共同富裕、人民当家作主以及民生改善保障等理论，论述的社会主义基本经济制度、基本政治制度等内容，无不反映出坚持共享发展与中国特色社会主义制度关系在本质上的一致性。在中国特色社会主义发展中，坚持共享发展，着力增进人民福祉，就必须消除贫困、改善民生。“消除贫困、改善民生、逐步实现共同富裕，是社会主义的本质要求，是我们党的重要使命。”① 新时代中国政治经济学对消除贫困、坚持共享发展作出了深入研究，强调一是要优先发展教育事业，实现教育公平；二是要提高就业质量和人民收入水平，缩小收入差距；三是要加强社会保障体系建设，全面建成覆盖全民、城乡统筹、权责清晰、保障适度、可持续的多层次社会保障体系，真正实现努力使全体人民幼有所育、学有所教、劳有所得、病有所医、老有所养、住有所居、弱有所扶；四是要打赢脱贫攻坚战，坚持精准扶贫，精准脱贫，做到真脱贫，脱真贫，真正实现全民共同富裕。新时代中国政治经济学从坚持共享发展方面，对实现共同富裕目标的新的探索，开拓了中国共产党关于实现

① 《十八大以来重要文献选编》下，中央文献出版社 2018 年版，第 31 页。

共同富裕目标研究的新境界，深化了中国共产党关于实现共同富裕目标的规律性认识。

坚持共享发展是新时代中国政治经济学的重要组成内容。新时代中国政治经济学的坚持共享发展内容，对实现共同富裕目标的丰富和发展，主要表现在四个方面。一是强调了共享的“全民性”，提出“坚持发展为了人民、发展依靠人民、发展成果由人民共享，作出更有效的制度安排，使全体人民在共建共享发展中有更多获得感，增强发展动力，增进人民团结，朝着共同富裕方向稳步前进”①，说明了在中国特色社会主义发展中，逐步实现的全民共享不是少数人和一部分人的共享，这就要求适时适当地调整所有权关系，坚持全民共享。二是强调了共享的“全面性”，提出“生活在我们伟大祖国和伟大时代的中国人民，共同享有人生出彩的机会，共同享有梦想成真的机会，共同享有同祖国和时代一起成长与进步的机会”②，说明了在中国特色社会主义发展中，逐步实现的全面共享不是中国特色社会主义某一方面建设成果的共享，这就要求拓宽共享的覆盖面，保障人民在经济、政治、文化、社会、生态等各方面共享改革发展的成果，从而拓宽了社会主义本质论中主要以生产力充分发展为基础的经济层面的全民共同富裕要求。三是强调了共享的“共建性”，提出“要充分发扬民主，广泛汇聚民智，最大激发民力，形成人人参与、人人尽力、人人都有成就感的生动局面”③，说明了在中国特色社会主义发展中，共建才能共享，坚持共享发展要求坚持“共建共享”，这就要求在经济、政治、文化、社会等各方面建设中，

① 《十八大以来重要文献选编》中，中央文献出版社 2016 年版，第 793 页。
② 《习近平谈治国理政》第一卷，外文出版社 2014 年版，第 40 页。
③ 《习近平谈治国理政》第二卷，外文出版社 2017 年版，第 215 ~ 216 页。

充分发挥人民群众的智慧和创造力，从而为促进共建共享增强制度激励、提供制度保障。四是共享的“渐进性”，提出“我国正处于并将长期处于社会主义初级阶段，我们不能做超越阶段的事情，但也不是说在逐步实现共同富裕方面就无所作为，而是要根据现有条件把能做的事情尽量做起来，积小胜为大胜，不断朝着全体人民共同富裕的目标前进”①，说明坚持共享发展必定有一个从低级到高级、从不均衡到均衡的过程，即使达到了很高的水平也会存在差别。

第四，“坚持党的领导”对社会主义本质的丰富。中国特色社会主义最本质的特征是中国共产党领导，深化了党的领导和中国特色社会主义内在关系的认识。一是坚持党对中国特色社会主义一切工作的领导。“党政军民学，东西南北中，党是领导一切的”②，党的领导是全面的、系统的、整体的，要把党的领导落实到改革发展稳定、内政外交国防、治党治国治军等各领域各方面各环节。二是在中国特色社会主义发展中，做到“两个维护”。做到维护习近平总书记党中央的核心、全党的核心地位，做到维护党中央权威和集中统一领导，确保全党在思想上政治上组织上行动上与党中央保持高度一致，从而充分发挥好党总揽中国特色社会主义发展全局、协调各方的领导核心作用。三是完善坚持党的全面领导的体制机制。党对中国特色社会主义一切工作的领导不是空洞的、抽象的，必须建立健全坚持和加强党的全面领导的制度体系，把党的领导体现在国家政权机构、体制、机制的设计和运行之中，从而确保党的领导全覆盖，才能确保党的领导更加坚强有力。

把坚持党的领导作为中国特色社会主义本质的内容，是对马克思主

① 《习近平谈治国理政》第二卷，外文出版社 2017 年版，第 214 ~ 215 页。
② 《十九大以来重要文献选编》上，中央文献出版社 2019 年版，第 14 页。

义政党学说的丰富和发展，是对坚持和发展中国特色社会主义的规律性认识，也是中国共产党完成新时代历史使命的必然要求。

一是把党的领导作为中国特色社会主义本质的内容，是由科学社会主义基本原则决定的。坚持无产阶级政党的领导是科学社会主义的一条基本原则，马克思恩格斯在《共产党宣言》中指出，“在无产阶级和资产阶级的斗争所经历的各个发展阶段上，共产党人始终代表整个运动的利益”[①]。也就是说，在建立、巩固和完善社会主义，进而实现共产主义的整个过程中，始终都要坚持无产阶级政党的领导。坚持无产阶级政党的领导，是无产阶级革命和社会主义建设取得胜利的根本保证，是无产阶级解放自身进而解放全人类的根本保证。中国共产党是以马克思主义为指导的无产阶级政党，是中国工人阶级的先锋队，是中国人民和中华民族的先锋队。中国特色社会主义既坚持了科学社会主义的基本原则，又根据时代条件赋予其鲜明的中国特色，是根植于当代中国的科学社会主义，在当代中国，坚持中国特色社会主义就是坚持科学社会主义。因此，在当代中国，坚持中国共产党的领导和坚持中国特色社会主义具有内在统一性。只有坚持中国共产党的领导，才能保证中国特色社会主义的性质和正确方向。坚持和发展中国特色社会主义，又必须坚持中国共产党的领导。

二是把党的领导作为中国特色社会主义本质的内容，是由中国特色社会主义的形成和发展决定的。中国共产党把马克思主义基本原理和中国实践结合起来，开辟了中国特色社会主义道路、创立了中国特色社会主义理论体系、创建了中国特色社会主义制度、发展了中国特色社会主

① 《马克思恩格斯文集》第2卷，人民出版社2009年版，第44页。

义文化，从根本上改变了中国人民和中华民族的前途命运。“中国特色社会主义不是从天上掉下来的，是党和人民历尽千辛万苦、付出各种代价取得的根本成就。”[①] 中国特色社会主义，既是我们必须不断推进的伟大事业，又是我们开辟未来的根本保证，中国特色社会主义是改革开放以来党的全部理论和实践的主题。可以说，没有中国共产党的领导，就不会有中国特色社会主义的产生和发展。中国共产党作为中国特色社会主义的开创者、推动者、引领者，在新时代坚持和发展中国特色社会主义必然要继续坚持和加强党的领导。

三是把党的领导作为中国特色社会主义本质的内容，是由实现中华民族伟大复兴的奋斗目标决定的。实现中华民族伟大复兴，是近代以来中国人民最伟大的梦想。中国共产党一经成立就肩负起了中华民族伟大复兴的历史重任，百年来，中国共产党在中国革命、建设和改革的过程中，矢志不渝、初心不改，领导全国各族人民战胜一个又一个困难，取得了举世瞩目的成就，使中华民族比历史上任何时候都更接近、更有能力和信心实现中华民族伟大复兴的目标。中国特色社会主义是实现中华民族伟大复兴的必由之路，在推进全面建设社会主义现代化国家和中华民族伟大复兴的历史征程中，还存在很多可以预料和不可预料的困难和挑战，而战胜这些困难和挑战，必然要求中国共产党发挥领导核心作用，团结领导全国人民接续奋斗。实现社会主义现代化和中华民族伟大复兴，关键在党。只有坚持中国共产党的全面领导，才能续写好中国特色社会主义这篇大文章，才能持续推进中华民族伟大复兴的历史进程。“历史已经并将继续证明，没有中国共产党的领导，民族复兴必然是

① 《十八大以来重要文献选编》上，中央文献出版社 2014 年版，第 695 页。

空想。”[①]

三、关于社会主义本质的意义延伸

中国特色社会主义本质，可以概括为：以新发展理念为引领，在解放和发展生产力的基础上保护生产力；以促进公平正义做到消灭剥削，消除两极分化；以坚持共享发展最终达到共同富裕；在中国特色社会主义发展中始终坚持党的领导。

新时代中国政治经济学中体现的“中国特色社会主义本质”的内涵，凝结着以习近平同志为核心的党中央为推进中国特色社会主义事业不懈奋斗的精神和开拓创新的智慧，是中国共产党领导中国人民高举中国特色社会主义伟大旗帜，在始终坚持中国特色社会主义道路、理论、制度、文化过程中，形成的习近平经济思想的最宝贵的成果之一。

新时代中国政治经济学对社会主义本质问题认识的丰富和发展，从总体上来看就在于，把对中国特色社会主义本质的认识，创造性地从生产力和生产关系统一的层面，进一步延伸到上层建筑层面。邓小平对社会主义本质的科学概括，体现了生产力与生产关系之间的辩证关系。他把解放生产力与发展生产力统一于社会主义本质之中，把解放生产力，发展生产力与消灭剥削，消除两极分化，最终达到共同富裕统一于社会主义本质之中，既讲清了什么是社会主义，也讲清了怎样建设社会主义。衡量社会主义性质的标准是生产力的高度发展和共同富裕，以此为前提，必须通过解放和发展生产力，消灭剥削和消除两极分化来建设社会主义。这也就避免了从生产力或生产关系单一角度认识社会主义本质

---

① 习近平：《论坚持党对一切工作的领导》，中央文献出版社2019年版，第253页。

会产生的弊端。新时代中国政治经济学秉持了邓小平把生产力和生产关系统一于社会主义本质之中的方法，对中国特色社会主义本质作了生产力和生产关系相统一的论述，在此基础上，根据新时代坚持和发展中国特色社会主义的需要，进一步从上层建筑层面丰富和发展了对社会主义本质问题的认识。

马克思主义唯物史观认为，“人们在自己生活的社会生产中发生一定的、必然的、不以他们的意志为转移的关系，即同他们的物质生产力的一定发展阶段相适合的生产关系。这些生产关系的总和构成社会的经济结构，即有法律的和政治的上层建筑竖立其上并有一定的社会意识形式与之相适应的现实基础。物质生活的生产方式制约着整个社会生活、政治生活和精神生活的过程”①。在中国特色社会主义发展取得历史性成就而同时又发生巨大历史性变革中，以习近平同志为核心的党中央在社会发展需要达到一定的生活水平前提下，开始重视人民日益关注的精神生活追求，并将其写进了中国特色社会主义本质之中。在中国特色社会主义本质这个“总体”中，新时代中国政治经济学以增强生产力发展为基础，在以生产关系的分析凸显中国特色社会主义制度规定性的同时，从人民精神生活需要的角度进一步拓展了中国特色社会主义的本质要求。

新时代中国政治经济学立足新时代中国特色社会主义的发展基础，在解放生产力和发展生产力的基础上提出了保护生产力，把生态环境的优化、实现人与自然和谐共生作为最普惠民生福祉的宗旨精神；把保护生产力和解放生产力、发展生产力放在一起，提到了中国特色社会主义

① 《马克思恩格斯文集》第 2 卷，人民出版社 2009 年版，第 591 页。

本质要求的高度，充分说明了中国特色社会主义存在的根据和准则。

新时代中国政治经济学依据新时代中国特色社会主义的发展现实，强调“公平正义是中国特色社会主义的内在要求”，以促进社会公平正义、增进人民福祉为中国特色社会主义发展的出发点和落脚点，并将此作为审视各方面的体制机制和政策规定的一面镜子，通过创新各项制度建设，维护和实现社会公平正义。

新时代中国政治经济学着眼新时代中国特色社会主义的发展条件，提出“共享是中国特色社会主义的本质要求”“是社会主义制度优越性的集中体现”。坚持共享发展是共同富裕在新的时代条件下的展现。共享强调了全民共享、全面共享、共建共享和渐进共享，目的在于不断提高人民群众的获得感，切实增强人民幸福指数的提升。坚持共享发展是新时代中国政治经济学在新的条件基础上对社会主义本质认识的深化。

新时代中国政治经济学立足办好中国的事情关键在党，明确提出了“党的领导是中国特色社会主义最本质的特征”。坚持党的领导是做好党和国家各项工作的根本保证，是完成中国特色社会主义本质所要求的历史任务的根本保证。“党的领导确保中国式现代化锚定奋斗目标行稳致远，我们党的奋斗目标一以贯之，一代一代地接力推进，取得了举世瞩目、彪炳史册的辉煌业绩。党的领导激发建设中国式现代化的强劲动力，我们党勇于改革创新，不断破除各方面体制机制弊端，为中国式现代化注入不竭动力。”① 党的领导引领着人民幸福、国家富强、民族复兴的方向。中国特色社会主义的实践反映的正是党的领导和人民群众伟大实践的有机统一。党的领导成为了中国特色社会主义区别于其他一切

① 《习近平在学习贯彻党的二十大精神研讨班开班式上发表重要讲话》，载于《人民日报》2023 年 2 月 9 日。

“主义”和“模式”的最显著特征。

新时代中国政治经济学对社会主义本质的丰富和发展，以“保护生产力”“公平正义”“共享发展”“党的领导”构成了中国特色社会主义本质的基本范畴，它使人们对社会主义本质的理解由抽象走向了具体，更为生动，更为丰富，更为现实；它从生产力和生产关系、经济基础和上层建筑辩证统一角度所作的分析，有着十分丰富而深刻的科学内涵，为中国特色社会主义的发展指明了方向。

第六章

社会主义所有制结构的发展

生产资料所有制是反映一个社会经济关系性质的根本方面。人类社会形态的更替，一个社会形态生产关系的变革和完善，都是以生产资料所有制的性质为标志的。有什么样的生产资料所有制，就有什么样性质的社会形态。生产资料公有制反映的是社会主义社会的属性。但在社会主义初级阶段条件下，生产资料公有制具有其不完全性、不成熟性。改革开放以来，中国共产党确立的“以公有制为主体、多种经济成分共同发展”的所有制结构，是在中国特色社会主义经济建设实践中形成和发展的中国化的马克思主义所有制理论。党的十八大以来，以习近平同志为主要代表的中国共产党人对社会主义所有制结构作出了深入探讨，构成了新时代中国政治经济学的重要内容。

一、公有制经济与非公有制经济

在社会主义的所有制结构中，公有制经济和非公有制经济都是社会主义市场经济的重要组成部分，都是我国经济社会发展的重要基础。必须毫不动摇巩固和发展公有制经济，坚持公有制主体地位，发挥国有经济主导作用，不断增强国有经济活力、控制力、影响力。必须毫不动摇鼓励、支持、引导非公有制经济发展，激发非公有制经济活力和创造力，这是中国共产党在改革开放的实践中总结出来的一条基本经验。

第一，公有制经济。公有制为主体是我国社会主义经济制度的根本经济特征，它是适应我国社会主义初级阶段的基本特点和要求建立起来的。我国是人民当家作主的社会主义国家，生产资料公有制是我国社会主义的经济基础，是社会主义制度与资本主义制度的具有决定意义的差别。但是，我国正处于并将长期处于社会主义初级阶段，整体生产力水平比较低，生产力发展极不平衡，需要在公有制为主体的条件下发展多种所有制经济的事实，又决定了公有制为主体是我们发展中国特色社会主义必须坚持的基本原则。

以公有制为主体，既说明了公有制经济存在于与非公有制经济共同发展的所有制结构之中，也说明了在这种所有制结构中公有制所居地位的主体性质。一是公有资产占优势，不仅仅是量的优势，更重要的是质的优势。量的优势是质的优势的前提，没有量的优势，就谈不上质的优势。公有资产要有一定的数量优势。这一量的优势不只是公有资产在社会总资产中占“数字优势”，更重要的是在进行量的测算时既要看到经营性资产，也要看到非经营性资产和其他公有财产。公有资产的质的优势主要在于公有资产的科技含量、公有资产转化为公有资本的能力以及公有资本的控制力等方面，体现在公有资产在关系国民经济命脉的重要行业和关键领域，以及在高、精、尖的先进技术和关键技术的行业中的主导地位和作用上。这就是公有资产的高素质。如果素质低下，必然会在激烈的市场竞争中成为不良资产，造成保值增值困难，导致公有资产流失和损失。由此我们可以看到，公有制为主体主要依赖于公有资产质的提高。二是国有经济发挥主导作用，取得了重大进展，总体上与市场经济相融合，运行质量和效益明显提升。改革开放以来，国有经济经过战略性改组和布局调整以后，逐步建立起了产权明晰、权责明确、政企分开、管理科学的现代企业制度，国有企业管理水平显著提高，国有经济效益也有明显提高。毫不动摇地发展公有制经济，毫不动摇地坚持公有制主体地位，是坚持社会主义经济制度的根本要求。

第二，非公有制经济。我国的所有制结构既包括居主体地位的公有制经济，同时也包括各种非公有制经济。我国非公有制经济的发展经历了一个过程。1997 年党的十五大提出完善所有制结构，并把“非公有制经济作为我国社会主义市场经济的重要组成部分”，使得非公有制经济的地位和作用得以明确。1999 年和 2004 年的《中华人民共和国宪法修正案》，都以根本大法的形式明确指出：“在法律规定范围内的个体经济、私营经济等非公有制经济，是社会主义市场经济的重要组成部分。”2002 年党的十六大又明确提出“毫不动摇地鼓励、支持和引导非公有制经济的发展”，从而对非公有制经济的发展产生了重大的推动作用。2005 年 2 月，国务院正式下发的《关于鼓励支持和引导个体私营等非公有制经济发展的若干意见》，进一步阐述了党和国家发展非公有制经济的基本方针，充分肯定了非公有制经济在我国社会主义现代化建设中的重要地位和作用，高度评价了发展非公有制经济在建设中国特色社会主义历史进程中的重大意义，明确提出了今后一个时期鼓励、支持和引导非公有制经济发展的总体要求。2012 年党的十八大进一步提出“毫不动摇鼓励、支持、引导非公有制经济发展，保证各种所有制经济依法平等使用生产要素、公平参与市场竞争、同等受到法律保护”①，从法律上保护并促进了非公有制经济的发展。2013 年党的十八届三中全会提出，公有制经济和非公有制经济都是社会主义市场经济的重要组成部分，都是我国经济社会发展的重要基础；公有制经济财产权不可侵犯，非公有制经济财产权同样不可侵犯；国家保护各种所有制经济产权

① 《十八大以来重要文献选编》上，中央文献出版社 2014 年版，第 16 页。

和合法利益，坚持权利平等、机会平等、规则平等，废除对非公有制经济各种形式的不合理规定，消除各种隐性壁垒，激发非公有制经济活力和创造力。2014 年党的十八届四中全会进一步提出了要“健全以公平为核心原则的产权保护制度，加强对各种所有制经济组织和自然人财产权的保护，清理有违公平的法律法规条款”①。到 2015 年，党的十八届五中全会明确强调要“鼓励民营企业依法进入更多领域，引入非国有资本参与国有企业改革，更好激发非公有制经济活力和创造力”②。2019 年 10 月，党的十九届四中全会在强调“坚持和完善社会主义基本经济制度，推动经济高质量发展”中，进一步提出了“毫不动摇鼓励、支持、引导非公有制经济发展”的具体举措，即“健全支持民营经济、外商投资企业发展的法治环境，完善构建亲清政商关系的政策体系，健全支持中小企业发展制度，促进非公有制经济健康发展和非公有制经济人士健康成长”③。党的二十大在强调“两个毫不动摇”的同时，坚定不移地指出：“充分发挥市场在资源配置中的决定性作用，更好地发挥政府作用。”④

第三，公有制经济与非公有制经济的统一性。公有制经济和非公有制经济在性质上虽然是根本不同的，但是，在社会主义经济发展中，二者并不是完全对立的关系。一是通过优势互补，相互促进、共同发展。在社会主义市场经济中，必须毫不动摇地巩固和发展公有制经济，坚持公有制的主体地位，必须毫不动摇地鼓励、支持和引导非公有制经济发

① 《十八大以来重要文献选编》中，中央文献出版社 2016 年版，第 162 页。

② 参见《习近平谈治国理政》第二卷，外文出版社 2017 年版，第 259 页。

③ 《十九大以来重要文献选编》中，人民出版社 2021 年版，第 281 页。

④ 习近平：《高举中国特色社会主义伟大旗帜　为全面建设社会主义现代化国家而团结奋斗——在中国共产党第二十次全国代表大会上的报告》，人民出版社 2022 年版，第 29 页。

展。这“两个毫不动摇”相辅相成，这两种不同性质的所有制经济优势互补。只有毫不动摇地巩固和发展公有制经济，坚持公有制的主体地位，才能消灭剥削、消除两极分化，才能保证社会主义发展的方向，有效地组织社会生产、集中人力、物力、财力办大事，促进经济高速发展，为实现广大人民群众的根本利益和实现共同富裕奠定制度的和现实的基础。只有毫不动摇地鼓励、支持和引导非公有制经济发展，才能增强经济活力，充分调动人民群众的积极性、主动性和创造性，发挥他们的聪明才干，加快社会主义现代化建设步伐。习近平强调，非公有制经济组织数量占市场主体90%左右、创造的国内生产总值超过60%的事实表明，“只要坚持中国共产党的领导，只要坚持公有制为主体、多种所有制经济共同发展，社会主义制度的优越性不但不会削弱、而且会不断增强，我们党执政的基础不但不会动摇、而且会更加稳固”[①]。在社会主义市场经济中，“两个毫不动摇”进一步强调了各种所有制经济发挥各自优势，相互促进、共同发展。

二是通过相互依存，相互促进、共同发展。公有制经济与非公有制经济统一于社会主义现代化建设进程之中。巩固和发展公有制经济，坚持公有制为主体，是大力发展非公有制经济的前提，没有公有制经济发展作为基础的非公有制经济，就不是社会主义的非公有制经济，我国“以公有制为主体，多种所有制经济共同发展”的所有制结构就会发生性质变化，从而我国的社会制度也必将发生性质变化。大力发展非公有制经济是不能取代公有制主体地位的。在社会主义现代化建设进程之中，巩固和发展公有制经济，坚持公有制的主体地位，又必须要通过大

① 《十八大以来重要文献选编》中，中央文献出版社2016年版，第559页。

力发展非公有制经济来推进，没有非公有制经济的大力发展，我国的社会主义现代化建设进程不可能加快，社会主义公有制所追求的价值目标也不可能得到实现，公有制的主体也无法得到巩固。坚持以公有制为主体也是不能取代非公有制经济发展的。公有制经济与非公有制经济二者相互依存却不能相互替代。

三是通过“以公平为核心原则的产权保护”，相互促进、共同发展。在坚持“两个毫不动摇”中，在坚持产权保护制度，形成各种所有制经济平等竞争、相互促进的新格局中，公有制经济与非公有制经济之间的关系表现为“以公平为核心原则的产权保护”。产权保护制度必须是归属清晰、权责明确、保护严格、流转顺畅的现代产权制度。建立完善的产权保护制度，目的在于促进“国家保护各种所有制经济产权和合法利益，保证各种所有制经济依法平等使用生产要素、公开公平公正参与市场竞争、同等受到法律保护，依法监管各种所有制经济”①。既要深化国资国企改革，加快国有经济布局优化和结构调整，也要“依法保护民营企业产权和企业家权益，促进民营经济发展壮大”②。“以公平为核心原则的产权保护”是对物权的平等保护，是对财产法律地位的平等保护。与此同时，还必须“健全以公平为核心原则的产权保护制度，加强对各种所有制经济组织和自然人财产权的保护，清理有违公平的法律法规条款”③。因此，“以公平为核心原则的产权保护”，是“对国有、集体资产所有权、经营权和各类企业法人财产权的保护。国家保护企业以法人财产权依法自主经营、自负盈亏，企业有权拒绝任

① 《十八大以来重要文献选编》上，中央文献出版社 2014 年版，第 515 页。

② 习近平：《高举中国特色社会主义伟大旗帜　为全面建设社会主义现代化国家而团结奋斗——在中国共产党第二十次全国代表大会上的报告》，人民出版社 2022 年版，第 29 页。

③ 《十八大以来重要文献选编》中，中央文献出版社 2016 年版，第 162 页。

何组织和个人无法律依据的要求。加强企业社会责任立法。完善激励创新的产权制度、知识产权保护制度和促进科技成果转化的体制机制。加强市场法律制度建设，编纂民法典，制定和完善发展规划、投资管理、土地管理、能源和矿产资源、农业、财政税收、金融等方面法律法规，促进商品和要素自由流动、公平交易、平等使用。"① 可见，公有制经济财产权不可侵犯，非公有制经济财产权同样不可侵犯。

二、国有企业和国有资本

国有企业属于全民所有，是推进国家现代化、保障人民共同利益的重要力量，是我们党和国家事业发展的重要物质基础和政治基础。伴随中国经济体制改革推进到新时代，国有企业步入了深化改革阶段。

党的十八大明确提出了深化国有企业改革问题，强调"完善各类国有资产管理体制，推动国有资本更多投向关系国家安全和国民经济命脉的重要行业和关键领域，不断增强国有经济活力、控制力、影响力"②。2015 年，《中共中央、国务院关于深化国有企业改革的指导意见》在充分肯定我国国有经济的主导作用基础上，全面系统地提出了深化国有企业改革的基本原则、主要目标、改革步骤及和有效推进等问题。③ 第一，深化国有企业改革的基本原则。一是坚持和完善基本经济制度。这是深化国有企业改革必须把握的根本要求。二是坚持社会主义市场经济改革方向。这是深化国有企业改革必须遵循的基本规律。三是坚持增强活力和强化监管相结合。这是深化国有企业改革必须把握的重

① 《十八大以来重要文献选编》中，中央文献出版社 2016 年版，第 162 ~ 163 页。
② 《十八大以来重要文献选编》上，中央文献出版社 2014 年版，第 16 页。
③ 参见《十八大以来重要文献选编》中，中央文献出版社 2016 年版，第 649 ~ 655 页。

要关系。四是坚持党对国有企业的领导。这是深化国有企业改革必须坚守的政治方向、政治原则。五是坚持积极稳妥统筹推进。这是深化国有企业改革必须采用的科学方法。第二，深化国有企业改革的主要目标。以2020年全面建成小康社会为界限，在国有企业改革重要领域和关键环节取得决定性成果，形成更加符合我国基本经济制度和社会主义市场经济发展要求的国有资产管理体制、现代企业制度、市场化经营机制，国有资本布局结构更趋合理，造就一大批德才兼备、善于经营、充满活力的优秀企业家，培育一大批具有创新能力和国际竞争力的国有骨干企业，国有经济活力、控制力、影响力、抗风险能力明显增强。第三，分类推进国有企业改革。根据国有资本的战略定位和发展目标，结合不同国有企业在经济社会发展中的作用、现状和发展需要，将国有企业分为两类：一类是商业类国有企业，另一类是公益类国有企业。前一类按照市场化要求实行商业化运作，依法独立自主开展生产经营活动，实现优胜劣汰、有序进退。后一类以保障民生、服务社会、提供公共产品和服务为主要目标。前一类主业为充分竞争行业和领域的企业，原则上都要实行公司制股份制改革，积极引入其他国有资本或各类非国有资本实现股权多元化，国有资本可以绝对控股、相对控股，也可以参股，并着力推进整体上市。后一类采取国有独资形式，具备条件的也可以推行投资主体多元化，还可以通过购买服务、特许经营、委托代理等方式，鼓励非国有企业参与经营。分类推进国有企业改革思想的提出和实施，有利于解决多年来国有资本功能不清、定位不准、目标多元问题，有利于解决国有资产监督管理针对性不强、考核评价不科学问题，有利于解决部分国有企业盲目决策、粗放扩张问题。第四，完善现代企业制度。一是推进公司制股份制改革。二是健全公司法人治理结构。三是建立国有企业领导人员分类分层管理制度。四是实行与社会主义市场经济相适应的企业薪酬分配制度。五是深化企业内部用人制度改革。

立足我国社会主义初级阶段的基本国情，要做强做优做大国有资本。“做强做优做大国有资本”的目的则在于，促进国有资产保值增值、提高国有经济竞争力、放大国有资本功能、推动国有企业改革深化。

第一，促进国有资产保值增值。一是要在完善国有资产管理体制上下功夫，各级国资委要探索建立以管资本为主和推动高质量发展的监管体系和制度机制，做好完善国资监管体制各项工作，如持续推动国资监管机构职能转变，加快制定出台出资人监管权力和责任清单等。在坚持放管结合、确保增强企业活力的同时，国有资产实现规范高效监管。要保证国有资产管理体制改革为国有企业改革服务，保证能够“促进国有资产保值增值”和“有效防止国有资产流失”。不仅不能在改革中造成企业国有资产存量的价值贬值，而且还要在资本既定价值不变的存量基础上创造新的价值增量；同时，也不能在改革中发生国有资产以各种形式被利益输送而流失的情况。二是要在国有资本保值增值的方式上下功夫，发挥资本增值功能，以增值为目标，以保值为底线，推动落实国有企业保值增值主体责任。在“增”上，要树立新发展理念，抓好供给侧结构性改革和创新驱动，着力提高国有资本运行质量和效率，推动国有企业实现质量变革、效率变革、动力变革。“增”的同时还必须要“减”，就是通过“三去一降一补”“处僵治困”、瘦身健体、移交办社会职能等措施，推动国有企业加快处置不具有保值增值能力的低效无效资产，为国有资本减负松绑，通过增强国有资本活力、提高国有资本运营效率，促进国有资本保值增值。

第二，提高国有经济竞争力。一是在优化布局结构上下功夫，不断增强国有经济整体功能。在坚持公有制主体地位、发挥国有经济主导作用中进行国有资本的改革，各级国资委和中央企业要持续推动国有资本优化配置，为我国经济实现质量更高、效益更好、结构更优的发展贡献更大力量。要优化国有资本投向，发挥国有资本引导和带动作用，使国有资本充分体现“国有”性质，服务于国家战略目标，更多投向关系国家安全、国民经济命脉的重要行业和关键领域，重点提供公共服务、发展重要前瞻性战略性产业、保护生态环境、支持科技进步、保障国家安全。要继续推进企业重组整合，更好地发挥中央企业在服务国家战略中的重要作用。二是坚持国有资本有进有退，有所为有所不为的原则，在产业结构上，基础性和战略性兼顾，公益性和商业性并重，既要为社会提供公共服务，又要发展重要前瞻性战略性产业，抢占技术和产业发展的制高点；在区域布局上，统筹国内国际两个市场，既注重提高国有资本控制力、影响力，又着力提高国有经济的国际竞争力。三是提升国有资本在社会总资本中所占的比重，一方面，在社会资本总体结构中，国有资本相对实力更强了，可以更好地发挥支柱和主导作用；另一方面国有资本在社会先进产业、优质行业和关键领域的资本总量中所占的比重增大，也意味着对国民经济引领作用的加强。

第三，放大国有资本功能。一是规范资本运作。一方面从微观上鼓励国有企业积极利用资本市场放大国有资本功能，同时引导国有企业规范产融结合，追求长远收益，严控各类债务风险特别是高杠杆率风险，严禁国有资本脱实向虚、流入融资性贸易和“空转”贸易等业务以及海外的浮财、虚财等领域；另一方面，稳妥推进国有资本运营公司和投资公司试点，赋予其特定职能，与产业集团形成相辅相成的关系，并设立相关配套投资基金、结构调整基金，提高国有资本配置和运行的专业化，形成国有资本流动重组、布局调整的有效平台，促进国有资本做强做大，同时健全国有资本运作机制，组织、指导和监督国有资本运作平台规范运营。二是完善国有资本授权。进一步明确出资人国有资本授权经营体制改革方向，继续推进政企分开、政府社会公共管理职能与国有资产出资人职能分开，加快实施经营性国有资产统一、专业监管。国有资产监管部门按照“一企一策”的原则，明确对产业集团和国有资本投资、运营公司授权的内容、范围和方式，拓展授权内容，加大授权力度，进一步激发企业活力。国有资产监管部门依法对所出资企业行使出资人权力，通过推动建立健全中国特色现代国有企业制度，加强国有资本运行监测、授权评估和出资人监督等举措，切实保障国有资本权益。三是提高国有资本回报。通过创新驱动、科技进步促进劳动生产率的提高，实现国有资本回报。国资监管部门应通过优化国有资本配置、提高国有资本运行效率推动提高国有总资本的回报率，为国家创造更多的财富。

第四，推动国有企业改革深化。一是实施创新驱动战略。遵循创新的经济规律，推进科技创新、管理创新和企业创新，明确企业创新的经济属性，明确企业家也是创新的主体，建立容错机制，使企业家和科学家能够享有创新的成果。提高自主创新能力，使企业自主创新站在国际技术发展前沿，力求在重点领域、关键技术上取得重大突破。构建以企业为主体、市场为导向、产学研相结合的技术创新体系。二是发展混合所有制经济，推动各种所有制资本取长补短、相互促进、共同发展。遵循市场经济规律和企业发展规律，坚持政企分开、政资分开、所有权与经营权分离，促使国有企业真正成为独立的市场主体，加快建设中国特色现代国有企业制度。通过体制改革、优化调整、创新发展，促使国有企业向关系国家安全、国民经济命脉、国计民生的重要行业和关键领域、重点基础设施集中，向前瞻性战略性产业集中，向具有核心竞争力的优势企业集中。三是坚持党对国有企业的领导。“坚持党的领导、加强党的建设，是我国国有企业的光荣传统，是国有企业的‘根’和‘魂’，是我国国有企业的独特优势。”① 发挥企业党组织的领导核心和政治核心作用，把企业党组织内嵌到公司治理结构之中，明确和落实党组织在公司法人治理结构中的法定地位，做到组织落实、干部到位、职责明确、监督严格，是中国特色现代国有企业制度的特色，是深化国有企业改革的根本。

三、社会主义混合所有制经济

混合所有制经济是在社会主义所有制结构不断完善的过程中逐步形成和发展起来的。进入新时代，随着全面深化改革的不断推进，新时代中国政治经济学对混合所有制经济的内涵、改革的思路，以及发展混合所有制经济的意义等问题作出了分析。

第一，混合所有制经济的内涵。中国共产党对混合所有制经济改革的探索可以概括为四个方面：其一，从经济形式上看，混合所有制经济是指各种不同所有制资本，通过多元投资、相互融合而形成的产权配置结构和经济形式，表现为国有、集体、非公等性质资本交叉持股、相互融合，形成具有产权结构多元、治理结构优化特征的现代企业形态和微观经济形式。其二，从经济关系上看，混合所有制经济是公有制经济和

① 《习近平谈治国理政》第二卷，外文出版社 2017 年版，第 176 页。

基本经济制度的重要实现形式，因而是将企业“财产权”分属不同性质的所有者，反映的是企业内部公有制主体与私有制主体之间利益共享、风险共担的经济关系。其三，从经济类型上看，混合所有制经济是股份制经济的一种类型，并非所有的股份制经济都是混合所有制经济。要与公有制经济或非公有制经济内部的合资、合伙所形成的经济形式相区别，只有公有制经济与非公有制经济之间的交叉持股、相互融合才是混合所有制经济。其四，从经济性质上看，混合所有制经济是企业内部的产权结构多元化，而不是私有化。混合所有制企业内部包含着双向的产权流动，既有可能是在公有经济成分的企业中引入非公有经济成分，也有可能是在非公有经济成分的企业中引入公有成分。

第二，混合所有制经济改革的思路。在我国经济体制改革中，混合所有制经济由国有经济控股、非公有制经济参与国有企业改革，并为国有企业改革服务，转变为发展由非公有制经济控股的混合所有制企业。我国非公有制经济，是改革开放以来在中国共产党的方针政策指引下发展起来的，是在中国共产党领导下开辟出来的一条道路。非公有制经济在行业分布、结构规模、组织形式、产业布局、经营方式等方面都有了迅速的发展。事实表明，“非公有制经济是稳定经济的重要基础，是国家税收的重要来源，是技术创新的重要主体，是金融发展的重要依托，是经济持续健康发展的重要力量”“在稳定增长、促进创新、增加就业、改善民生等方面发挥了重要作用”①。在非公有制经济有了快速发展的情况下，在落实党中央关于扩大非公有制企业市场准入、平等发展的改革举措中，需要“鼓励发展非公有资本控股的混合所有制企业”②。

① 《习近平谈治国理政》第二卷，外文出版社 2017 年版，第 260 页。

② 参见《习近平谈治国理政》第二卷，外文出版社 2017 年版，第 261 页。

“鼓励发展非公有资本控股的混合所有制企业”，为非公有制经济积极参与到混合所有制经济改革中指明了方向。非公有经济是混合所有制经济交叉融合的重要对象，也是扩大国有资本能力的重要对象。通过适当的政策扶持、法律保护等措施，给予非公有制企业公平的市场准入机会，解决非公有制企业进入“玻璃门”问题，提升非公有制企业的控股机会及地位，是鼓励非公有制企业参与国有企业改革、鼓励发展非公有资本控股的混合所有制企业，激发经济活力的重要路径。

第三，混合所有制经济改革的意义。发展混合所有制经济“有利于国有资本放大功能、保值增值、提高竞争力”，认为“这是新形势下坚持公有制主体地位，增强国有经济活力、控制力、影响力的一个有效途径和必然选择”①。发展混合所有制经济是深化国有企业改革、提升我国企业竞争力的重要手段。其一，有利于夯实社会主义基本经济制度的微观基础。国有企业特别是中央管理企业，在关系国家安全和国民经济命脉的主要行业和关键领域占据支配地位，是国民经济的重要支柱，在我们党执政和我国社会主义国家政权的经济基础中也是起支柱作用的，必须搞好。发展混合所有制经济，“有利于国有资本放大功能、保值增值、提高竞争力，有利于各种所有制资本取长补短、相互促进、共同发展”②。非公有制企业参与混合所有制经济改革，有效地发挥了国有资本和非公有资本的各自优势，较好地实现了融合创新发展，既强化了国有经济的肌体和活力，也极大地促进了非公有制企业的发展，为实现经济发展方式的转变和提升经济发展的质量、完善企业制度和提高企业效率、改善发展环境和拓宽发展空间提供了良好的发展机遇。其二，

① 《十八大以来重要文献选编》上，中央文献出版社 2014 年版，第 500 ~ 501 页。
② 《十八大以来重要文献选编》上，中央文献出版社 2014 年版，第 515 页。

有利于深化国有企业改革、促进国有资产保值增值，推动国有资本做强做优做大，有效防止国有资产流失。在发展混合所有制经济中，既要求稳妥推进竞争行业和领域的国有企业混合所有制改革，也要求有效探索重要行业和关键领域的国有企业混合所有制改革，还要求引导公益类国有企业规范开展混合所有制改革；同时，既鼓励各类资本如非公有资本、集体资本、外资等参与国有企业混合所有制改革，也鼓励国有资本以多种方式入股非国有企业，还鼓励非公有资本控股混合所有制企业。国有资本和非公有资本在混合所有制经济中的共同发展，对于放大国有资本功能、做强做优做大国有资本具有重要的推动力。

在我国经济体制改革的历史进程中形成并发展起来的混合所有制经济，是社会主义市场经济的重要组成部分，是中国特色社会主义的伟大创举，与西方资本主义国家的混合经济存在着根本区别。当代资本主义在发展中出现了一些新的变化，例如，资本占有形式上出现了法人所有制的变化，资本主义发展过程中采取了“国有化”和“计划化”的形式；大量小额股票的出现，使资本占有的特点表现为股权分散化，从而资本占有者呈现出“多元化”趋势；资本主义企业生产发展中对工人提出的生产和管理方面建议的吸收，以及工会作用的增强，使得资本主义的经济管理表现出“民主化”的特点；社会福利政策的实施，使工人为自己铸造的已经够长够重的“金锁链”略微得到放松；经济全球化的发展，使资本主义经济运行呈现出“世界联合”的趋势；等等。对于这些新变化，一些西方学者认为当代资本主义是一种既摒弃了资本主义弊端又吸收了社会主义长处的、介于资本主义和社会主义之间的“混合经济”制度。在他们看来，混合经济制度不仅是私人资本主义经济与社会化经济的混合，而且也是垄断与竞争的混合。所谓私人资本主义经济与社会化经济的混合，主要指在生产和消费方面的公私混合，在这种混合经济中，私人资本主义经济主要从事商品生产，社会化经济则体现为国家对私人经济进行大量拨款，以此填补和平衡私人经济的不足，为私人企业获取高额利润开辟道路。所谓垄断与竞争的混合，则表现为两层含义：一是政府限制私人的主动性，即私人经济通过市场和价格的作用从事经济活动，政府通过各项经济改革和措施对私人经济实行调整和控制，政府控制的成分和市场的成分交织在一起组织生产和消费；二是垄断成分限制完全竞争的作用，即资本主义一切经济生活都是垄断成分与竞争成分的混合物，通行的方式是垄断竞争。显然，当代资本主义发展中出现的无论哪一种混合经济，都是以资本主义生产资料私有制为基础的，都是在不触动私有制的范围内所作的资本主义生产关系的调整。而我国的混合所有制并非是私有制，发展混合所有制经济并非是走私有化的路子。我国的混合所有制经济，讲到底，是中国特色社会主义基本经济制度的实现形式，是在坚持“两个毫不动摇”基础上，促使我国公有制经济积极地寻求新的发展模式来提高自身的市场竞争力，在中国式现代化建设中发挥其应有价值的重要方式。

第七章

社会主义收入分配制度的完善

分配制度是社会经济制度的重要内容，体现了生产资料所有制的性质和要求，直接决定了一个社会基本的利益关系。在中国特色社会主义发展的历史进程中，社会主义收入分配制度的完善是在社会主义所有制结构的发展和完善下推进的。坚持和完善以按劳分配为主体、多种分配方式并存的社会主义分配制度，不仅仅是分配制度本身的问题，而且是一个通过探讨全体人民共同富裕的实现、社会主义分配结构的形成等促进其完善的问题。社会主义收入分配制度的完善是新时代中国政治经济学在经济制度层面的重要内容之一。

一、按劳分配与按生产要素分配

与社会主义所有制结构相适应，我国的基本分配制度是以按劳分配为主、多种分配方式并存，既承认合理的收入差别，又要实现社会的共同富裕。完善和发展这一分配制度，对于完善社会主义所有制结构、优化资源配置、促进效率提高以及实现共同富裕具有重大意义。

第一，按劳分配为主体。按劳分配为主体是指在公有制经济中，劳动者的按劳分配收入在个人收入总额中占主体地位；在整个社会分配方式中，按劳分配为主体，决定着社会主义初级阶段分配的基本性质。贯彻按劳分配原则，把劳动贡献和劳动报酬直接联系起来，有利于调动劳动者的生产积极性，促进社会主义经济的发展。

在社会主义初级阶段，存在着市场经济的发展，这就要求人们的一切经济活动，包括个人消费品的分配活动，都要通过市场来进行。因此，还不可能实行纯而又纯的按劳分配方式，因为在社会主义市场经济条件下，个别劳动不能直接转化为社会劳动，按劳分配不能通过社会直接计算劳动者的劳动时间来分配个人消费品，而只能通过市场机制和价值形式以迂回曲折的方式来间接地加以完成。按劳分配在社会主义市场经济条件下的实行必然存在着一些特点。一是按劳分配不能在全社会范围内按统一标准实行，只能在局部范围内实行。在社会主义初级阶段，对劳动者进行分配的主体是企业。企业是商品生产和经营的经济实体。企业以自身的生产和经营活动从市场获得收入，然后再将收入分配给劳动者。企业对劳动者如何进行分配，完全由企业自主决定。因此，现阶段按劳分配的主体是企业，它还不可能在全社会范围内按统一的标准实现等量劳动领取等量报酬。二是按劳分配不能按照劳动者实际提供的劳动量来计量，只能按照被社会承认的劳动量来计量。劳动者向企业提供劳动，提供的这部分劳动是否都能被社会承认，取决于企业经营的好坏。这样，劳动者实际提供的劳动与被社会承认的劳动之间就有可能出现不一致。企业对劳动者进行分配，是按照被社会承认的劳动量进行分配的，这就会出现在同一企业中的不同时期，由于企业经营状况的不同，劳动者即使提供了相同数量的劳动，也会出现收入上的差别。三是按劳分配必须通过商品货币的形式来实现。在社会主义市场经济条件下，经济活动采取了价值形式，按劳分配也必须借助商品货币形式来实现。劳动者提供劳动所得到的是价值形式的货币，再用货币去购买所需要的商品，市场上价格的变动也不可避免地会影响劳动者的实际收入水平，从而影响按劳分配的实现程度。

第二，按生产要素分配。在整个社会分配方式中，多种分配方式并存是指在坚持按劳分配为主体的同时，允许按照资本、知识、技术、信息、管理、土地、数据和其他自然资源等生产要素分配，它们与按劳分配一起共同存在于社会主义市场经济中。

社会主义初级阶段确立以按劳分配为主体，多种分配方式并存这一分配制度的依据主要是：其一，以公有制为主体，多种所有制经济共同发展的社会主义初级阶段所有制结构，决定在收入分配领域必须实行以按劳分配为主体，多种分配方式并存。所有制形式决定了分配方式，有什么样的所有制形式，就会有什么样的分配方式。我国现阶段不仅存在着占据主体地位的公有制经济，而且还存在着非公有制经济，那么，按劳分配只是占据主体地位的公有制经济的分配方式，在非公有制经济中，由于生产资料占有关系的不同，必然存在着其他的分配方式。其二，社会主义市场经济的发展要求实行以按劳分配为主体，多种分配方式并存的分配制度。一方面，公有制与市场经济的结合，使按劳分配方式在市场经济条件下必须通过市场来实行；另一方面，市场经济运行的自身规律又要求按照市场规则来对个人进行收入分配。在市场经济中，一切生产要素都具有商品性质，投入到经济活动中，都要追求收入的最大化。为保证生产要素所有者能够把生产要素投入到经济活动中去，必须对投入的生产要素在经济利益上给予一定的回报。同时，市场经济发展过程中存在着多种经营方式，不同的经营方式也要求与之相联系的分配方式。因此，社会主义市场经济的发展是建立这一分配制度的现实要求。其三，准确反映资源的稀缺状况、实现资源配置合理化的原则，要求实行按劳分配为主体，多种分配方式并存的分配制度。资本、土地、技术、管理等要素是商品生产不可缺少的重要条件，但这些生产要素是相对有限的，并在使用中获得应有的回报。在社会主义市场经济中，掌握了科学技术、拥有知识的劳动者创造价值的作用和创造的价值越来越大，活劳动中脑力劳动创造价值的源泉作用越来越突出，相应地也要获得更多的劳动报酬，这样才能鼓励和发展优质资源。

社会主义初级阶段分配方式中的多种分配方式，包括了按劳动要素分配，即劳动者获得的工资收入；按资本要素分配，即利润、利息、股息分红、债券股票交易收入等；按土地要素分配，即出租土地、房屋取得的收入；按技术、信息、数据要素分配，即科技、信息工作者提供技术、信息和数据取得收入；按管理要素分配，即管理者凭借管理才能的贡献参与分配。在多种分配方式中，绝大部分属于按生产要素分配。按生产要素分配，是指生产要素所有者凭借其经济上的所有权，按生产要素在社会生产过程中的贡献获取相应收入。按生产要素分配，从收入分配上保证了各种生产要素的投入都能得到回报，保证生产要素所有者有充分的动力把其生产要素投入到经济活动中去。

在社会主义市场经济体制改革中，按生产要素分配是在分配领域中促进经济发展引入的一种竞争机制。社会主义初级阶段的根本任务是发展生产力，按生产要素分配，不仅能够调动劳动者的积极性，而且能够调动非劳动要素所有者的积极性，有利于生产力的发展。收入分配制度的不断调整与创新，一方面增强了对经济行为主体的激励，使整个微观经济充满生机活力，推动了经济快速发展和国家现代化建设；另一方面，居民收入不断提高，人民生活得到了改善，居民人均可支配收入不断攀升。但是，收入分配领域仍然存在诸如社会成员之间收入差距过大、劳动者收入增长较慢、收入分配格局不合理等一系列问题。这些问题的存在促使我们党不断调整和优化分配制度，形成更完善的分配关系和社会保障体系，促进收入分配公平，逐步实现发展成果由全体人民共享。

第三，按生产要素分配与按劳分配的结合，构成社会主义收入分配制度的基本内容。与我国公有制为主体、多种所有制经济共同发展的基本经济制度相适应，必须把按劳分配、劳动所得，同允许和鼓励资本、技术等生产要素参与收益分配结合起来。在我国的分配制度中，提出生产要素按贡献参与分配，则是提出了生产要素参与分配的尺度。在社会主义市场经济条件下，资本、劳动力、土地、技术、数据等生产要素归于不同的所有者所有，因而工资是根据劳动的贡献而给予劳动者的报酬，薪金是根据经营管理的贡献而给予企业家的报酬，利息、股息和红利等是根据资金或资本的贡献而给予资产所有者的报酬。各种生产要素的贡献大小既不是由生产要素的所有权决定的，也不是由生产要素的数量决定的，而是由各生产要素的边际收益决定的。因此，生产要素按贡献参与分配的方式始终是在非公有制经济内部实行的。在公有制经济中实行的分配方式则是按劳分配。按劳分配是社会主义的基本分配原则，是由社会主义制度的性质决定的，实行按劳分配，可以使劳动人民的根本利益得到保证，从而为充分发挥劳动者积极性和创造性奠定物质基础。坚持了按劳分配的主体地位，也就坚持了社会主义道路，坚持了共同富裕的目标。

按生产要素分配与按劳分配的结合，一方面肯定了劳动在财富创造中所发挥的关键作用，坚持按劳分配为主体具有必要性、科学性，另一方面也肯定了生产要素在财富生产中所发挥的重要作用，坚持按生产要素分配原则具有必要性、合理性。我国把按劳分配与按生产要素分配结合起来的分配实践充分说明，实行按劳分配与按生产要素分配结合的分配制度，可以保障公有制经济与非公有制经济的权益，实行社会资源利用的高效率。

二、稳步促进全体人民共同富裕

在新时代中国特色社会主义建设中，“共同富裕是社会主义的本质要求，是人民群众的共同期盼。我们推动经济社会发展，归根结底是要实现全体人民共同富裕”[①]。从满足人民对美好生活需求、维护人民的根本利益角度，来认识共同富裕是社会主义的本质要求，成为新时代中国政治经济学关于共同富裕理论创新的出发点。切合中国共产党带领全体人民行进在实现“两个一百年”奋斗目标征程中的实际，“共同富裕本身就是社会主义现代化的一个重要目标”[②]，同时它也“是中国式现代化的重要特征”[③]。

精准脱贫、消除贫困是实现共同富裕的关键。在社会主义现代化强国建设和全体人民共同富裕实现的过程中，贫困是最大的拦路虎、绊脚石，要实现社会主义现代化和共同富裕，就必须要消除贫困。中国共产党“第一个一百年”奋斗目标的实现，奠定了实现“第二个一百年”奋斗目标的战略安排和对共同富裕目标规划的重要基础。全面建成小康社会是建成社会主义现代化强国的基础，“全体人民共同富裕取得更为明显的实质性进展”是“全体人民共同富裕基本实现”的基础。在全面建成小康社会的决胜期，中国共产党紧扣我国社会主义主要矛盾的变化，统筹推进“五位一体”建设，通过打赢脱贫攻坚战，使全面建成小康社会得到人民认可、经得起历史检验，为实现社会主义现代化、建

---

① 《十九大以来重要文献选编》中，人民出版社 2021 年版，第 784 页。

② 《习近平在中共中央政治局第二十七次集体学习时强调：完整准确全面贯彻新发展理念确保“十四五”时期我国发展开好局起好步》，载于《人民日报》2021 年 1 月 30 日。

③ 《十九大以来重要文献选编》下，中央文献出版社 2023 年版，第 392 页。

成社会主义现代化强国、实现全体人民共同富裕创造了根本条件。

全面建成小康社会既解决了贫中之贫、困中之困问题，更是在已脱贫人口、边缘人口中防范了返贫风险，让贫困地区和贫困人口与全国人民一道进入全面小康社会，最终实现共同富裕。“经过全党全国各族人民共同努力，在迎来中国共产党成立一百周年的重要时刻，我国脱贫攻坚战取得了全面胜利，现行标准下9899万农村贫困人口全部脱贫，832个贫困县全部摘帽，12.8万个贫困村全部出列，区域性整体贫困得到解决，完成了消除绝对贫困的艰巨任务，创造了又一个彪炳史册的人间奇迹!”[①] 中国在消除贫困方面创造的彪炳史册的人间奇迹，确保了全面小康社会的建成，确保了建成社会主义现代化强国的启程。它标志着我们党在团结带领人民创造美好生活、实现共同富裕的道路上迈出了坚实的一大步，为到本世纪中叶把我国建成富强民主文明和谐美丽的社会主义现代化强国时“全体人民共同富裕基本实现”打下了坚实的基础。中国在消除贫困方面创造的彪炳史册的人间奇迹，意味着在中华民族几千年历史发展上，首次整体地消除了绝对贫困现象，彰显出中国共产党的领导力和中国特色社会主义制度的优越性，增强了人民群众的获得感、幸福感、安全感，是全体人民在实现共同富裕的道路上迈出的重要一步。为达到消除贫困、实现全体人民共同富裕，进而实现建成社会主义现代化强国的目标，还必须进一步巩固和扩大脱贫成果，防止返贫、增贫。“坚持精准扶贫方略，用发展的办法消除贫困根源”，即“坚持对扶贫对象实行精细化管理、对扶贫资源实行精确化配置、对扶贫对象实行精准化扶持”，打好“政策组合拳”，做到“因村因户因人施策，

① 《十九大以来重要文献选编》下，中央文献出版社2023年版，第157、166页。

因贫困原因施策，因贫困类型施策”，做到“扶贫扶到点上、扶到根上、扶到家庭，防止平均数掩盖大多数”，做到“改善发展条件，增强发展能力，实现由‘输血式’扶贫向‘造血式’帮扶转变，让发展成为消除贫困最有效的办法、创造幸福生活最稳定的途径”[①]。精准脱贫是创造人间奇迹的制胜法宝，也是共同富裕取得实质性进展的重要保障，更是建成社会主义现代化强国的科学路径。

在精准脱贫、消除贫困的基础上实现共同富裕是中国特色社会主义的本质要求。新时代中国政治经济学把对“共同富裕是社会主义的本质要求”的认识，上升为对“共同富裕是中国特色社会主义的本质要求”的认识，反映了对共同富裕理论的创造性。

把共同富裕的实现与社会主义现代化相联系，集中体现了中国共产党在新时代的战略安排和对共同富裕的目标规划。2017 年 11 月，党的十九大向世界庄严宣告：中国特色社会主义进入了新时代，形成了新时代中国特色社会主义思想，并明确提出了“两个一百年”的奋斗目标，即建党一百年时全面建成小康社会，新中国成立一百年时建成社会主义现代化国家。在此基础上，对完成了“第一个一百年”的奋斗目标之后到实现“第二个一百年”奋斗目标的过程，分两个阶段作出了战略安排，并对共同富裕的目标作出了规划。在 2020 年到 2035 年基本实现社会主义现代化的阶段，“全体人民共同富裕迈出坚实步伐”；在 2035 年到本世纪中叶把我国建成富强民主文明和谐美丽的社会主义现代化强国阶段，“全体人民共同富裕基本实现”[②]。2020 年 11 月召开的党的十九届五中全会，审议通过的《中共中央关于制定国民经济和社会发展

① 《十九大以来重要文献选编》下，中央文献出版社 2023 年版，第 157、166 页。
② 《十九大以来重要文献选编》上，中央文献出版社 2019 年版，第 20 页。

第十四个五年规划和二〇三五年远景目标的建议》，在“到二〇三五年基本实现社会主义现代化远景目标”中，将党的十九大提出的“全体人民共同富裕迈出坚实步伐”，进一步表述为“全体人民共同富裕取得更为明显的实质性进展”[①]，党的二十大对这一表述作了重申，这既符合新发展阶段高质量发展的要求，也符合人民对美好生活的期盼。中国共产党关于新中国成立一百年时建成社会主义现代化强国的分阶段战略安排和对共同富裕的目标规划，清晰制定了建成社会主义现代化强国和实现全体人民共同富裕的时间表，深刻说明了社会主义现代化的实现内含着全体人民共同富裕的实现，没有全体人民的共同富裕，就没有社会主义现代化，从而鲜明地彰显了实现共同富裕对于实现社会主义现代化的重要意义。

把共同富裕的实现与社会主义现代化相联系，在建成社会主义现代化强国中基本实现共同富裕，夯实了中国共产党长期执政和加强全面领导的基础。“实现共同富裕不仅是经济问题，而且是关系党的执政基础的重大政治问题。”[②]“我们正在向第二个百年奋斗目标迈进，适应我国社会主要矛盾的变化，更好满足人民日益增长的美好生活需要，必须把促进全体人民共同富裕作为为人民谋幸福的着力点，不断夯实党长期执政基础。”[③] 这既说明了实现共同富裕对于社会主义现代化建设和加强中国共产党的领导所具有的重要性，说明了共同富裕和社会主义现代化的实现对于加强中国共产党的领导的重要性，同时也说明了加强中国共产党的领导是实现共同富裕和社会主义现代化的重要保证。带领全体人

① 《十九大以来重要文献选编》中，人民出版社 2021 年版，第 789、790 页。
② 《十九大以来重要文献选编》下，中央文献出版社 2023 年版，第 88 页。
③ 《十九大以来重要文献选编》下，中央文献出版社 2023 年版，第 391 页。

民走共同富裕道路、探求社会主义现代化，是中国共产党成立以来在革命、建设、改革的实践中的一贯追求和奋斗目标，在这一过程中，我们党始终把人民放在首位，依靠人民、为了人民，赢得了人民的信任和拥护，从而夯实了执政基础。进入新时代，以习近平同志为主要代表的中国共产党人深化了党的领导和共同富裕、社会主义现代化之间内在关系的认识，不仅强调"党政军民学，东西南北中，党是领导一切的"，坚持党对中国特色社会主义一切工作的领导，而且还特别强调要做到"两个维护"，即维护习近平总书记的党中央的核心、全党的核心地位，维护党中央权威和集中统一领导，确保全党在思想上政治上组织上行动上与党中央保持高度一致。在推进全面建成社会主义现代化强国和基本实现共同富裕的历史征程中，还存在很多可以预料和不可预料的困难和挑战，而战胜这些困难和挑战，必然要求中国共产党发挥领导核心作用，团结领导全国人民接续奋斗。实现共同富裕和社会主义现代化，关键在党。只有坚持中国共产党的全面领导，才能续写好实现共同富裕和建成社会主义现代化强国这篇大文章，才能持续推进中华民族伟大复兴的历史进程。新时代中国政治经济学创造性地把"中国共产党的领导"纳入实现共同富裕和建成社会主义现代化强国的内涵之中，从而彰显了"共同富裕本身就是社会主义现代化的一个重要目标"的大格局。

三、社会主义分配结构

"共同富裕是全体人民共同富裕，是人民群众物质生活和精神生活都富裕，不是少数人的富裕，也不是整齐划一的平均主义。"① 对于共

① 《十九大以来重要文献选编》下，中央文献出版社 2023 年版，第 392 页。

同富裕，以习近平同志为主要代表的中国共产党人作出了创新性的理解。首先，共同富裕不是一部分人的富裕，不是少数人的富裕，而是全体人民的共同富裕。要促进农民农村共同富裕，巩固拓展脱贫攻坚成果，全面推进乡村振兴，加强农村基础设施和公共服务体系建设，改善农村人居环境。其次，共同富裕不是某一个方面的富裕，不是单一的物质富裕，而是全面的共同富裕。要促进人民精神生活共同富裕，强化社会主义核心价值观引领，不断满足人民群众多样化、多层次、多方面的精神文化需求。再次，共同富裕不是“等靠要”的富裕，也不是“养懒人”的富裕，而是全体人民共建的共同富裕。要鼓励勤劳创新致富，坚持在发展中保障和改善民生，为人民提高受教育程度、增强发展能力创造更加普惠公平的条件，畅通向上流动通道，给更多人创造致富机会，形成人人参与的发展环境。最后，共同富裕不是一蹴而就的富裕，不是齐头并进的富裕，而是逐步实现的共同富裕。要坚持循序渐进，对共同富裕的长期性、艰巨性、复杂性有充分估计，鼓励各地因地制宜探索有效路径，总结经验，逐步推开。中国共产党所理解的共同富裕，必须是在鼓励勤劳创新致富、坚持基本经济制度、尽力而为量力而行、坚持循序渐进中，才能得到实现，一句话，必须“在高质量发展中促进共同富裕”。

正确处理效率和公平的关系，是在高质量发展中促进共同富裕必须坚持的基本原则。效率和公平问题，是改革开放以来中国共产党在坚持按劳分配为主体、多种分配方式并存的分配制度中高度重视的问题，也是一直在不断探讨的问题。特别是 20 世纪 90 年代以后，中国共产党围绕社会主义分配制度的发展和完善，对效率和公平关系的探讨，经历了从“兼顾效率与公平”到“效率优先、兼顾公平”，再到“注重社会公平”，以及“初次分配和再分配都要兼顾效率和公平、再分配更加注重公平”的发展过程。进入新时代，生产力的快速发展使我国社会主要矛盾已由“人民日益增长的物质文化需要同落后的社会生产之间的矛盾”转化为“人民日益增长的美好生活需要和不平衡不充分的发展之间的矛盾”。社会主要矛盾的转化标志着收入分配内涵也相应地发生了转化，人们对收入分配的要求从单纯的收入数量向收入质量转变。以习近平同志为核心的党中央在坚持和完善按劳分配为主体、多种分配方式并存的分配制度中，创造性地提出了正确处理好“双同步”的关系。党的十九大报告明确提出，“坚持在经济增长的同时实现居民收入同步增长、在劳动生产率提高的同时实现劳动报酬同步提高”①。“双同步”反映了全国社会经济发展水平提升与人民群众收入水平提高的统一性，强调了人民群众是收入分配的获利者，在社会经济发展中有充分的获得感，体现了实现全体人民共同富裕是实行按劳分配为主体，多种分配方式并存的分配制度的目标，只有通过正确处理好“双同步”的关系才能达到正确处理好效率和公平关系的目的，只有在高质量发展中实行的分配制度，才能真正促进共同富裕。2018 年 1 月，习近平在十九届中央政治局第三次集体学习时，从七大体系建设方面对现代化经济体系建设作了分析，其中就涉及建设“体现效率、促进公平的收入分配体系”②。党的十九届四中全会进一步强调，要“健全劳动、资本、土地、知识、技术、管理、数据等生产要素由市场评价贡献、按贡献决定报酬的机制”③。新时代的收入分配体系，在处理好效率和公平关系上，除

---

① 《十九大以来重要文献选编》上，中央文献出版社 2019 年版，第 33 页。
② 《习近平谈治国理政》第三卷，外文出版社 2020 年版，第 241 页。
③ 《十九大以来重要文献选编》中，人民出版社 2021 年版，第 281 页。

了强调按要素分配外，还必须把完善市场机制和要素市场作为收入分配的重要内容。这些思想都丰富和发展了新时代中国政治经济学的分配理论。

构建初次分配、再分配、三次分配协调配套的基础性制度安排，是在高质量发展中促进共同富裕的必要支撑。习近平同志在党的十九届五中全会上提出了这一基础性制度安排，“坚持按劳分配为主体、多种分配方式并存，提高劳动报酬在初次分配中的比重，完善工资制度，健全工资合理增长机制，着力提高低收入群体收入，扩大中等收入群体。完善按要素分配政策制度，健全各类生产要素由市场决定报酬的机制，探索通过土地、资本等要素使用权、收益权增加中低收入群体要素收入。多渠道增加城乡居民财产性收入。完善再分配机制，加大税收、社保、转移支付等调节力度和精准性，合理调节过高收入，取缔非法收入。发挥第三次分配作用，发展慈善事业，改善收入和财富分配格局”①。

2021 年 8 月，中央财经委员会第十次会议则更为明确地强调了这一基础性制度安排，对于完善分配制度、缩小收入差距、处理好效率和公平的关系的重要性，并作出了初次分配、再分配、三次分配共同发力的具体安排。以市场机制为主导的初次分配，从按劳分配和按各种生产要素分配两个方面，以及对不完善的生产要素市场的规范等措施，正确处理了效率和公平的关系，为促进共同富裕奠定了基础。以政府为主导的再分配，通过加大税收、社保、转移支付等调节力度并提高精准性，调节收入过高的群体，在效率提高的基础上最大程度地保障公平，从而在促进共同富裕的道路上迈出了重要的一步。不同于初次分配和再分

① 《十九大以来重要文献选编》中，人民出版社 2021 年版，第 809 页。

配，第三次分配以社会为主导，在习惯、道德的影响下，通过合法合规途径，以募集、捐赠和资助等慈善公益方式对社会资源和社会财富进行分配，驱使高收入企业和人群回报社会，有利于缩小社会差距，是促进共同富裕的有效路径。

2022 年 10 月，党的二十大从增进民生福祉、提高人们生活品质角度进一步强调了“分配制度是促进共同富裕的基础性制度”，并从七个方面指明了如何完善分配制度[①]。第一，坚持按劳分配为主体、多种分配方式并存，构建初次分配、再分配、第三次分配协调配套的制度体系。第二，努力提高居民收入在国民收入分配中的比重，提高劳动报酬在初次分配中的比重。第三，坚持多劳多得，鼓励勤劳致富，促进机会公平，增加低收入者收入，扩大中等收入群体。第四，完善按要素分配政策制度，探索多种渠道增加中低收入群众要素收入，多渠道增加城乡居民财产性收入。第五，加大税收、社会保障、转移支付等的调节力度。第六，完善个人所得税制度，规范收入分配秩序，规范财富积累机制，保护合法收入，调节过高收入，取缔非法收入。第七，引导、支持有意愿有能力的企业、社会组织和个人积极参与公益慈善事业。

以习近平同志为核心的党中央关于三次分配协调配套的基础性制度安排和对分配制度的完善举措，是结合中国特色社会主义经济发展的实践对马克思主义分配理论的重大发展，是对中国特色社会主义分配制度实践的重大创新，构成了新时代中国政治经济学的重要内容。

形成中间大、两头小的橄榄型分配结构，是在高质量发展中促进共同富裕的重要基础。中间大、两头小的橄榄型分配结构，意味着中等收

---

① 习近平：《高举中国特色社会主义伟大旗帜　为全面建设社会主义现代化国家而团结奋斗——在中国共产党第二十次全国代表大会上的报告》，人民出版社 2022 年版，第 46 ~ 47 页。

入群体在整个收入结构中占主体，低收入群体和高收入群体均占少数。这种分配结构有利于社会的稳定和高质量发展。但是，当前我国收入分配中存在的居民收入差距大、分配不均等问题，说明了“中等收入群体过小”。我国14亿人口，中等收入人口仅为4亿，离橄榄型分配结构存在着很大差距。为改变这种状况，要“着力扩大中等收入群体规模。要抓住重点、精准施策，推动更多低收入人群迈入中等收入行列。”要“促进基本公共服务均等化。”要“加大普惠性人力资本投入”，要完善养老和医疗保障体系、兜底救助体系、住房供应和保障体系。要“加强对高收入的规范和调节”，依法保护合法收入，合理调节过高收入，鼓励高收入人群和企业更多回报社会。“要清理规范不合理收入”，整顿收入分配秩序，坚决取缔非法收入。“要保护产权和知识产权，保护合法致富”，“促进各类资本规范健康发展。”① 这不仅提出了扩大中等收入群体是实现共同富裕的要求，而且更重要的是指明了扩大中等收入群体的措施。在初次分配、再分配、三次分配协调配套的基础性制度安排基础上，一方面要给更多低收入人群提供迈入中等收入行列的机会，着力保护劳动所得，增加劳动者特别是一线劳动者的劳动报酬，提高劳动报酬在初次分配中的比重；充分尊重科研、技术、管理人才，体现技术、知识、管理、数据等要素的价值；改革创新以税收、社会保障、转移支付为主要手段的再分配调节机制，建立健全公共资源出让收益共享机制，合理调节城乡、区域、行业及不同群体间分配关系，增加低收入者收入；等等。另一方面，对高收入群体加强调节力度，依法保护合法收入，合理调节过高收入，清理规范不合理收入，整顿收入分配秩序，

① 参见《十九大以来重要文献选编》下，中央文献出版社2023年版，第394～395页。

坚决取缔非法收入，同时鼓励高收入人群和企业更多回报社会。橄榄型分配结构的形成，可以逐步解决贫富差距问题，推动全体人民的共同富裕，不断增强人民群众获得感和幸福感。以习近平同志为核心的党中央，以形成中国特色社会主义的橄榄型分配结构，开辟了新时代中国政治经济学关于分配理论发展的新境界，推动分配实践实现了重大创新。

四、正确认识个人收入分配关系

收入差距问题是我国在经济发展中出现的一个重要问题。多年来，实行按劳分配为主体、多种分配方式并存的制度，在缩小个人收入分配差距方面取得了突出成绩，但是，由于政策实施不力等原因，“我国发展不平衡不充分问题仍然突出，城乡区域发展和收入分配差距较大”[①]。我国个人收入分配中还存在着一些不公平现象。

第一，居民收入分配不公平。在初次分配中，分配格局偏向于资本要素，忽视了劳动力要素的完善，加之，我国的要素市场发展还不健全，竞争的作用得不到有效发挥，要素价格不能真实体现其实际的贡献，从而降低了初次分配的效率，收入差距逐渐被拉大。在再分配过程中，我国政府进行税收调节的力度欠佳。根据国家统计局公布的数据进行计算发现，在“营改增”后个人所得税占财政收入比重虽然进一步上升，但也仅维持在6%～7%，与增值税、消费税占财政收入的比重相差甚远。从税收调节的实际效果来看，缩小收入差距收效甚微。

第二，城乡收入分配不均。虽然近年来城乡收入差距较以往比在缩小，2016年城乡居民收入为2.7∶1，城乡收入的绝对差距为1.9万元，

① 《十九大以来重要文献选编》中，人民出版社2021年版，第784页。

比2005年的3.31∶1有所下降，但是，由于在市场经济的作用下，我国出现了财产性收入比劳动性收入高、财产性收入的累积性决定了“马太效应”的状况，从而居民收入差距大、分配不均问题依然突出。由于我国农村经济发展长期滞后于城镇经济发展，农村居民收入增长也显著低于城镇居民收入增长水平，农村居民家庭人均纯收入显著低于城镇居民家庭人均可支配收入，城乡的收入差距大成为无可怀疑的事实。城乡收入分配格局与我国经济建设水平不相适应，城乡收入差距在我国整体收入差距中占到了40%左右，影响着社会的和谐稳定，影响着全面建成小康社会的实现。因此，针对我国个人收入分配中存在的问题，在实行以按劳分配为主体，多种分配方式并存的分配制度中，必须正确处理好四个方面的关系：

一是，正确处理好提倡奉献精神与落实分配政策的关系。提倡奉献精神就是要使社会成员树立高尚的社会主义道德，增强为社会多做奉献的观念，能够以奉献精神从事生产劳动和各项工作。从社会角度来说，又要切实贯彻社会主义现阶段收入分配的具体政策，从政策上保护每一个社会成员各方面的积极性，把个人贡献与收入联系起来。

二是，正确处理好反对平均主义与防止收入悬殊的关系。平均主义既不符合社会主义按劳分配的原则，更不符合市场经济的规律。反对平均主义是实行社会主义初级阶段分配制度的一个重要任务。但是，也要防止收入悬殊。收入悬殊同样不符合社会主义原则，也不利于市场经济的稳定发展，更是与共同富裕的最终目标相背离。必须采取切实措施，从制度上、政策上防止出现收入悬殊。要依法保护合法收入，使劳动者的劳动报酬与劳动贡献紧密结合，奖勤罚懒，激发人们的积极性。要规范社会分配秩序，加强垄断行业收入分配的监管，对石油、电信、金融等行业的过高收入进行合理调节。要取缔非法收入，对侵吞公有财产、偷税漏税、权钱交易等各种非法收入坚决依法取缔和惩处。

三是，正确处理好初次分配注重效率与再分配注重公平的关系。初次分配注重效率，就是要求在微观领域的收入分配中，把效率放在第一位，合理拉开差距，把劳动者的物质利益与劳动贡献直接结合起来，鼓励各种生产要素所有者把生产要素投入经济活动中去，按其贡献参与分配。再分配注重公平，就是要求在宏观领域中，把公平放在突出位置，更多地考虑低收入群体的实际困难，解决他们的实际问题。这就要求从社会角度制定一系列有效的政策，一方面对高收入者的收入进行适当调节，如征收个人累进所得税等；另一方面对低收入和困难群体进行适当照顾，如实行转移支付和帮困措施等。

四是，正确处理好“双同步”的关系。“坚持在经济增长的同时实现居民收入同步增长、在劳动生产率提高的同时实现劳动报酬同步提高。”① “双同步”反映了要“努力提高居民收入在国民收入分配中的比重，提高劳动报酬在初次分配中的比重”②，说明了全国社会经济发展水平提升与人民群众收入水平提高的统一性，强调了人民群众是收入分配的获利者，在社会经济发展中有充分的获得感，也体现了实现全体人民共同富裕是实行以按劳分配为主体，多种分配方式并存的分配方式的目标。

---

① 《十九大以来重要文献选编》上，中央文献出版社 2019 年版，第 33 页。

② 习近平：《高举中国特色社会主义伟大旗帜　为全面建设社会主义现代化国家而团结奋斗——在中国共产党第二十次全国代表大会上的报告》，人民出版社 2022 年版，第 47 页。

第八章

深化社会主义市场经济体制改革

改革开放以来，在我国经济体制改革的不断深化中，社会主义市场经济体制经历了从确立到发展、再到需要完善的过程。市场化改革是我国经济体制改革的发展方向，扫除经济发展的体制机制障碍是进一步完善社会主义市场经济体制的基本路径，正确处理政府和市场的关系是我国经济体制改革的核心问题。新时代中国政治经济学对深化社会主义市场经济体制改革作了探讨。

一、坚持社会主义市场经济改革方向

在我国经济体制改革中，中国共产党的伟大创举就在于把社会主义与市场经济结合起来，坚持了社会主义市场经济改革方向。党的十八大以来，我国的经济体制改革进入了新时代，以加快完善社会主义市场经济体制为目标的新一轮改革全面展开，坚持社会主义市场经济改革方向成为主题。党的十八届三中全会提出在全面深化改革中，“坚持社会主义市场经济改革方向”[①]。“坚持社会主义市场经济改革方向”的内容在于：其一，坚持社会主义市场经济改革方向，核心问题是处理好政府和市场的关系，使市场在资源配置中起决定性作用和更好发挥政府作用。其二，坚持社会主义市场经济改革方向，不仅是经济体制改革的基本遵循，也是全面深化改革的重要依托。使市场在资源配置中发挥决定性作

① 《十八大以来重要文献选编》上，中央文献出版社2014年版，第512页。

用，主要涉及经济体制改革，但必然影响到政治、文化、社会、生态文明和党的建设等各个领域。要使各方面体制改革朝着建立完善的社会主义市场经济体制这一方向协同推进，同时也使各方面自身相关环节更好适应社会主义市场经济发展提出的新要求。其三，坚持社会主义市场经济改革方向，还必须认识到，虽然我国社会主义市场经济体制已经初步建立，但市场体系还不健全，市场发育还不充分，特别是政府和市场关系还没有理顺，市场在资源配置中的作用有效发挥受到诸多制约，构建高水平社会主义市场经济体制还需要付出艰苦努力。

新时代，在中国特色社会主义经济发展中，完善社会主义市场经济体制、坚持社会主义市场经济改革方向，是新时代中国政治经济学研究的基本原则和要求。在中国发展市场经济，不能丢了社会主义。我国经济发展获得巨大成功的一个关键因素，就是我们既发挥了市场经济的长处，又发挥了社会主义制度的优越性。我们是在中国共产党领导和社会主义制度的大前提下发展市场经济，什么时候都不能忘了“社会主义”这个定语。我国的市场经济之所以说是社会主义市场经济，就是要坚持社会主义制度的优越性，有效防范资本主义市场经济的弊端。“我国基本经济制度是中国特色社会主义制度的重要支柱，也是社会主义市场经济体制的根基，公有制主体地位不能动摇，国有经济主导作用不能动摇。这是保证我国各族人民共享发展成果的制度性保证，也是巩固党的执政地位、坚持我国社会主义制度的重要保证。”① 坚持社会主义市场经济改革，就必须“要坚持辩证法、两点论，继续在社会主义基本制度和市场经济的结合上下功夫，把两方面优势都发挥好，既要‘有效

① 《十八大以来重要文献选编》下，中央文献出版社 2018 年版，第 5 页。

的市场’，也要‘有为的政府’，努力在实践中破解这道经济学上的世界性难题”。[①]

在全面深化改革中坚持社会主义市场经济改革方向。为完善和发展中国特色社会主义制度，推进国家治理体系和治理能力现代化，必须更加注重改革的系统性、整体性、协同性。“经济、政治、文化、社会、生态文明各领域改革和党的建设改革紧密联系、相互交融，任何一个领域的改革都会牵动其他领域，同时也需要其他领域改革密切配合。”[②]加快发展社会主义市场经济，要与加快发展社会主义民主政治、先进文化、和谐社会、生态文明相协同，让一切劳动、知识、技术、管理、资本的活力竞相迸发，让一切创造社会财富的源泉充分涌流，让发展成果更多更公平惠及全体人民。推进社会主义市场经济发展与全面深化改革的内容主要表现在三个方面：

第一，社会主义市场经济理论的重大突破对于全面深化改革具有重要的理论意义。1992 年，党的十四大提出了我国经济体制改革的目标是建立社会主义市场经济体制，提出要使市场在国家宏观调控下对资源配置起基础性作用。这一重大理论突破，对我国改革开放和经济社会发展发挥了极为重要的作用。这也说明，理论创新对实践创新具有重大先导作用，全面深化改革必须以理论创新为先导。社会主义市场经济发展中的重大理论突破对实践的引领，为全面深化改革的推进提供了经验。

第二，政府和市场关系的定位对于全面深化改革具有十分重大的作用。政府和市场关系的定位问题，涉及政府职能的变革、所有制经济的发展、投融资体制的改革等一系列问题，因此，对政府和市场关系的定

① 《十八大以来重要文献选编》下，中央文献出版社 2018 年版，第 6 页。
② 《十八大以来重要文献选编》上，中央文献出版社 2014 年版，第 510 页。

位，从党的十八大提出的“更大程度更广范围发挥市场在资源配置中的基础性作用”，发展为“使市场在资源配置中起决定性作用和更好发挥政府作用”，有利于转变经济发展方式，有利于转变政府职能，有利于抑制消极腐败现象。

第三，社会主义市场经济发展中政府的职责和作用。科学的宏观调控、有效的政府治理，是发挥社会主义市场经济体制优势的内在要求，政府的职责和作用主要是保持宏观经济稳定，加强和优化公共服务，保障公平竞争，加强市场监管，维护市场秩序，推动可持续发展，促进共同富裕，弥补市场失灵。

我国社会主义市场经济的发展和完善，是在中国共产党的领导下实现的，坚持党的领导，发挥党总揽全局、协调各方的领导核心作用，是我国社会主义市场经济体制的一个重要特征。中国共产党是中国特色社会主义事业的坚强领导核心，是最高政治领导力量，各个领域、各个方面都必须坚定自觉坚持党的领导。坚持党的领导是由党的性质决定的。党是中国工人阶级的先锋队，是中国人民和中华民族的先锋队，党把实现共产主义作为奋斗目标。中国特色社会主义只有在党的领导下才会不变色、不变质，才能不断向前发展。坚持党的领导是党和国家的根本所在、命脉所在，是全国各族人民的利益所在、幸福所在，是战胜一切困难和风险的“定海神针”。

社会主义市场经济体制的创新发展，必须始终坚持党的领导。“党的领导是党和国家的根本所在、命脉所在，是全国各族人民的利益所系、命脉所系。”[①] 我国实行的是社会主义市场经济体制，必须发挥党

① 《十九大以来重要文献选编》下，中央文献出版社 2023 年版，第 506 页。

和政府的积极作用。在政府和市场的关系上，市场起决定性作用，是从总体上讲的，不能盲目绝对讲市场起决定性作用，而是既要使市场在配置资源中起决定性作用，又要更好发挥政府作用；有的领域如国防建设，就是政府起决定性作用，而一些带有战略性的能源资源，政府要牢牢掌控，但可以通过市场机制去做。政府的作用规制着我国社会主义市场经济的前进方向和发展路径。党的领导也贯穿于社会主义市场经济体制的法治建设中。坚持中国共产党的领导是社会主义法治最根本的保证。把党的领导贯彻到依法治国全过程和各方面，是我国社会主义法治建设的一条基本经验。坚持社会主义市场经济的法治建设道路，最根本的是坚持中国共产党的领导。党的领导和社会主义市场经济的法治建设是一致的，社会主义市场经济的法治建设必须坚持党的领导，党的领导必须依靠社会主义市场经济的法治建设。也就是说，坚持党的领导，不是一句空的口号，必须有具体的体现，体现在党领导市场经济的立法上、保证市场经济健康运行的执法上、支持市场经济发展中公正执法上，以及市场主体的带头守法上，等等。只有在党的领导下依法建设社会主义市场经济体制、厉行法治，中国特色社会主义才能得到发展，国家和社会生活法治化才能有序推进。

二、完善社会主义市场经济体制

我国社会主义市场经济体制的不断发展，促进了经济社会的巨大发展、人民生活水平的大幅度提升，已经能够在相当程度上发挥经济稳定器作用。但是，依然还存在着不少问题，特别是存在着社会主义市场经济发展的体制机制障碍。以习近平同志为主要代表的中国共产党人，从三个方面对如何完善社会主义市场经济体制作出了重要论述。

第一，社会主义市场经济发展的体制机制障碍。社会主义市场经济发展中存在着市场经济体制本身、行政体制机制、市场监管体制机制三方面的障碍。

从市场经济体制本身在发展中存在的障碍来看，主要是市场秩序不规范，以不正当手段谋取经济利益的现象广泛存在；生产要素市场发展滞后，要素闲置和大量有效需求得不到满足并存；市场规则不统一，部门保护主义和地方保护主义大量存在；市场竞争不充分，阻碍优胜劣汰和结构调整，等等。市场体系不够完善，阻碍了统一开放、竞争有序的市场体系的建立健全，从而也影响着市场资源配置的决定性作用的充分发挥。建设统一开放、竞争有序的市场体系，是使市场在资源配置中起决定性作用的基础。必须加快形成企业自主经营、公平竞争，消费者自由选择、自主消费，商品和要素自由流动、平等交换的现代市场体系，着力消除市场壁垒，提高资源配置效率和公平性。完善市场体系，需要反对地方保护，反对垄断和不正当竞争。完善市场体系，需要多渠道推动股权融资，发展并规范债券市场，提高直接融资比重。完善市场体系，需要完善主要由市场决定价格的机制。凡是能由市场形成价格的都交给市场，政府不进行不当干预。完善市场体系，还需要在符合规划和用途管制前提下，允许农村集体经营性建设用地出让、租赁、入股，实行与国有土地同等入市、同权同价。

从行政体制机制存在的障碍来看，主要如政府关于经济的“度”把握不准。在对待公有制经济与非公有制经济问题上，公有制经济和非公有制经济都是社会主义市场经济的重要组成部分，都是我国经济社会发展的重要基础。必须毫不动摇巩固和发展公有制经济，坚持公有制主体地位，发挥国有经济主导作用，不断增强国有经济活力、控制力、影响力。必须毫不动摇鼓励、支持、引导非公有制经济发展，激发非公有制经济活力和创造力。但是，在实践操作中，还是存在对非公有制经济的歧视和采取一些不合理的规定。有的地方政府为了维护既得利益，在政策和行动上对非公有制经济设置和实施了一些歧视性规定和举措，包括各种隐性壁垒设置，如在市场准入方面设置"玻璃门""弹簧门"等，限制竞争。在政府干预经济问题上，政府对资源的直接配置过多，一些地方政府公司化倾向严重，追求本地区短期 GDP 增长的最大化，大量资源被低效利用，浪费严重，同时造成环境污染和生态损害，债台高筑。在政府职能转变问题上，政府的职责和作用主要是保持宏观经济稳定，加强和优化公共服务，保障公平竞争，加强市场监管，维护市场秩序，推动可持续发展，促进共同富裕，弥补市场失灵。我国社会主义市场经济体制的发展虽然使政企不分、政社不分、政事不分的现象有所改变，但是，政府对微观经济活动的不当干预，市场竞争秩序维护的"缺位"，政府部门管了不该管和管不了也管不好的事，政府职能交叉、重叠、多头管理，有些部门和岗位权力设置不均衡，事权划分不明确等，所有这些都制约着市场经济的健康运行。在公共服务方面，主要是政府公共服务水平较低和公共服务缺乏公正性、公平性。政府应当承担的一些公益性职能不健全，一些关系群众利益的问题没有得到解决，社会保障水平低，覆盖面窄，就业难、就业慢，住房难，房价高等问题突出，农民的公共服务水平低于城市居民的公共服务水平、农村基础设施建设水平低。这些都反映了政府需要加大改革的力度。

从市场监管体制机制存在的障碍来看，问题还比较多。一是政府对市场监管的水平不高，不是力度不够就是严重缺失，一些企业欺骗消费者的行为时有存在。二是政府“多头审批”的问题严重，在市场准入领域，一个经营项目的确立和许可往往涉及多个管理部门，运行环节多，成本高，程序复杂。三是监管缺乏民主性和公开性，政府在监管各环节上不够尊重和保护公众的知情权，社会参与力度不够，缺乏民主参与，公众监督机制未能形成，影响监管的有效性，继而导致权力寻租的问题存在。四是市场监管流于形式，停留在表面，没有真正发挥作用，从而市场中诚信缺失，恶性竞争事件屡见不鲜。在市场经济体制中，市场监管体制机制有着重要作用，在依靠市场竞争的市场环境中，必须要充分发挥市场监管的作用才能达到良性竞争的目的。党的十八大以来，在完善社会主义市场经济体制中，我国大力推进了行政审批制度改革，深入推进了商事制度的改革，政府职能转变取得了重大进展。在新时代，随着行政审批事项的大幅削减，市场准入门槛的不断降低，市场监管体制机制的改革尤为重要。新组建的国家市场监督管理总局挂牌成立，明晰了监管职责，完善了监管机制，可以有效实现市场的全流程监管，化解监管职能交叉重叠、权限边界模糊等问题。

第二，社会主义市场经济体制运行机制。新时代，完善社会主义市场经济体制必须要打破体制机制的障碍，构建市场机制有效、微观主体有活力、宏观调控有度的运行机制。

其一，市场机制有效。市场机制是现代市场经济运行的主要机制，包括供求机制、价格机制、竞争机制。在市场经济中，供求机制通过市场上商品价格涨落的变化、“买方市场”和“卖方市场”的变动，调节供求双方的平衡。价格机制可以调整企业的生产经营决策，调节资源的配置方向，促进社会总供给与社会总需求的平衡；价格机制也可以通过价格水平的高低起着改变消费者需求量、需求方向，以及需求结构的作用。价格机制也是国家宏观调控的一个重要手段，国家可以利用各种经济杠杆来鼓励和引导这种商品生产规模的增加或缩减，从而调节商品的供求平衡。在市场经济运行中，竞争机制可以使价值规律得到全面贯彻，因为每个商品生产者生产某种商品所耗费的个别劳动时间是否符合社会必要劳动时间，只有通过竞争机制才能得到验证；商品交换双方在市场上形成彼此都愿意接受的价格，实行等价交换，也只有通过竞争机制才能达成。竞争机制还根据市场供求关系的变化，以价格为信号，促使各种资源投向最有效益的生产部门，调节资源的有效配置；竞争机制还通过优胜劣汰的原则，促使每个商品生产者要在市场上取胜，就必须采用新技术、新工艺、新的管理方法，提高劳动生产率。市场机制有效是指充分发挥价格机制、竞争机制在促进要素市场化、激发微观主体活力、提高经济质量等方面的创新、开发、调节和初始平衡功能，是市场化改革的要求，也是使市场在经济资源配置过程中起决定性作用，在社会资源和生态资源配置中起补充作用。

其二，微观主体有活力。企业是市场的主体。企业面向市场，市场通过价格杠杆、竞争机制的作用，引导企业把各种资源配置到较好的环节中去，并使企业在动力和压力之下，实现优胜劣汰，成为自主经营、自我约束、自负盈亏、自我发展的经济实体；运用市场对各种经济信号反应灵敏的优点，促进生产和需求的及时协调。企业由于属于不同的所有制，还存在着不同的规模，存在着内资和外资的差别，因而每个企业的成长机制、发展机制、发展动能都存在差别。在我国经济市场化发展和完善的过程中，由于企业受内外部各种因素的影响，在竞争力、活力上是存在很大差别的，有的企业创新、管理、竞争力较强，生机勃勃，有的企业机制比较僵化，没有活力，成为“僵尸企业”。因此，微观主体的活力关系到企业的发展，也关系到社会主义市场经济体制的完善。我国的所有制结构决定，微观主体一是在国有资本做强做优做大上，二是在民营企业发展上。国有企业有活力，就在于国有企业兼并重组，进一步向民间资本敞开大门，开展混合所有制经济改革，就在于围绕管资本为主加快转变国有资产监管机构职能，改革国有资本授权经营体制，就在于深化国企改革，提升企业核心竞争力。民营企业是经济发展中最具活力的元素，是创新的引擎和主体。民营企业要有活力，就必须要支持民营企业发展，优化民营企业发展的环境，落实保护产权政策，依法甄别纠正社会反映强烈的产权纠纷案件，保护企业家权益。全面实施并不断完善市场准入负面清单制度，破除歧视性限制和各种隐性障碍，加快构建亲清新型政商关系。只有这样，才能调动企业家的创新能力，激励劳动者精益求精的工匠精神，从而民营企业的活力才能激发出来。

其三，宏观调控有度。国家能够依据经济规律的要求，根据市场发展的状况，在不同程度上运用各种手段对经济实行宏观调控。宏观调控作为市场经济运行的“看得见的手”，利于克服市场的弱点及消极方面，引导市场健康发展。宏观调控有度是指灵活运用财政、货币、产业、区域等经济政策在微观主体公平竞争、产业与区域充分平衡发展、经济结构转型升级等方面的引导、控制、协调和再平衡功能，精准发挥国家发展规划的战略导向作用，在确保经济平稳运行的同时，努力使社会有机体达到整体协调和动态平衡的运行状态。宏观调控有度还表现在健全宏观经济治理体系上。“健全宏观经济治理体系，发挥国家发展规划的战略导向作用，加强财政政策和货币政策协调配合，着力扩大内需，增强消费对经济发展的基础性作用和投资对优化供给结构的关键作用。”① 宏观调控的针对性、灵活性和精准性，是对宏观调控有度的基本要求。

总之，市场机制有效、微观主体有活力、宏观调控有度三者具有辩证统一性。市场机制有效、宏观调控有度是微观主体有活力的必要条件，其中政府的宏观调控有度，既可以促进市场机制有效，也可以促进微观主体有活力，如果政府对经济的调控力度不够或者力度过分，说明政府的优势难以发挥，从而不是影响市场潜力的释放就是束缚了市场，也就影响了企业的成长，不利于企业效率的提升。当然，市场机制有效、微观主体有活力、宏观调控有度是相辅相成的，缺少任何一个环节，完善社会主义市场经济体制都是不可能的。在这三者关系中，最关键的是市场机制有效与宏观调控有度的关系，“要找准市场功能和政府行为的最佳结合点，切实把市场和政府的优势都充分发挥出来，更好地体现社会主义市场经济体制的特色和优势，努力形成市场作用和政府作用有机统一、相互补充、相互协调、相互促进的格局”②。

第三，构建高水平社会主义市场经济体制的战略任务。新时代，中国共产党对加快完善社会主义市场经济体制的战略任务作了探索，主要有以下几个方面：

其一，以完善产权制度和要素市场化配置为重点，实现产权有效激励、要素自由流动、价格反应灵活、竞争公平有序、企业优胜劣汰。完善产权制度必须坚持和完善社会主义基本经济制度，坚持两个“毫不

① 习近平：《高举中国特色社会主义伟大旗帜　为全面建设社会主义现代化国家而团结奋斗——在中国共产党第二十次全国代表大会上的报告》，人民出版社 2022 年版，第 29 页。

② 中共中央宣传部：《习近平总书记系列重要讲话读本》，学习出版社、人民出版社 2016 年版，第 150 ~ 151 页。

动摇”。现代产权制度的核心是产权保护，公有制经济产权和非公有制经济产权都必须受到保护，在加强对各类产权司法保护的同时，必须依法严肃查处各类侵权行为。在要素市场建设方面必须深化劳动力市场改革，依法保障平等就业，实现劳动力在城乡之间自由流动，必须深化土地市场改革，加快建设城乡统一的建设用地市场，在坚持农村土地集体所有权的基础上，严格用途管制和用地规划管理，必须深化资本市场改革，促进多层次资本市场如股票市场、债券市场、期货及衍生品市场等的健康发展。加快要素价格市场化改革，深化资源性产品、垄断行业等领域要素价格形成机制改革，进一步规范自然垄断，破除各种形式的行政垄断，根据水、石油、天然气、电力、交通、电信等不同行业的特点实行网运分开和公共资源市场化配置，放开竞争性业务和竞争性环节价格，真实反映市场供求关系、资源稀缺程度和环境损害成本。同时，要强化价格领域反垄断执法，加强事中事后监管。

其二，完善各类国有资产管理体制，改革国有资本授权经营体制，加快国有经济布局优化、结构调整、战略性重组，促进国有资产保值增值，推动国有资本做强做优做大，有效防止国有资产流失。完善社会主义市场经济体制，必须通过改革来进一步释放国有经济的潜力，使其适应市场竞争，能够遵循行业发展的规律，不断借助市场机制来做大做强国有经济。公有经济的做大做强既可以完善国有资产管理体制也可以增强国有企业活力。完善国有资产管理体制，一是加快国有经济布局的优化，在重化工业充分发展的基础之上，积极促进产业升级和新兴产业、高新技术产业的发展，二是加快国有经济组织结构的调整，通过兼并、合并缩减成本，避免重复建设与恶性竞争，三是对国有经济进行战略性重组，有效提升国有经济资源配置的效率。通过布局优化、结构调整和战略性重组，使一部分国有资产通过国有经济的发展来实现保值增值，一部分国有资产通过资本运营，借助于其他所有制形式来实现国有资产的保值增值和持续发展，从而实现国有资本的做强做优做大。

其三，全面实施市场准入负面清单制度，清理废除妨碍统一市场和公平竞争的各种规定和做法，支持民营企业发展，激发各类市场主体活力。营造公平竞争市场环境，要深化以商事制度为突破口的“放管服”改革，加快全面实施市场准入负面清单制度和公平竞争审查制度，最大限度减少政府对企业经营的干预。我国负面清单制度从外资企业做起，逐渐扩大到高度开放的国内开发区，逐渐过渡到一些竞争比较激烈的行业。负面清单制度的改革符合市场化改革方向，也标志着中国外商投资管理体制开启了新时代。与此同时，还必须加快修订反不正当竞争法、土地管理法，加快完善物权、合同、知识产权相关法律制度。支持和促进民营企业发展需要构建公平竞争环境，提升政府服务意识和水平，破除垄断，在权利、机会、规则等方面实现平等，完善产权制度，依法甄别纠正社会反映强烈的产权纠纷案件和保护民营企业的合法权益。政府要密切同民营企业的沟通联系，帮助其解决实际困难，清理废除歧视性政策和做法，引导民营企业提升经营管理水平，鼓励民营企业建立现代企业制度。

其四，深化商事制度改革，打破行政性垄断，防止市场垄断，加快要素价格市场化改革，放宽服务业准入限制，完善市场监管体制。深化商事制度改革，一方面要退出政府行政垄断，价格由市场来决定；另一方面，也要打破市场垄断价格。加快要素价格的市场化改革，实际上就是要形成价格的竞争性决定机制。推进水、石油、天然气、电力、交通、电信等领域价格改革，放开竞争性环节价格。政府定价范围主要限定在重要公用事业、公益性服务、网络型自然垄断环节，提高透明度，接受社会监督。完善农产品价格形成机制，注重发挥市场形成价格作用。深化商事制度改革，还必须放宽服务业准入限制，不仅在政策上而且在制定的行业准入资质标准上引导更多的社会企业进入服务行业。在服务业放宽市场准入的过程中，由于可能出现企业管理水平、服务水平参差不齐的问题，因而既要靠强化行业自律来解决，同时也要加强必要的市场监管。

其五，创新和完善宏观调控，发挥国家发展规划的战略导向作用，健全财政、货币、产业、区域等经济政策协调机制。遵循经济社会发展规律和市场规律，进一步深化行政体制改革，转变政府职能，深化简政放权、放管结合、优化服务改革，减少政府对微观市场活动的直接干预。政府综合运用经济、法律等手段引导调节社会活动，集中精力抓好宏观调控、政策引导、市场监管、社会管理、公共服务和环境保护，减少行政干预。进一步健全监督机制，通过更充分的政务公开让人民群众更好监督政府依法行政，政府要主动接受社会公众和新闻舆论的监督。完善绩效管理制度，加强对重大决策部署落实、依法履职尽责和实际效果等方面的考核评估，不断提高政府公信力和执行力。建立健全重大问题研究、民主决策和政策评估调整机制，善于利用互联网、大数据等手段促进治理能力现代化。坚持稳中求进工作总基调，不断创新和完善宏观调控，发挥国家规划的战略导向作用，适应我国社会主要矛盾变化，健全财政、货币、产业、区域等经济政策协调机制，保持宏观政策的连续性、稳定性，在区间调控的基础上加强相机调控，提高宏观调控的针对性和前瞻性。

其六，深化消费和投融资体制改革，完善促进消费和投融资的体制机制，增强消费对经济发展的基础性作用，发挥投资对优化供给结构的关键性作用。完善消费体制机制，增强消费对经济发展的基础性作用，必须加快产业结构转型升级，提高供给质量，着力实施“互联网+”，促进消费业态创新发展。进一步提高城乡居民收入，促进消费能力加速提升，优化市场环境，形成有力的消费安全保障。完善城乡社会保障体系，稳定人们预期，消除和降低城乡居民不安全感，促使其对消费作出长期选择。调整收入分配结构，促进农民增收，启动农村消费市场，推动消费结构升级，完善消费信贷政策，发展信用消费，提高消费并积极培育消费能力，促使消费进一步拉动经济增长。深化投融资体制机制改革，发挥投资对优化供给结构的关键性作用，既要合理界定政府投资的范围和力度，也要激发民间投资的潜力和活力，发挥政府与市场合力作用。

其七，深化财税制度改革，加快建立现代财政制度，健全地方税体系，建立权责清晰、财力协调、区域均衡的中央和地方财政关系。建立全面规范透明、标准科学、约束有力的预算制度，全面实施绩效管理。加快建立现代财政制度，统筹调配财政资金，科学配置各级政府财力，建立权责清晰、财力协调、区域均衡的中央和地方财政关系。建立全面规范透明、标准科学、约束有力的预算制度，全面实施绩效管理。同时，也需要深化预算制度改革，加强财政资金整合力度，提升预算统筹协调能力，保障基本支出和重点支出，完善预算绩效评价机制，不断提高预算公开透明度，强化支出责任和效率意识，构建和完善跨期预算平衡机制，加强预算的前瞻性和可持续性，提高财政资金的使用效率。深化税收制度改革，重点是健全地方税收体系，构建结构优化、公平公正的税收制度，提高地方政府财力支配能力。完善中央对地方转移支付制度，明确一般性转移支付和专项转移支付的职能范围，优化转移支付结构，提升转移支付效率。

其八，深化金融体制改革，增强金融服务实体经济能力，提高直接融资比重，促进多层次资本市场健康发展。健全货币政策和宏观审慎政策双支柱调控框架，深化利率和汇率市场化改革。健全金融监管体系，守住不发生系统性金融风险的底线。深化金融体制改革，把为实体经济服务作为出发点和落脚点，全面提升金融服务能力和水平。增强金融服务实体经济能力，必须完善金融市场体系，拓展投融资渠道。在间接融资层面上，构建适合不同需求的多层次银行体系，满足不同类型企业融资需求。在直接融资层面上，促进多层次资本市场健康发展，提高直接融资比例，优化社会资本融资结构。在深化金融体制改革中，必须完善技术性手段，使之成熟并娴熟运用，因而健全货币政策和宏观审慎政策双支柱调控框架，深化利率和汇率市场化改革，势在必行。在资本市场、货币市场中，要让市场发挥资源配置的决定性作用，就要对利率和汇率进行市场化改革，稳步推进人民币国际化，提高金融市场国际化水平，有序实现人民币资本项目可兑换，完善人民币汇率形成机制，保持人民币汇率在合理均衡水平上的基本稳定。深化金融体制改革，必须健全金融监管体系，加强金融监管部门协调，推进监管信息共享，落实金融监管责任，引导规范金融创新，健全风险管理长效机制，整治和打击扰乱金融市场的非法金融活动，守住不发生系统性金融风险的底线。

三、正确处理政府和市场的关系

政府和市场的关系，是社会主义市场经济发展中的一个极为重要的理论和实践问题。在我国改革开放和社会主义现代化建设的实践中，中国共产党在大胆探索、勇于创新、不断实践中，顺利完成了从计划经济向社会主义市场经济的转轨，实现了由“传统的计划经济”到“以计划经济为主、市场调节为辅”，再由“计划经济为主、市场调节为辅”到“公有制基础上的商品经济”，进而由“公有制基础上的商品经济”到“要使市场在国家宏观调控下对资源配置起基础性作用”，再到“要使市场在国家宏观调控下对资源配置起决定性作用，更好地发挥政府的作用”的认识飞跃。新时代，依据经济发展实践拓展和认识深化对政府和市场关系的这一新的科学定位，新时代中国政治经济学不仅进一步明确了深化经济体制改革的基本思路，而且也进一步提出了完善和推进社会主义市场经济发展的实践路径。

在我国经济体制改革全面深化发展中，党的十八届三中全会适时地作出了“使市场在资源配置中起决定性作用”的科学论断。这一关于市场作用的科学定位，既是实践发展的要求，也反映了中国共产党对市场规律认识和驾驭能力的不断提高，有利于在全党全社会树立关于政府和市场关系的正确观念，有利于转变经济发展方式，有利于转变政府职能，有利于抑制消极腐败现象。我国社会主义市场经济发展的历史说明，社会主义市场经济体制已经初步建立，市场化程度不断提高，但是，在国民经济运行过程中，仍然还存在着诸如市场秩序不规范、生产要素市场发展滞后、市场规则不统一、市场竞争不充分等问题。这些问题不解决好，完善的社会主义市场经济体制是难以形成的。要解决我国社会主义市场经济运行中存在的这些问题，就必须要充分发挥市场在配置资源中的决定性作用。

市场在配置资源中起决定性作用，是市场经济的一般规律，社会主义市场经济体制的健全和完善必须要遵循这条规律。然而，市场主体行为的自发性、盲目性则需要通过市场规则来规范和约束。因此，市场在资源配置中起决定性作用，并不是起全部作用。这就是说，在社会主义市场经济运行中，市场配置资源的决定性作用是在一定范围内有效的。在完全竞争条件下，市场是没有外力干扰的自由市场，市场缺陷或市场失灵主要表现在公共物品、外部负效应、收入分配不均、区域经济不协调等方面。一般而言，公共物品的消费具有非竞争性和非排他性特征，如路灯、城市美化、路边的健身设施、电视信号接收等都是非盈利产品，通常是无法有效地通过市场机制由企业和个人来提供的，因而它的生产与市场机制的作用是存在矛盾的。外部负效应如污水排放、环境污染等，是市场经济微观主体在进行生产和消费决策时，往往不考虑对他人、社会和环境的影响而带来的后果，直接将工业废水排入江河中，将工业废气排入空气中，减少生产企业的治理成本，加大社会的成本。外部负效应问题也是市场本身无法解决的。收入分配不均是由市场经济运行所导致的。市场经济在配置资源过程中遵循的是资本和效率的原则，即资本总是从效率低的部门向效率高的部门转移，从而会产生“马太效应”，引起收入分配不均。区域经济不协调是市场在配置资源过程中不可避免的问题，也是市场自身难以调节和解决的问题，因为在市场经济运行中，优质资源会不断地从发展落后的区域转移到发展较快的区域，造成区域间资源分配的不协调，从而加大区域间经济发展的差距。在不完全竞争条件下，市场缺陷或市场失灵又会主要表现为垄断、不良竞争等。垄断是市场缺陷或市场失灵的最主要的形式之一。垄断行业通过自身的科技领先优势、规模经济效应或者特许经营权，控制了市场上的绝大多数的份额，因此能够通过制定垄断价格来获得超额垄断利润。由于缺乏竞争压力和发展压力，垄断行业往往又难以提供令人满意的产品和服务，并且缺乏改进自身和提高技术水平的积极性。特别是那些由行政垄断而产生的垄断行业，经常会违背市场规则，阻碍市场对资源的有效配置。垄断的存在必然会破坏企业之间的竞争关系，导致不良竞争。

可见，市场面对公共物品、外部性、垄断、不公正等问题几乎无能为力或者毫无建树，这就要求政府运用宏观调控和政府治理之手，弥补市场在配置资源中的不足，矫正市场失灵的内容。

在社会主义市场经济运行中，政府和市场都不是完美无缺的，正确处理政府和市场的关系，不仅在于要发挥市场在资源配置中的决定性作用，而且还在于政府要明确自身的功能定位，既不干扰市场在资源配置中决定性作用的充分发挥，更重要的是要在尊重市场规律的基础上，为市场在资源配置中发挥决定性作用创造良好的外部环境，解决市场所无法解决的问题。党的十八届三中全会对如何更好地发挥政府作用提出了明确要求，强调“必须积极稳妥从广度和深度上推进市场化改革，大幅度减少政府对资源的直接配置”，“政府的职责和作用主要是保持宏观经济稳定，加强和优化公共服务，保障公平竞争，加强市场监管，维护市场秩序，推动可持续发展，促进共同富裕，弥补市场失灵”①。显然，政府的职责和作用主要集中在科学的宏观调控和有效的政府治理方面，这是发挥社会主义市场经济体制优势的内在要求。

就科学的宏观调控而言，它可以弥补市场缺陷和市场失灵，保障我国经济快速稳定发展。也就是说，政府必须做好顶层设计，从宏观层面把握经济的发展方向，保持经济总量平衡，促进重大经济结构协调和生

① 参见《十八大以来重要文献选编》上，中央文献出版社 2014 年版，第 513 ~ 514 页。

产力布局优化，减缓经济周期波动影响，防范区域性、系统性风险，稳定市场预期，实现经济持续健康发展；建立健全以国家发展战略和规划为导向、以财政政策和货币政策为主要手段的宏观调控体系，推进宏观调控目标制定和政策手段运用机制化，加强财政政策、货币政策与产业、价格等政策手段协调配合，提高相机抉择水平，增强宏观调控前瞻性、针对性、协同性；在确立企业投资主体地位方面，除关系国家安全和生态安全、涉及全国重大生产力布局、战略性资源开发和重大公共利益等项目外，一律由企业依法依规自主决策，政府不再审批；保持经济发展、保护资源和保护生态环境的协调一致，把经济发展建立在生态可持续能力、社会公正和人民积极参与自身发展决策的基础上，积极推进社会主义市场经济的可持续发展；纠正单纯以经济增长速度评定政绩的偏向，加大资源消耗、环境损害、生态效益、产能过剩、科技创新、安全生产、新增债务等指标的权重，更加重视劳动就业、居民收入、社会保障、人民健康状况。

就有效的政府治理而言，它可以有效地解决政府失灵问题。要按照建立中国特色社会主义行政体制目标，深入推进政企分开、政资分开、政事分开、政社分开，建设职能科学、结构优化、廉洁高效、人民满意的服务型政府。政府必须简政放权，深化行政审批制度改革，最大限度减少中央政府对微观事务的管理，市场机制能有效调节的经济活动，一律取消审批，规范管理保留的行政审批事项，提高行政效率；加强发展战略、规划、政策、标准等制定和实施，加强市场活动监管，加强和优化公共服务，处理好中央政府和地方政府之间的关系；加强市场监管，保障公平竞争，维护市场秩序，对违反市场规则和破坏市场秩序的不法竞争者采取严厉的行政干预和法律处罚。政府治理的有效性，还表现在优化政府组织结构上。要优化政府机构设置、职能配置、工作流程，完善决策权、执行权、监督权既相互制约又相互协调的行政运行机制；要统筹党政群机构改革，理顺部门职责关系，积极稳妥地实施大部门制；要优化行政区划设置，严格控制机构编制，推进机构编制管理科学化、规范化、法制化。

市场在资源配置中起决定性作用、政府在市场经济发展中起积极作用，是社会主义市场经济运行中关于政府与市场的准确定位。为了使市场能够在资源配置中起决定性作用，政府就必须发挥好宏观调控和政府治理的作用。只有这样，市场经济才能健康运行和高效发展。

四、寻求有为政府与有效市场的结合

中国改革开放40多年社会主义市场经济的发展所取得的经济增长与制度优势的绩效，清楚地说明了政府与市场的关系是结构性发展的关系。中国在如何处理政府与市场关系上，向世界展示的是“有效市场”与“有为政府”的结合关系。推动有效市场和有为政府更好的结合是构建高水平社会主义市场经济体制的必由之路，有效市场和有为政府怎么才能更好的结合，是研究构建高水平社会主义市场经济体制的重大课题。

改革开放以来，中国经济体制改革的实践，说明了经济发展的核心问题就是处理好政府与市场的关系。也就是说，政府与市场的关系不是对立关系或竞争关系，而是一种互补关系，是有机协调的关系，对于经济的发展，二者不能偏执一端。中国在经济体制改革中，站在以人民为中心的立场上，为实现经济高质量发展的目标，既通过国家治理体系和治理能力的现代化推进政府做到有为，也通过各项制度优势的发挥强化

市场的有效。“有为政府”和“有效市场”的结合构成了处理好政府与市场关系的根本方法。这也正是党的二十大明确提出“构建高水平社会主义市场经济体制”的路径要求。

有为政府表现为法治政府、廉洁政府和服务型政府，主要是通过政府治理、转变政府职能来克服政府失效，通过公共政策来克服市场失灵，通过积极介入市场来促进市场进一步提高效率。有为政府在经济发展中可以提高整个经济社会的竞争力。有效市场则表现为在矫正了市场失灵基础上的有效率的市场。有为政府与有效市场的关系是一种协同配合、相互促进的关系，表现为政府与市场的结构性关系。这说明，政府与市场在经济发展中都是解决资源配置问题的特定制度安排，所有资源配置的实现都是政府与市场相互结合的结果，而它们的结合也是因为其各自有着自己的缺陷和不足，正是这些缺陷和不足促使它们有必要实现有机结合，成为相辅相成、不可分割的统一体，在经济发展中共同发挥作用。

在学术界，关于政府与市场的结构关系的研究，存在着不同的看法，但不管是“强政府—强市场”“弱政府—弱市场”，还是“强政府—弱市场”“弱政府—强市场”的哪一种看法，其实质就是一个政府与市场的准确定位问题。讲到底，就是在政府与市场呈现出的结构关系内部怎么厘清二者的边界问题，让政府更好有为，让市场更为有效。

从市场来说，在市场经济条件下，面对经济发展中必然存在的公共物品、外部性、垄断、不公正等市场失灵问题，政府不仅要伸出宏观调控之手，而且还必须伸出政府治理之手，行使部分资源配置的职能，来弥补市场在配置资源中的不足，矫正市场失灵的内容，引导市场朝着积极的方向发展。从中国的实践来看，中国特色社会主义市场经济的健康发展，以市场在资源配置中起决定性作用而决不是全部作用、市场在资源配置中的缺陷和失灵不可忽视的实践，向世界展现了中国智慧。党的二十大强调的“毫不动摇巩固和发展公有制经济，毫不动摇鼓励、支持、引导非公有制经济发展”“构建全国统一大市场，深化要素市场化改革，建设高标准市场体系”“完善产权保护、市场准入、公平竞争、社会信用等市场经济基础制度，优化营商环境”等①，就在于促进市场的有效发展。

从政府来说，在市场经济条件下，面对经济发展中可能存在的公共决策不合理、公众服务效率低、寻租腐败、挤出效应等政府失效问题，就需要政府必须明确自身的功能定位，在社会发展、经济增长过程中，既不干扰市场在资源配置中决定性作用的充分发挥，更重要的是，在尊重市场规律的基础上，为市场在资源配置中发挥决定性作用创造良好的外部环境，加强政府治理，调整战略策略和政策，发挥指导性作用，解决市场所无法解决的问题。从中国的实践来看，中国特色社会主义市场经济的健康发展，以科学的宏观调控和有效的政府治理的并用，向世界展现了中国智慧。党的二十大强调的“健全宏观经济治理体系，发挥国家发展规划的战略导向作用，加强财政政策和货币政策协调配合”“健全现代预算制度，优化税制结构”“深化金融体制改革，建设现代中央银行制度，加强和完善现代金融监管，强化金融稳定保障体系，依法将各类金融活动全部纳入监管，守住不发生系统性风险底线”“健全资本市场功能”等②，就在于促进政府更好地有为。

① 习近平：《高举中国特色社会主义伟大旗帜　为全面建设社会主义现代化国家而团结奋斗——在中国共产党第二十次全国代表大会上的报告》，人民出版社2022年版，第29页。

② 习近平：《高举中国特色社会主义伟大旗帜　为全面建设社会主义现代化国家而团结奋斗——在中国共产党第二十次全国代表大会上的报告》，人民出版社2022年版，第29～30页。

总的来说，理论和实践都证明，市场配置资源是最有效率的形式，但是，市场配置资源的有效性是需要市场以外的力量来保证的。因此，市场在资源配置中起决定性作用是对中国特色社会主义市场经济中市场的定位。这一关于市场的定位并不是对政府作用的弱化，相反则是要通过对政府作用范围、程度的正确界定来更好地发挥政府的作用，既防止政府作用的越位、错位，也避免政府作用的缺位、不到位。进一步说，科学的宏观调控和有效的政府治理则是对政府的定位，这是发挥中国特色社会主义市场经济体制优势的内在要求。

第九章

社会主义基本经济制度的新概括

中国特色社会主义进入新时代，在我国经济建设所取得的巨大成就的推动下，伴随社会主要矛盾的转化，社会主义基本经济制度有了重大的发展。所有制、分配制度、市场经济体制三者的有机结合、内在统一，构成了社会主义基本经济制度内涵的重大创新。社会主义基本经济制度的发展与创新，是中国共产党在改革开放的历史进程中，在新时代中国特色社会主义发展的征程中，经过不懈的努力长期探索的结果。中国共产党关于社会主义基本经济制度的新概括，既符合我国社会主义初级阶段社会生产力发展水平的要求，也体现了社会主义的优越性。

一、改革开放进程中社会主义基本经济制度的形成

社会主义基本经济制度的形成，基于新中国成立后通过社会主义革命的成就建立起的社会主义经济制度。从 1949 年 10 月中华人民共和国成立到 1956 年，我国在完成了新民主主义革命遗留下来的任务的同时，有步骤地实现了从新民主主义到社会主义的转变。在恢复了国民经济、开展了计划经济建设和完成了社会主义改造的基础上，建立起了社会主义经济制度。生产资料私有制改造的完成，使我国的社会经济结构发生了根本变化，社会主义经济成分占据绝对优势，生产资料公有制已经成为我国社会的经济基础，同时也基本上实现了按劳分配，社会主义经济制度的全面确立，实现了中国历史上最伟大、最深刻的社会变革，为改革开放后在社会主义现代化建设和社会主义市场经济的推进中确立社会

主义基本经济制度奠定了重要基础。

改革开放以后，中国共产党恢复了实事求是的思想路线，立足于我国初级阶段社会主义的实际，对计划经济体制和单一的公有制认识实现了思想突破，在推进社会主义市场经济体制中，对确立和完善社会主义基本经济制度作出了新的探索。从1978年党的十一届三中全会召开到2012年党的十八大召开，这30余年时间里，社会主义基本经济制度的形成，为新时代社会主义基本经济制度的新概括做了充分的准备。我们可对这段历史分阶段作出考察。

第一阶段：从党的十一届三中全会到党的十四大，中国共产党对社会主义基本经济制度的初步探索。我们党在领导改革开放和现代化建设中，提出并反复思考"什么是社会主义、如何建设社会主义"这一首要的基本的理论问题，强调坚持社会主义经济制度的关键就在于坚持生产资料公有制，从而明确了社会主义的根本任务是发展生产力。以此为基础，我们党深刻总结了中国社会主义建设曲折发展的历史经验和教训，分析了当代中国的发展状况，作出了中国处于社会主义初级阶段的科学判断。党的十三大明确提出，"我国正处于社会主义的初级阶段"，并从社会主义发展的全局高度强调："正确认识我国社会现在所处的历史阶段，是建设有中国特色的社会主义的首要问题，是我们制定和执行正确的路线和政策的根本依据。"[①] 我们党关于中国处于社会主义初级阶段的科学判断，是自觉坚持和发展社会主义经济制度的根本依据。

这一阶段，我们党把工作重点转移到以经济建设为中心的轨道上，提出了改革同生产力迅速发展不相适应的生产关系和上层建筑的任务，

① 《改革开放三十年重要文献选编》上，中央文献出版社2008年版，第474页。

并对非公有制经济作出了推进性发展。党的十一届六中全会在强调社会主义生产关系的发展并不存在一套固定模式的同时，提出了“国营经济和集体经济是我国基本的经济形式，一定范围的劳动者个体经济是公有制经济的必要补充”的论断①。党的十二大阐释了坚持国营经济主导地位和发展多种经济形式的问题。党的十三大则明确提出了社会主义初级阶段的所有制结构应以公有制为主体，在此前提下继续发展多种所有制经济的问题，认为非公有制经济是我国社会主义经济必要的和有益的补充。党的十四大把我国所有制结构明确定位于，以公有制包括全民所有制和集体所有制经济为主体，个体经济、私营经济、外资经济为补充，多种经济成分长期共同发展，不同经济成分还可以自愿实行多种形式的联合经营。这实际上可以看成是后来形成的社会主义基本经济制度的雏形。

特别要提到的是，中国共产党把经济体制改革的核心定位在正确处理计划和市场的关系问题上，明确了经济体制改革的整体思路，提出了社会主义市场经济的改革目标，推动了社会主义基本经济制度的形成。从我们党提出计划经济为主、市场调节为辅的原则，到公有制基础上的有计划的商品经济，再到计划和市场内在统一，反映了我们党基本确立了发挥市场机制作用的经济体制改革导向。在党的十三大提出的“国家调节市场，市场引导企业”这一新的经济运行机制作用下，国家对宏观经济的调控和管理由以直接调控为主转向了以间接调控为主，经济发展由计划机制和市场机制有机结合共同调节。我们党的这些探索，为社会主义基本经济制度的形成奠定了重要的基础。

---

① 《十一届三中全会以来党的历次全国代表大会中央全会重要文件选编》上，中央文献出版社 1997 年版，第 211 页。

第二阶段：从党的十四大到党的十五大，在中国特色社会主义伟大历史实践中形成了社会主义基本经济制度。党的十四届五中全会提出，“在积极促进国有经济和集体经济发展的同时，允许和鼓励个体、私营、外资等非公有制经济发展，并正确引导、加强监督、依法管理，使它们成为社会主义经济的必要补充”[①]。这就进一步说明了作为“必要补充”的非公有制经济的发展，必须是在公有制经济的引导、监督、管理下的发展。党的十五大首次提出社会主义基本经济制度概念，即“公有制为主体、多种所有制经济共同发展是我国社会主义初级阶段一项基本经济制度”。社会主义基本经济制度的提出，在中国共产党经济思想发展史上具有突破性进展。首先，明确了我国社会制度的性质是社会主义社会，是初级阶段的社会主义社会，社会主义基本经济制度是我国初级阶段的社会主义基本经济制度。其次，明确了公有制经济的含义，即“公有制经济不仅包括国有经济和集体经济，还包括混合所有制经济中的国有成分和集体成分”。再次，明确了公有制主体地位的体现，即“公有资产在社会总资产中占优势；国有经济控制国民经济命脉，对经济发展起主导作用”[②]。公有资产占优势，既要有量的优势，更要有质的优势；国有经济起主导作用，主要是体现在控制力上。最后，明确规定了我国经济体制改革的重点和方向，要改公有制经济发展中存在的弊端，根据现有生产力发展状况，改非公有制经济不发展的问题，使公有制经济与非公有制经济共同发展，对不适合生产力发展的制度和政策进行改革，促进社会主义社会的进步和发展。

需要着重说明的是，党的十五大在实行社会主义基本经济制度方面

① 《改革开放三十年重要文献选编》上，中央文献出版社 2008 年版，第 826 页。
② 《改革开放三十年重要文献选编》下，中央文献出版社 2008 年版，第 900 页。

提出了两个新观点。第一，区分公有制与公有制的实现形式。“公有制实现形式可以而且应当多样化。一切反映社会化生产规律的经营方式和组织形式都可以大胆利用。要努力寻找能够极大促进生产力发展的公有制实现形式”①，公有制的实现形式除股份制、股份合作制外，为进一步提高公有制经济的质量，混合所有制经济要有所发展。探寻公有制实现形式的关键在于，更好地发挥公有制的优越性，增强国有经济的控制力。第二，非公有制经济是我国社会主义市场经济的重要组成部分。“对个体、私营等非公有制经济要继续鼓励、引导，使之健康发展。”②这就使得非公有制经济的地位和作用从“社会主义经济的必要补充”，进一步明确为“社会主义市场经济的重要组成部分”，说明了非公有制经济在满足人们多样化的需要，增加就业，促进社会主义现代化建设中有着重要作用。

1999 年 3 月，全国人大九届二次会议在修改 1982 年的《中华人民共和国宪法》时，将社会主义基本经济制度正式写入宪法。这意味着，经过改革开放 20 年的探索，社会主义基本经济制度正式以法律形式确定下来。社会主义基本经济制度的形成，反映了中国共产党对经济体制改革经验的科学总结，对社会主义所有制理论的重大创新。

第三阶段：从党的十五大到党的十八大，在中国特色社会主义实践发展推动下，社会主义基本经济制度进一步得到完善。社会主义基本经济制度的实行，有效消除了由于所有制状况不合理束缚生产力发展的羁绊，大大解放和发展了生产力。党的十六大明确提出，要“根据解放和发展生产力的要求，坚持和完善公有制为主体、多种所有制经济共同

①② 《改革开放三十年重要文献选编》下，中央文献出版社 2008 年版，第 901 页。

发展的基本经济制度”[①]。为此，党的十六大提出了两个“毫不动摇”、一个“统一于”。毫不动摇地巩固和发展公有制经济，是坚持和完善社会主义基本经济制度必须遵循的一条重要原则。公有制经济主导着社会主义基本经济制度的发展方向，公有制经济的巩固和发展，意味着国有经济的发展壮大，国有经济控制国民经济命脉，对于发挥社会主义制度的优越性，增强我国的经济实力、国防实力和民族凝聚力，具有关键性作用。毫不动摇地鼓励、支持和引导非公有制经济的发展，是社会主义初级阶段坚持和完善基本经济制度必须要实行的一条原则。党的十六大明确作出了“完善保护私人财产的法律制度”重要论断，从而给非公有制经济的发展提供了法律保护的环境。坚持公有制为主体，促进非公有制经济发展，统一于社会主义现代化建设的进程之中。也就是说，公有制经济和非公有制经济虽然在性质上根本不同，但是，在社会主义现代化建设的进程中，二者并不是完全对立的关系，它们可以通过优势互补，相互促进、共同发展。

党的十六届三中全会通过的《中共中央关于完善社会主义市场经济体制若干问题的决定》，从推行公有制的多种有效实现形式、大力发展和积极引导非公有制经济、建立健全现代产权制度三个方面，对如何坚持和完善社会主义基本经济制度作了部署。之后，国有经济进入了优化布局和结构的新阶段，集体经济进入了新的发展阶段，非公有制经济进入了迅速发展阶段。2005 年 2 月，国务院正式下发了《关于鼓励支持和引导个体私营等非公有制经济发展的若干意见》，从此，我国的非公有制经济跨入了历史发展的新阶段。

---

① 《改革开放三十年重要文献选编》下，中央文献出版社 2008 年版，第 1252 页。

在这一阶段中，从党的十六大到党的十八大，社会主义基本经济制度的完善主要体现在两个方面。一是社会主义基本经济制度范畴内含着中国特色社会主义基本经济制度之意。在庆祝中国共产党成立 90 周年大会上，胡锦涛指出："中国特色社会主义制度，是当代中国发展进步的根本制度保障，集中体现了中国特色社会主义的特点和优势。我们推进社会主义制度自我完善和发展，在经济、政治、文化、社会等各个领域形成一整套相互衔接、相互联系的制度体系。"① 毫无疑问，在这一制度体系中，包含着公有制为主体、多种所有制经济共同发展的基本经济制度。二是在两个"毫不动摇"的基础上提出了"各种所有制经济的法律保护"问题。党的十七大在坚持两个"毫不动摇"的基础上，强调"坚持平等保护物权，形成各种所有制经济平等竞争、相互促进新格局"②。党的十八大进一步明确指出：要"保证各种所有制经济依法平等使用生产要素、公平参与市场竞争，同等受到法律保护"③。对各种所有制经济进行法律保护，保障所有市场主体的平等法律地位和发展权利，反映了中国共产党对社会主义基本经济制度的完善。

二、新时代社会主义基本经济制度的新探索

新时代，我国社会主要矛盾转化为人民日益增长的美好生活需要和不平衡不充分的发展之间的矛盾，反映了两个方面的要求。一是人民对一般物质文化的需要上升为对美好生活的追求，人民期待的是更好的教育、更稳定的工作、更满意的收入、更可靠的社会保障、更高水平的医

① 《十七大以来重要文献选编》下，中央文献出版社 2013 年版，第 436 页。
② 《十七大以来重要文献选编》上，中央文献出版社 2009 年版，第 20 页。
③ 《十八大以来重要文献选编》上，中央文献出版社 2014 年版，第 16 页。

疗卫生服务、更舒适的居住条件、更优美的环境、更丰富的精神文化生活。二是从生产力水平提高进一步提升到生产力发展的质量要求，要满足人民对美好生活的追求，要满足人民的期待，因而必须解决我国生产力发展中的不平衡不充分问题。立足社会主要矛盾的变化和经济高质量发展的要求，中国共产党对社会主义基本经济制度作了新的探索。

第一，关于社会主义所有制结构的新探索。进入新时代，中国共产党对社会主义所有制结构的新探讨主要有四个方面。一是新时代公有制经济。以公有制为主体，既说明了公有制经济存在于与非公有制经济共同发展的所有制结构之中，也说明了在这种所有制结构中公有制所居地位的主体性质，包括公有资产占优势，不仅仅是量的优势，更重要的是质的优势，以及国有经济总体上与市场经济相融合，运行质量和效益明显提升。2015 年 8 月发布的《中共中央、国务院关于深化国有企业改革的指导意见》，充分肯定了我国国有经济的主导作用。二是非公有制经济的发展。从党的十八届三中全会到党的二十大，都明确强调非公有制经济发展对推进中国特色社会主义的重要性，并提出了相应的措施，例如保护各种所有制经济产权和合法利益，废除对非公有制经济各种形式的不合理规定，清理有违公平的法律法规条款，消除各种隐性壁垒，等等。同时，对非公有制经济人士提出了“加强自我学习、自我教育、自我提升”的要求。三是处理好公有制经济与非公有制经济的关系。巩固好、发展好公有制经济，同鼓励、支持、引导非公有制经济发展不是对立的，而是有机统一的。公有制经济、非公有制经济应该相辅相成、相得益彰，而不是相互排斥、相互抵消。在社会主义经济发展中，坚持“两个毫不动摇”，既是强调它们发挥各自优势，相互促进、共同发展，同时也是强调它们不能相互替代。四是发展非公有资本控股的混合所有制企业。混合所有制经济是在社会主义基本经济制度不断完善的过程中逐步形成和发展起来的一种经济形式。进入新时代，随着全面深化改革的推进，党的十八届三中全会明确将混合所有制经济定位于“基本经济制度的重要实现形式”，并扩大了混合所有制经济的发展范围，即“允许更多国有经济和其他所有制经济发展成为混合所有制经济。国有资本投资项目允许非国有资本参股。允许混合所有制经济实行企业员工持股，形成资本所有者和劳动者利益共同体”①。随着非公有制经济发展政策措施的更加完善，鼓励发展非公资本控股的混合所有制企业成为趋势，而打破国有企业垄断、市场垄断、行业垄断和行政性垄断，给予民营企业公平的市场准入机会，解决民营企业进入“玻璃门”问题，提升民营企业的控股机会及地位，则是鼓励发展非公资本控股的混合所有制经济的必要路径。

第二，关于社会主义分配制度的新探寻。进入新时代，中国共产党对社会主义分配制度的新探寻主要有三个方面。一是坚持共享发展。党的十八大明确指出，收入分配制度的改革就是为了“实现发展成果由人民共享”。2015 年 10 月通过的《中共中央关于制定国民经济和社会发展第十三个五年规划的建议》强调：“共享是中国特色社会主义的本质要求。必须坚持发展为了人民、发展依靠人民、发展成果由人民共享，作出更有效的制度安排，使全体人民在共享发展中有更多的获得感，增强发展动力，增进人民团结，朝着共同富裕的方向稳步前进。”②党的二十大则更为明确地提出了“分配制度是促进共同富裕的基础性

① 《十八大以来重要文献选编》上，中央文献出版社 2014 年版，第 515 页。
② 《十八大以来重要文献选编》中，中央文献出版社 2016 年版，第 793 页。

制度”的论断。[①] 坚持共享发展，必须解决好收入分配问题，从而通过注重解决发展过程中出现的各种现实问题与矛盾，实现发展的公平正义。二是公平与效率问题。进入新时代，社会主要矛盾的转化，意味着人们对收入分配的要求从单纯的数量向质量转变。我们党在坚持和完善按劳分配为主体、多种分配方式并存的分配制度中，创造性地提出了正确处理好“双同步”的关系。党的十九大明确提出，“坚持在经济增长的同时实现居民收入同步增长、在劳动生产率提高的同时实现劳动报酬同步提高”[②]。党的二十大明确指出：“努力提高居民收入在国民收入分配中的比重，提高劳动报酬在初次分配中的比重。”[③] “双同步”反映了全国社会经济发展水平提升与人民群众收入水平提高的统一性，强调了人民群众是收入分配的获利者，在社会经济发展中有充分的获得感，体现了实现全体人民共同富裕是实行按劳分配为主体，多种分配方式并存的分配制度的目标，只有通过正确处理好“双同步”的关系才能达到正确处理好效率和公平关系的目的，只有在高质量发展中实行的分配制度，才能真正促进共同富裕。三是形成收入分配格局。收入分配制度是我国经济发展中一项带有根本性、基础性的制度，是我国经济体制改革中的重要环节。面对我国收入分配存在的问题，党的十八届三中全会提出要“扩大中等收入者比重，努力缩小城乡、区域、行业收入分配差距，逐步形成橄榄型分配格局”[④]。党的二十大对收入分配格局作出了确

---

① 习近平：《高举中国特色社会主义伟大旗帜　为全面建设社会主义现代化国家而团结奋斗——在中国共产党第二十次全国代表大会上的报告》，人民出版社 2022 年版，第 46 ~ 47 页。

② 《十九大以来重要文献选编》上，中央文献出版社 2019 年版，第 33 页。

③ 习近平：《高举中国特色社会主义伟大旗帜　为全面建设社会主义现代化国家而团结奋斗——在中国共产党第二十次全国代表大会上的报告》，人民出版社 2022 年版，第 47 页。

④ 《十八大以来重要文献选编》上，中央文献出版社 2014 年版，第 537 页。

定性的论述，即“坚持按劳分配为主体、多种分配方式并存，构建初次分配、再分配、第三次分配协调配套的制度体系”。[①] 这是我们党第一次把形成橄榄型分配格局作为收入分配制度改革的要求提了出来。扩大中等收入者比重是维持社会稳定与发展的基础。橄榄型分配格局正是一个以中等收入群体为主体，低收入群体和高收入群体比重都比较小的收入分配格局。在构建橄榄型分配格局中，通过对低收入群体进行帮扶，对高收入群体进行调控，从而使得社会大部分成员都能够获得相对富足的收入与平等的发展机会。

第三，关于社会主义市场经济体制改革的新思路。进入新时代，中国共产党提出了社会主义市场经济体制改革的新思路。一是坚持社会主义市场经济改革方向。党的十八大以来，以加快完善社会主义市场经济体制为目标的新一轮经济体制改革全面展开，坚持社会主义市场经济改革方向成为主题。党的十八届三中全会提出，在全面深化改革中“坚持社会主义市场经济改革方向”[②]。也就是说，坚持社会主义市场经济改革方向，不仅是经济体制改革的基本遵循，也是全面深化改革的重要依托。加快发展社会主义市场经济，要与加快发展社会主义民主政治、先进文化、和谐社会、生态文明相协同。党的十八届四中全会通过的《中共中央关于全面推进依法治国若干重大问题的决定》，在谈到加强重点领域立法问题时对社会主义市场经济与法治的关系作了科学判断，即“社会主义市场经济本质上是法治经济”，反映了我们党在完善社会主义市场经济体制中的又一次重大理论创新，以及对市场经济基

① 习近平：《高举中国特色社会主义伟大旗帜　为全面建设社会主义现代化国家而团结奋斗——在中国共产党第二十次全国代表大会上的报告》，人民出版社 2022 年版，第 47 页。

② 《十八大以来重要文献选编》上，中央文献出版社 2014 年版，第 512 页。

本规律认识的进一步深化。二是政府和市场关系的新定位。坚持社会主义市场经济改革方向，核心问题是处理好政府和市场的关系。党的十八届三中全会适时地作出了“使市场在资源配置中起决定性作用和更好发挥政府作用”的科学认识。这一关于政府和市场作用的科学定位，既是实践发展的要求，也反映了中国共产党对市场规律认识和驾驭能力的不断提高，有利于在全党全社会树立关于政府和市场关系的正确观念，有利于转变经济发展方式，有利于转变政府职能，有利于抑制消极腐败现象。三是完善社会主义市场经济体制。社会主义市场经济体制的不断发展，已经能够在相当程度上发挥经济稳定器作用。但是，依然还存在着不少问题，特别是存在着社会主义市场经济发展的一些体制机制障碍。新时代，完善社会主义市场经济体制必须要打破体制机制的障碍，构建市场机制有效、微观主体有活力、宏观调控有度的运行机制。以习近平同志为主要代表的中国共产党人，在对社会主义市场经济发展中存在的体制机制障碍表现作了多方面探讨的基础上，对构建市场机制有效、微观主体有活力、宏观调控有度的社会主义市场经济的运行机制作出了探索。

三、社会主义基本经济制度的内容构成

基于对社会主义基本经济制度认识的不断深化，党的十九届四中全会通过的《中共中央关于坚持和完善中国特色社会主义制度推进国家治理体系和治理能力现代化若干重大问题的决定》，对社会主义基本经济制度的内涵作了新的概括，提出“公有制为主体、多种所有制经济共同发展，按劳分配为主体、多种分配方式并存，社会主义市场经济体制等社会主义基本经济制度，既体现了社会主义制度优越性，又同我国

社会主义初级阶段社会生产力发展水平相适应，是党和人民的伟大创造”[①]。这一新的概括，标志着社会主义基本经济制度更加成熟、更加定型。

第一，从所有制层面来看，公有制为主体、多种所有制经济共同发展，是社会主义基本经济制度的首要内容。它不仅规定了我国社会主义基本经济制度的性质，同时也对分配制度和市场经济体制起着决定性作用。

公有制经济和非公有制经济都是社会主义市场经济的重要组成部分，都是我国经济社会发展的重要基础。坚持公有制为主体、多种所有制经济共同发展，必须坚持两个“毫不动摇”。毫不动摇巩固和发展公有制经济，需要不断探索公有制多种实现形式，推进国有经济布局优化和结构调整，发展混合所有制经济；需要深化国有企业改革，完善中国特色现代企业制度，形成以管资本为主的国有资产监管体制，有效发挥国有资本投资、运营公司功能作用；需要深化农村集体产权制度改革，发展农村集体经济，完善农村基本经营制度。在公有制经济中，国有企业是中国特色社会主义的重要物质基础和政治基础，国有经济在关系国民经济命脉的关键领域和重要行业居于主导地位，对于增强综合国力，建设独立完整的工业体系和国民经济体系，加快基础设施和公共设施建设，保障和改善民生，促进我国经济持续快速发展等，都发挥着关键性作用。毫不动摇鼓励、支持、引导非公有制经济发展，是同我国社会生产力发展水平相适应的必然选择，需要健全支持民营经济、外商投资企业发展的法治环境；需要完善构建

① 《十九大以来重要文献选编》中，中央文献出版社 2021 年版，第 280 ~ 281 页。

亲清政商关系的政策体系，健全支持中小企业发展制度，促进非公有制经济健康发展和非公有制经济人士健康成长；需要营造各种所有制主体依法平等使用资源要素、公开公平公正参与竞争、同等受到法律保护的市场环境。在我国改革开放进程中迅速发展起来的非公有制经济，已成为城镇新增就业岗位的主渠道，对经济增长、国家税收、居民收入、内外贸易、科技创新等的贡献份额持续上升，在经济发展中发挥着不可或缺的作用。

实践证明，坚持两个“毫不动摇”，不仅是社会主义市场经济发展完善的必然要求，也是国家现代化建设的必然要求。

第二，从分配制度层面来看，按劳分配为主体、多种分配方式并存，是社会主义基本经济制度不可或缺的内容。它是所有制关系在收入分配领域中的实现，反映了生产成果的分配方式，同时也对所有制关系及其实现方式具有重要影响。我国实行的“公有制为主体、多种所有制经济共同发展”的所有制，决定了必须实行“以按劳分配为主体，多种分配方式并存”的分配制度，只有二者协同发力，才能使发展成果更多更公平地惠及全体人民。

坚持按劳分配为主体、多种分配方式并存的分配制度，必须处理好初次分配、再分配和第三次分配的关系。“坚持按劳分配为主体、多种分配方式并存，提高劳动报酬在初次分配中的比重，完善工资制度，健全工资合理增长机制，着力提高低收入群体收入，扩大中等收入群体。完善按要素分配政策制度，健全各类生产要素由市场决定报酬的机制，探索通过土地、资本等要素使用权、收益权增加中低收入群体要素收入。多渠道增加城乡居民财产性收入。完善再分配机制，加大税收、社保、转移支付等调节力度和精准性，合理调节过高收入，取缔非法收入。发挥第三次分配作用，发展慈善事业，改善收入和财富分配格局。”① 以市场机制为主导的初次分配，从按劳分配和按生产要素分配方面，以及对不完善的生产要素市场的规范等方面，扩大中等收入群体；以政府为主导的再分配，通过加大税收、社保、转移支付等调节力度并提高精准性，调节收入过高的群体；第三次分配以社会为主导，在习惯、道德的影响下，通过合法合规途径，以募集、捐赠和资助等慈善公益方式对社会资源和社会财富进行分配，驱使高收入企业和人群回报社会，以缩小社会差距。

坚持按劳分配为主体、多种分配方式并存的分配制度，必须处理好公平与效率的关系。党的十九届四中全会提出，要“健全劳动、资本、土地、知识、技术、管理、数据等生产要素由市场评价贡献、按贡献决定报酬的机制”②，说明了如何通过坚持按劳分配为主体、多种分配方式并存的分配制度处理好公平与效率的关系。劳动、资本、土地、知识、技术、管理、数据等生产要素在创造财富中发挥着重要作用，按贡献决定报酬，有利于扩大投资、增加就业、推动创新和经济高质量发展，做大“蛋糕”，增加可分配的财富。此外，还必须把完善市场机制和要素市场作为收入分配的重要内容。在社会主义市场经济条件下，各类生产要素对创造物质财富、国民收入的贡献，主要由市场机制形成和评价。因此，健全各类生产要素按贡献决定报酬的机制，必须推进要素市场化配置和要素价格市场化改革，防止垄断、不正当竞争等对要素市场扭曲造成的分配不合理。同时，政府也要合理调节各类生产要素及各行业各地区的分配关系。

---

① 《十九大以来重要文献选编》中，中央文献出版社 2021 年版，第 809 页。
② 《十九大以来重要文献选编》中，中央文献出版社 2021 年版，第 281 页。

把分配制度作为社会主义基本经济制度的重要组成部分，使劳动报酬以及股权、知识产权、数据产权等多种形式收入得到制度的有力保障，可以促进经济发展，提高人民收入水平，实现共同富裕。

第三，从经济体制层面来看，社会主义市场经济体制虽然是市场在国家宏观调控下对资源配置起决定作用的一种经济体制，但更是把社会主义基本经济制度和市场经济有机结合起来的一种经济体制。坚持公有制为主体、多种所有制经济共同发展的所有制，坚持以按劳分配为主体，多种分配方式并存的分配制度，作为社会主义市场经济体制的根基，在全面深化的经济体制改革实践中，使社会主义市场经济体制更为深入地与社会主义基本经济制度相兼容，社会主义基本经济制度在所有制关系和分配制度上的规定性，也更为实际地与市场经济体制相结合，生成了市场经济的基本经济制度属性。社会主义市场经济体制构成了社会主义基本经济制度的重要组成内容。改革开放以来的实践已经充分说明，社会主义市场经济体制的建立健全是以所有制关系和分配制度为前提和基础的，同时，所有制关系和分配制度也需要通过社会主义市场经济体制的不断完善来实现。

坚持和完善社会主义市场经济体制的制度规定性，一是要完善产权制度。健全归属清晰、权责明确、保护严格、流转顺畅的现代产权制度，健全以公平为原则的产权保护制度，依法平等保护各类产权，完善和细化知识产权创造、运用、交易、保护制度规则。二是要实行要素市场化配置。构建更加完善的要素市场化配置体制机制，加快建设统一开放、竞争有序的高标准市场体系。加快推进要素市场制度建设，重点健全土地、劳动力、资本、技术、数据等领域的制度和规则。稳步推进自然垄断行业改革，严格监管自然垄断环节，加快实现竞争性环节市场化，切实打破行政性垄断，防止市场垄断。完善公平竞争制度，强化竞争政策基础地位，加强和改进反垄断和反不正当竞争执法。健全外商投资准入前国民待遇加负面清单管理制度，推动规则、规制、管理、标准等制度型开放，建设更高水平开放型经济新体制。三是要处理好政府和市场的关系。一方面，要充分发挥市场在资源配置中的决定性作用，发挥市场机制对经济运行的调节作用，加快完善市场机制、市场结构，建设高标准市场体系，激发各类经济主体活力，促进经济高质量发展。另一方面，更好发挥政府作用，借助宏观调控等手段弥补市场失灵，有效防范市场失灵对经济发展造成负面影响。有效市场和有为政府的结合，推动经济发展质量变革、效率变革、动力变革。

社会主义基本经济制度是所有制、分配制度和经济体制三者的有机统一。以公有制为主体、多种所有制经济共同发展，决定社会主义生产关系性质，决定分配关系，也深刻影响经济体制及其运行；以按劳分配为主体、多种分配方式并存，既由所有制关系及其生产力发展水平决定，也对所有制关系及其实现方式的变革产生重要作用；社会主义市场经济体制既受所有制关系和分配制度影响，也对所有制关系和分配制度产生重要影响。三者紧密结合，相互联系、相互支持、相互促进，构成了社会主义基本经济制度的主要内容。社会主义基本经济制度的内容构成，是中国共产党对社会主义基本经济制度内涵作出的重要发展和深化，标志着我国社会主义基本经济制度更加成熟更加定型。

四、社会主义基本经济制度新概括的意义

社会主义基本经济制度是经济关系在制度上的表现，对经济发展方式具有决定性影响。纵观发展历程，社会主义基本经济制度是以马克思

主义政治经济学的当代发展为思想指导，以社会主义初级阶段社会经济关系为基本事实，以改革开放以来特别是党的十八大以来中国特色社会主义经济关系的发展为实践过程，逐步地走向成熟定型的。中国共产党以对社会主义基本经济制度的理论创新为逻辑起点，对新时代中国政治经济学体系的构建作出了理论升华。

第一，社会主义基本经济制度的新概括，为加强党对经济工作的领导、提升党的领导质量奠定了制度基础。中国共产党在革命、建设和改革的长期奋斗过程中对确立社会主义经济制度的探索，特别是对新时代成熟定型的中国特色社会主义基本经济制度的探索，充分体现了坚持和加强党对经济工作的领导，保持政治稳定，确保国家始终沿着社会主义方向前进的显著优势。党的二十大指出："全面建设社会主义现代化国家、全面推进中华民族伟大复兴，关键在党。"① 中国特色社会主义基本经济制度的成熟定型，在符合我国社会主义初级阶段社会生产力发展水平要求的基础上，充分发挥了社会主义经济制度的优势，体现了社会主义的优越性。在全面建设社会主义现代化国家、全面推进中华民族伟大复兴的征程上，中国特色社会主义基本经济制度完全可以从"毫不动摇巩固和发展公有制经济，毫不动摇鼓励、支持、引导非公有制经济发展，充分发挥市场在资源配置中的决定性作用，更好发挥政府作用"② 方面，为加强党对经济工作的领导、提升党的领导质量提供制度保障。

第二，社会主义基本经济制度的新概括，为新时代实现人民对美好

① 习近平：《高举中国特色社会主义伟大旗帜　为全面建设社会主义现代化国家而团结奋斗——在中国共产党第二十次全国代表大会上的报告》，人民出版社 2022 年版，第 63 页。

② 习近平：《高举中国特色社会主义伟大旗帜　为全面建设社会主义现代化国家而团结奋斗——在中国共产党第二十次全国代表大会上的报告》，人民出版社 2022 年版，第 29 页。

生活的向往，不断促进人的全面发展奠定了制度基础。中国特色社会主义进入新时代，人民对物质文化生活有了更高的追求，我们党把人民对美好生活的向往、不断促进人的全面发展作为奋斗目标。实现人民对美好生活的向往、促进人的全面发展，离不开经济发展提供的物质基础。我国社会主要矛盾中的发展不平衡不充分问题，已经成为满足人民日益增长的美好生活需要、促进人的全面发展的主要制约因素。进一步解放和发展生产力，提升我国经济发展水平，调整我国社会各领域的不平衡不充分发展状态，推动国民经济健康、有序、高效发展，就成为当前必须完成的任务。改革开放以来的实践已经充分证明，社会主义基本经济制度能够不断激发各种经济主体的动力和活力，极大地解放和发展社会生产力，为满足人民对美好生活的向往，促进人的全面发展提供制度保障。

第三，社会主义基本经济制度的新概括，为新时代让人民共享发展成果，实现共同富裕奠定了制度基础。随着第一个百年目标的实现，我国已经踏上全面建设社会主义现代化国家的新征程。在全面建设社会主义现代化国家的新征程上要让人民共享发展成果，全体人民共同富裕取得更为明显的实质性进展，是我们党矢志不渝的奋斗目标。让人民共享发展成果，是中国特色社会主义的本质要求，也是社会主义制度优越性的集中体现。“共同富裕是中国特色社会主义的本质要求”，在中国特色社会主义发展中，坚持让人民共享发展成果，着力增进人民福祉，就必须消除贫困、改善民生。中国共产党“坚持把实现人民对美好的生活的向往作为现代化建设的出发点和落脚点，着力维护和促进社会公平正义，着力促进全体人民共同富裕，坚决防止两极分化”①，是对以中

① 习近平：《高举中国特色社会主义伟大旗帜　为全面建设社会主义现代化国家而团结奋斗——在中国共产党第二十次全国代表大会上的报告》，人民出版社 2022 年版，第 22 页。

国式现代化全面推进中华民族伟大复兴的战略安排。社会主义基本经济制度的新概括，为促进共享、实现共同富裕增强了制度激励，提供了制度保障。

第四，社会主义基本经济制度的新概括，为建设社会主义现代化强国，实现第二个百年奋斗目标奠定了制度基础。“十四五”时期是我国开启全面建设社会主义现代化国家新征程、向第二个百年奋斗目标进军的第一个五年。正确认识和把握国家中长期经济社会发展规划中的重大关系，即“一是处理好继承和创新的关系，做好‘两个一百年’奋斗目标有机衔接。二是处理好政府和市场的关系，更好发挥我国制度优势。三是处理好开放和自主的关系，更好统筹国内国际两个大局。四是处理好发展和安全的关系，有效防范和应对可能影响现代化进程的系统性风险。五是处理好战略和战术的关系，制定出一个高瞻远瞩、务实管用的规划建议”①，对于全面建设社会主义现代化国家开好局、起好步，实现第二个百年奋斗目标，具有十分重要的意义。社会主义基本经济制度的新概括，从坚持“两个毫不动摇”，坚持按劳分配和按生产要素分配的结合，坚持有效市场和有为政府的结合等方面，为实现这一奋斗目标提供了制度保障。

第五，社会主义基本经济制度的新概括，为新时代中国政治经济学的深入研究作出了明确定位。在中国特色社会主义实践发展过程中形成并发展起来的新时代中国政治经济学，主要通过对社会主义经济关系的研究，揭示生产关系与生产力矛盾运动的规律，以推动生产关系的变革和完善，不断解放和发展生产力。因此，以社会主义基本经济制度的成

---

①《十九大以来重要文献选编》中，中央文献出版社 2021 年版，第 780～781 页。

熟定型为逻辑起点，可以将新时代中国政治经济学理论体系分为四个层面。一是基本经济制度层面，即中国特色社会主义的生产资料所有制、分配制度和市场经济体制，从而反映基本经济制度是一个逻辑严密的系统整体。二是经济发展层面，即社会主义市场经济运行中的企业、市场和宏观调控、经济发展质量与中国式现代化、新发展阶段新发展格局，从而反映基本经济制度与经济运行的有机统一。三是经济发展战略层面，即以新发展理念为价值引领，实施创新驱动发展战略、区域协调发展战略、乡村振兴战略，从而反映基本经济制度的全面落实。四是经济开放层面，即经济全球化的发展、构建开放型经济新体制、全球经济治理理念、人类命运共同体的构建，从而反映基本经济制度优越性体现出的中国智慧。

第十章

供给侧结构性改革与

经济新常态

供给侧结构性改革，是我国在经济发展新常态下推进中国特色社会主义经济发展的重大创新实践，是我国在全面深化改革进程中提高经济发展质量、提升综合国力竞争的重大抉择。以习近平同志为主要代表的中国共产党人在综合分析错综复杂的世界经济形势和我国经济呈现出的诸多结构性问题基础上，提出了“新常态”“供给侧结构性改革”的标识性范畴，阐释了供给侧结构性改革的内涵，明确了供给侧结构性改革的主攻方向，分析了供给侧结构性改革中问题解决的路径，形成了供给侧结构性改革理论。在我国经济发展迈向高质量发展阶段提出的供给侧结构性改革理论，是新时代中国政治经济学的重要内容，反映了中国共产党对社会主义经济发展规律的深层次揭示和对社会主义经济发展理论的创新性贡献。

一、新常态、供给侧结构性改革范畴

供给侧结构性改革理论的提出，经历了从提出和阐释“新常态”到明确经济发展进入新常态的根本任务，再到如何通过推进供给侧结构性改革引领新常态的发展过程。在这一过程中提出的“新常态”“供给侧结构性改革”，是供给侧结构性改革理论的标识性范畴。

2008 年国际金融危机爆发后，世界经济由危机前的快速发展期进入了深度转型调整期。全球性金融危机的爆发猛烈地冲击着世界经济，中国经济发展也受到了严重影响，国际市场动荡和外需相对收缩对我国经济增长形成了强大制约，2011年以后中国的经济增长速度开始下降，发展进程减缓。中国经济发展面临的风险和挑战，“主要是世界经济低速增长态势仍将延续，总需求不足和产能相对过剩的矛盾有所上升，企业生产经营成本上升和创新能力不足的问题并存，经济发展和资源环境的矛盾有所加剧”①。因此，“为了从根本上解决中国经济长远发展问题，必须坚定推动结构改革，宁可将增长速度降下来一些。任何一项事业，都需要远近兼顾、深谋远虑，杀鸡取卵、竭泽而渔式的发展是不会长久的”。“我们不再简单以国内生产总值增长率论英雄，而是强调以提高经济增长质量和效益为立足点。”“中国经济已经进入新的发展阶段，正在进行深刻的方式转变和结构调整。”② 2013年12月的中央经济工作会议作出了中国经济正处于“经济增长速度换挡期、结构调整阵痛期、前期刺激政策消化期‘三期叠加’”状况的重要判断，为后来习近平提出经济发展“新常态”奠定了基础。

“新常态”概念的首次提出是2014年5月，习近平在河南考察期间指出：“从当前我国经济发展的阶段性特征出发，适应新常态，保持战略上的平常心态。”③ 同年11月，在亚太经合组织工商领导人峰会上，习近平表示新常态将给中国带来新的发展机会。同年12月，在中央经济工作会议上，习近平则进一步全面地诠释了中国经济新常态的表现形式、特征以及新常态下国家的战略发展。自此，“新常态”就成为新时代中国政治经济学的一个标识性范畴。经济发展新常态，是综合分析国内外经济形势作出的关系中国特色社会主义经济全局发展的重大判断，

---

① 《习近平谈治国理政》，外文出版社2014年版，第111页。
② 《十八大以来重要文献选编》上，中央文献出版社2014年版，第436、437页。
③ 《习近平在河南考察时的讲话》，载于《人民日报》2014年5月11日。

也是对我国经济建设迈向高质量发展阶段的明确宣示。

新常态作为对我国经济发展阶段性特征的高度概括，反映了中国共产党对我国经济转型升级的规律性认识，也是制定当前及未来一个时期我国经济发展战略和政策的重要依据。新常态之所以“新”，一是体现在我国经济发展呈现若干新特征上，即“经济增长速度换挡期、结构调整阵痛期、前期刺激政策消化期”的“三期叠加”。“我国经济发展进入新常态，是我国经济发展阶段性特征的必然反映，是不以人的意志为转移的。”① 二是体现在以提高经济发展质量和效益为中心的价值取向上，即“走出一条质量更高、效益更好、结构更优、优势充分释放的发展新路，推动我国经济向形态更高级、分工更优化、结构更合理的阶段演进”②。不能把经济发展仅仅理解为数量增减、简单重复，是形而上学的发展观，看中国经济，不能只是看增长率。新常态的特征就在于，“增长速度要从高速转向中高速，发展方式要从规模速度型转向质量效率型，经济结构调整要从增量扩能为主转向调整存量、做优增量并举，发展动力要从主要依靠资源和低成本劳动力等要素投入转向创新驱动”③。新常态的这些特点，则是中国经济向形态更高级、分工更优化、结构更合理阶段演化的必经过程。

为引领新常态的发展，解决新常态下存在的经济问题，2015 年 11 月，习近平在中央财经领导小组第十一次会议上首次提出了“供给侧结构性改革”的命题，指出在适度扩大总需求的同时，着力加强供给侧结构性改革，着力提高供给体系质量和效率，增强经济持续增长动

---

① 《十八大以来重要文献选编》中，中央文献出版社 2016 年版，第 245 页。

② 习近平：《在吉林调研时的讲话》（2015 年 7 月 16 日 ~18 日），载于《人民日报》2015 年 7 月 19 日。

③ 参见《习近平关于社会主义经济建设论述摘编》，中央文献出版社 2017 年版，第 96 页。

力，推动我国社会生产力水平实现整体跃升。“供给侧结构性改革”成为新时代中国政治经济学的又一个标识性范畴，是我们理解和把握供给侧结构性改革理论的核心概念。推进供给侧结构性改革是我国经济发展进入新常态的根本任务，是坚持稳中求进工作总基调，促进经济高质量发展的根本举措。因此，在 2015 年的中央经济工作会议上，习近平同时也进一步论述了“对新常态怎么看”“对新常态怎么干”的问题。所有这些，不仅对我们怎么理解新常态，而且也对我们如何通过推进供给侧结构性改革引领经济发展新常态等问题有了清晰的认识。

2016 年 1 月，在省部级主要领导干部学习贯彻党的十八届五中全会精神专题研讨班上，习近平从历史长过程对经济发展新常态作了进一步论述，特别是针对党内外的一些模糊认识，对新常态给予了清晰的分析。同年 5 月，习近平在中央财经领导小组第十三次会议上的讲话中，从分析供给侧结构性改革的角度强化了中国经济发展进入新常态的意义。在 2016 年 12 月的中央经济工作会议上，习近平将“作出经济发展进入新常态的重大判断”看成是党的十八大以来中央所着重抓的三件大事之一，并在对国内经济发展存在问题的分析基础上，为我国经济发展探寻一条质量更高、效益更好、结构更优、优势充分释放的新路，对我国经济工作的理念、思路、着力点进行了重要调整。

如果说 2017 年之前，习近平主要是论述经济发展新常态，特别是对新常态“怎么看”的话，那么，2017 年之后习近平则主要从推进供给侧结构性改革角度论述了新常态“怎么干”的问题。2017 年 1 月，习近平在主持十八届中央政治局第三十八次集体学习时，把推进供给侧结构性改革与新常态联系起来作了重要讲话。他指出：“推进供给侧结构性改革是我国经济发展进入新常态的必然选择，是经济发展新常态下我国宏观经济管理必须确立的战略思路。”① 当前制约我国经济发展的因素主要是结构性的，供给和需求两侧都有，但矛盾的主要方面在供给侧，供给侧结构性改革是一场关系全局、关系长远的攻坚战。推进供给侧结构性改革，要处理好四个重大关系。一是政府和市场的关系。这是推进供给侧结构性改革的重大原则。既要遵循市场规律、善用市场机制解决问题，又要让政府勇担责任、干好自己该干的事。二是短期和长期的关系。要立足当前、着眼长远，从化解当前突出矛盾入手，从构建长效体制机制、重塑中长期经济增长动力着眼，既要在战略上坚持持久战，又要在战术上打好歼灭战。三是减法和加法的关系。减少低端供给和无效供给，去产能、去库存、去杠杆，为经济发展留出新空间。扩大有效供给和中高端供给，补短板、惠民生，加快发展新技术、新产业、新产品，为经济增长培育新动力。四是供给和需求的关系。二者要相互配合、协调推进。推进供给侧结构性改革，要用好需求侧管理这个重要工具，使供给侧改革和需求侧管理相辅相成、相得益彰，为供给侧结构性改革提供良好环境和条件。②

党的十九大提出了建设现代化经济体系是跨越经济由高速增长转向高质量发展关口的迫切要求和战略目标，这意味着新常态是需要通过建设现代化经济体系来完成的。2017 年 12 月的中央经济工作会议，在部署 2018 年的经济工作中强调围绕推动经济高质量发展，需要做好八项重点工作，而这八项重点工作都反映了中国经济发展新常态的要求。2018 年 1 月 30 日，习近平主持中央政治局集体学习，专门就建设现代

① 习近平：《在十八届中央政治局第三十八次集体学习时的讲话》（2017 年 1 月 22 日），载于《人民日报》2017 年 1 月 23 日。

② 参见习近平：《在十八届中央政治局第三十八次集体学习时的讲话》（2017 年 1 月 22 日），载于《人民日报》2017 年 1 月 23 日。

化经济体系问题提出了突出要抓好的五个方面的工作。同样，这五个方面的工作也都反映了中国经济发展新常态的要求。党的二十大则进一步提出："我们要坚持以推动高质量发展为主题，把实施扩大内需战略同深化供给侧结构性改革有机结合起来，增强国内大循环内生动力和可靠性，提升国际循环质量和水平，加快建设现代化经济体系，着力提高全要素生产率，着力提升产业链供应链韧性和安全水平，着力推进城乡融合和区域协调发展，推动经济实现质的有效提升和量的合理增长。"①实施扩大内需战略、加快构建新发展格局、加快建设现代化经济体系等，反映了经济发展新常态的要求。

二、供给侧结构性改革的内涵

"供给侧结构性改革"提出后，引起了国内外学术界的极大关注，许多学者撰文对供给侧结构性改革发表言论。有的学者从西方的供给经济学角度，把我国供给侧结构性改革的理论基础看成是西方供给经济学；有的学者只是从供给角度来解读供给侧结构性改革，淡化了供给与需求的关系；还有学者在对供给侧结构性改革的理解中导向了新自由主义。这些对于供给侧结构性改革的理解是有偏颇的，有的甚至是错误的。

首先，供给侧结构性改革与西方供给经济学不是一回事。供给经济学（Supply-Side Economics），又被译为供给学派经济学。20 世纪 70 年代，美国陷入"滞胀"，差不多同时，英国也陷入"滞胀叠加"的结构性问题之中。这种"滞胀"现象不仅对凯恩斯主义经济学构成了根本

① 习近平：《高举中国特色社会主义伟大旗帜　为全面建设社会主义现代化国家而团结奋斗——在中国共产党第二十次全国代表大会上的报告》，人民出版社 2022 年版，第 28～29 页。

性挑战，而且也造成了社会各界对自由派政策的不满。担任美国总统的里根，提出了“供给革命”，试图通过减税等方式促使经济走出衰退。里根的“供给革命”最终并没有解决资本主义经济所面临的问题。“西方供给学派兴起于上世纪七十年代。当时凯恩斯主义的需求管理政策失效，西方国家陷入经济‘滞胀’局面。供给学派强调供给会自动创造需求，应该从供给着手推动经济发展；增加生产和供给首先要减税，以提高人们储蓄、投资的能力和积极性。这就是供给学派代表人物拉弗提出的‘拉弗曲线’，亦即‘减税曲线’。此外，供给学派还认为，减税需要有两个条件加以配合：一是削减政府开支，以平衡预算；二是限制货币发行量，稳定物价。”①

西方供给学派批判凯恩斯主义只从需求角度出发为资本主义开药方的思路，提出要重新注重社会经济的供给，并从供给方面提出了一些政策与主张；供给学派明确提出“政府不是解决问题的办法，政府恰恰就是问题的所在”，主张通过大幅度地减税来支持企业发展、解除对部分行业的竞争管制激活市场机制、削减社会福利缩减政府规模、减少政府对经济活动的干预实现自由贸易。供给学派的错误在于，“供给学派强调的重点是减税，过分突出税率的作用，并且思想方法比较绝对，只注重供给而忽视需求、只注重市场功能而忽视政府作用”②。

西方供给学派的可取之处虽然在于，使人们摆脱了长期以来对以实施国家干预主义、拉动总需求为主要特征的凯恩斯主义经济学的推崇和依赖，为人们提供了一种分析经济形势、解决经济问题的新思路以及政策主张，但是，它在总体上是错误的，它以维护资本主义制度和资产阶

---

① 《十八大以来重要文献选编》下，中央文献出版社 2018 年版，第 172 页。
② 《十八大以来重要文献选编》下，中央文献出版社 2018 年版，第 173 页。

级意识形态为目的，它的理论主张和政策措施过于绝对化、具有片面性。我国的供给侧结构性改革不只是一个税收和税率的问题，而是针对推进农业现代化、加快制造强国建设、加快服务业发展、提高基础设施网络化水平的要求提出来的，是为了新的增长点而进行的。并且，我国的供给侧结构性改革是在坚持社会主义基本经济制度的基础上、在坚持社会主义市场经济改革的方向基础上推进的。“我们讲的供给侧结构性改革，同西方经济学的供给学派不是一回事”①，它完全不同于西方供给学派的理论和政策主张。

其次，供给侧结构性改革要强调供给与需求的结构关系。在西方资本主义发展的历史上，经济政策的实施不是强调供给就是强调需求。在对“供给侧结构性改革”的理解中，有些学者惯性地思维，把供给侧结构性改革看成是供给侧单方的改革。“我们提的供给侧改革，完整地说是‘供给侧结构性改革’。”其中，“结构性”这三个字十分重要，不管我们怎么叫它，“但不能忘了‘结构性’三个字”②。所谓“结构性”，并不是只看供给，或者只看需求，“我们讲的供给侧结构性改革，既强调供给又关注需求”，“供给和需求是市场经济内在关系的两个基本方面，是既对立又统一的辩证关系，二者你离不开我、我离不开你，相互依存、互为条件。没有需求，供给就无从实现，新的需求可以催生新的供给；没有供给，需求就无从满足，新的供给可以创造新的需求”③。供给侧结构性改革，既强调供给侧又关注需求侧，“供给侧和需求侧是管理和调控宏观经济的两个基本手段。需求侧管理，重在解决总量性问题，注重短期调控，主要是通过调节税收、财政支出、货币信贷

---

① 《十八大以来重要文献选编》下，中央文献出版社 2018 年版，第 172 页。
②③ 《十八大以来重要文献选编》下，中央文献出版社 2018 年版，第 173 页。

等来刺激或抑制需求，进而推动经济增长。供给侧管理，重在解决结构性问题，注重激发经济增长动力，主要通过优化要素配置和调整生产结构来提高供给体系质量和效率，进而推动经济增长”[①]。在供给侧结构性改革中，“放弃需求侧谈供给侧或放弃供给侧谈需求侧都是片面的，二者不是非此即彼、一去一存的替代关系，而是要相互配合、协调推进”[②]。

我国经济经过改革开放40多年的发展，特别是近10年的较高速发展后，已表现出越来越明显的结构性矛盾。“我国经济发展面临的问题，供给和需求两侧都有，但矛盾的主要方面在供给侧。”[③] 一是我国一些行业和产业在产能过剩的同时，大量的关键装备、核心技术、高端产品还依赖进口，我们没能掌握国内庞大的市场。二是我国农业的一些供给没能适应需求的变化，如牛奶，难以满足消费者对质量、信誉保障的要求；还如农产品，大豆生产缺口很大但玉米增产超过了需求增长，农产品库存过大。三是我国一些有大量购买力支撑的消费需求在国内得不到有效供给，消费者将大把钞票花费在出境购物、“海淘”购物上，购买的商品已经从珠宝首饰、名包名表、名牌服饰、化妆品等奢侈品向电饭煲、马桶盖、奶粉、奶瓶等普通日用品延伸。这些事例说明，我们面临的困难和问题是深刻的供给侧、结构性、体制性矛盾。

最后，供给侧结构性改革要坚持社会主义改革方向。我国的供给侧结构性改革不同于西方供给学派经济学，除了政策主张不同之外，最重要的是改革的制度基础不同。我国推行供给侧结构性改革，坚持的是社会主义市场经济改革方向，“坚持社会主义市场经济改革方向，不仅是

---

① 《十八大以来重要文献选编》下，中央文献出版社2018年版，第173～174页。

②③ 《十八大以来重要文献选编》下，中央文献出版社2018年版，第174页。

经济体制改革的基本遵循，也是全面深化改革的重要依托”①。坚持社会主义市场经济改革方向，就是坚持公有制为主体、多种所有制经济共同发展的基本经济制度，这一基本经济制度是社会主义市场经济体制的根基，因而也是供给侧结构性改革的根基。因此，在供给侧结构性改革中，必须大力发展公有制经济，做优做强国有企业，同时还必须积极支持非公有制经济，做精做细民营企业。那种认为供给侧结构性改革改的“僵尸企业”就是国有企业的说法是不合适的。

我国推行供给侧结构性改革，坚持的是以人民为中心的发展理念。供给侧结构性改革体现了对人民群众需求的满足。只有不断提供更多高质量产品满足人民群众的需要，增进人民福祉，促进人的全面发展，逐步实现共同富裕，只有推动我国各族人民共享发展成果，推动居民收入增长和经济增长同步、劳动报酬提高和劳动生产率提高同步，不断缩小收入差距，才能真正体现社会主义的本质要求。

三、供给侧结构性改革的方向

供给侧结构性改革的主攻方向，即改善供给结构，实现由低水平供需平衡向高水平供需平衡跃升。之所以如此，关键在于我国经济发展存在“四降一升”“三大失衡”的状况。

所谓“四降一升”，即经济增速下降、工业品价格下降、实体企业盈利下降、财政收入下降、经济风险发生概率上升。“经济增速下降”是经济发展进入新常态的典型特征，自 2012 年以来我国经济增长速度下降很快，2011 年 GDP 增速为 9.3%，2012 年直接降到 7.7%，

① 《十八大以来重要文献选编》上，中央文献出版社 2014 年版，第 552 页。

2016年基本滑到6.7%左右。“工业品价格下降”则是工业品出厂价格指数出现同比负增长，2016年1～8月民间固定资产投资增长2.1%，而此前一些年的情况则是民间投资基本上都有百分之十几甚至百分之二十几的增长，民间投资断崖式下跌是“工业品价格下降”的主要原因。“实体企业盈利下降”表现为2015年以来，工业企业利润总额持续负增长，较上年下降约5个百分点。“财政收入下降”表现在两个方面，一方面是形势最好的中央财政2015年才增长5.8%，而基层财政收入很多地方惨不忍睹；另一方面财政支出呈刚性增长，造成财政收支缺口不断加大，2016年财政赤字占GDP比重达到3%，财政缺口达5600亿元。与此同时，经济风险发生概率在上升。“四降一升”说明中国经济出现了需求不足所导致的通缩性下行的经济趋势，反映了供需结构错配矛盾。“这些问题的主要矛盾不是周期性的，而是结构性的，供给结构错配问题严重。需求管理边际效益不断递减，单纯依靠刺激内需难以解决产能过剩等结构性矛盾。”① 因此，必须把改善供给结构作为主攻方向，实现由低水平供需平衡向高水平供需平衡跃升。

所谓“三大失衡”，是从结构性角度对我国经济运行面临的突出矛盾和问题所作的深层次的理论概括。“我国经济运行面临的突出矛盾和问题，虽然有周期性、总量性因素，但根源是重大结构性失衡。”② 突出表现为“三大失衡”。第一，实体经济结构性供需失衡。我国有着十分强大的供给体系产能，但大多数还只能满足中低端、低质量、低价格的需求，这虽然同投资和出口主导的需求结构相匹配，却难以满足公众

---

① 《十八大以来重要文献选编》下，中央文献出版社2018年版，第175页。

② 参见《习近平关于社会主义经济建设论述摘编》，中央文献出版社2017年版，第113页。

日益升级的多层次、高品质、多样化的消费需求。尤其是想消费结构加快升级、出口需求和投资需求相对下降的情况下，供给结构已经很不适应需求的新变化。加上当前我国人口结构发生重大变化，老年人口比重上升，劳动年龄人口减少，中等收入群体扩大，供给体系不能适应需求。第二，金融和实体经济的失衡。改革开放以来，我国的金融业快速发展，金融机构、金融市场、科技金融等迅速发展，金融为中国经济的高速发展提供了强有力的支撑。但是，在实体经济结构性失衡、盈利能力下降的情况下，出现了金融脱实向虚的现象，大量资金在金融体系内自我循环，大量游资寻求一夜暴富，再加上监督人员与“金融大鳄”内外勾结，这不仅加大了金融体系的风险，还进一步加重了实体经济的融资困难，削弱了金融服务实体经济的基本功能。金融业在经济中的比重快速上升，而工业特别是制造业比重下降。第三，房地产和实体经济的失衡。房地产原本属于实体经济，但是用加杠杆的办法进行房地产投机就不一样了，特别是在实体经济结构性失衡的情况下，由于缺乏投资机会，加上土地、财税、金融政策不配套，城镇化有关政策和规划不到位，致使大量资金涌入房地产市场，投机需求旺盛，从而带动了一线城市和热点二线城市的房价过快上涨。房地产的高收益进一步诱使资金脱实向虚，导致经济增长、财政收入、银行利润越来越依赖于房地产的繁荣，从而推高了实体经济发展的成本。我国经济运行的“这‘三大失衡’有着内在因果关系，导致经济循环不畅。如果只是简单采取扩大需求的办法，不仅不能解决结构性失衡，反而会加剧产能过剩、抬高杠杆率和企业成本，加剧这种失衡。基于这个考虑，我们强调要从供给侧、结构性改革上想办法、定政策，通过去除没有需求的无效供给、创造适应新需求的有效供给，打通供求渠道，努力实现供求关系新的动态均衡”①。

抓住主攻方向推进供给侧结构性改革，可以概括为三个方面的基本要求。第一个基本要求是从根本目的上来说的，“根本目的是提高供给质量满足需求，使供给能力更好满足人民日益增长的物质文化需要，这是坚持以人民为中心发展思想的必然要求”②。第二个基本要求是从主攻方向上来说的，“主攻方向是减少无效供给、扩大有效供给，提高供给结构对需求结构的适应性”③。当前我国经济发展的重点就是“三去一降一补”，即去产能、去库存、去杠杆、降成本、补短板五大任务。这五大任务相互关联、环环相扣。去产能、去库存，是为了调整供求关系、缓解工业品价格下行压力，因为是为了企业去杠杆，既减少实体经济债务和利息负担，又在宏观上防范金融风险。降成本、补短板，是为了提高企业竞争力、改善企业发展外部条件、增加经济的潜在增长能力。第三个基本要求是从本质属性上来说的，“本质属性是深化改革。供给侧结构性矛盾的原因是要素配置扭曲，是体制机制障碍”④。国有企业改革、政府职能转变，以及价格、财税、金融、社保等领域的基础性改革问题，其中，特别是处置国有企业中的“僵尸企业”问题，是推进供给侧结构性改革的要求。

四、供给侧结构性改革的路径

推进供给侧结构性改革，是我国当前和今后一个时期经济发展和经

---

① 参见《习近平关于社会主义经济建设论述摘编》，中央文献出版社 2017 年版，第 114～115 页。

② 参见《习近平关于社会主义经济建设论述摘编》，中央文献出版社 2017 年版，第 105～106 页。

③④ 参见《习近平关于社会主义经济建设论述摘编》，中央文献出版社 2017 年版，第 106 页。

济工作的主线，是化解我国经济发展面临困难和矛盾的重大举措，也是培育增长新动力、形成先发新优势、实现创新引领发展的必然要求和选择。关于推进供给侧结构性改革的路径主要有以下几个方面。

第一，优化现有生产要素配置和组合，提高生产要素利用水平，促进全要素生产率提高，不断增强经济内生增长动力。供给侧是改革的主要方面，而供给侧的生产要素合理、有效配置则是重要内容。从生产端入手，提高供给体系质量和效率，无疑是有赖于生产要素利用水平的提高、全要素生产率的提高。生产要素利用水平的提高，意味着必须矫正以往过多依靠行政配置资源带来的要素配置扭曲，大力推进生产要素自由流动、实现资源重新配置，进一步提高资源配置效率。在推进供给侧结构性改革中，“全要素生产率”是衡量经济高质量发展的重要标尺。全要素生产率的提高，意味着从要素驱动、投资驱动转向创新驱动，它不仅依靠企业采用新技术、新工艺，开发新产品、新品牌，开拓新市场，优化组织结构，改善经营管理等进行，而且重要的是，必须让“创新驱动”成为增强经济内生增长动力的第一推手，让技术创新成为企业的核心竞争力。

在提高生产要素利用水平、全要素生产率中，必须要通过加大科技研发投入激发活力。通过推进科技体制机制改革创新，调动各类科研机构、科研人员创新积极性，通过加强科技研发服务体系建设，激发各类相关机构和人员的活力。必须补短板，“补短板不是简单增加投资，而是要从满足需求、增加有效供给出发，有去有补，有压有保。补短板要注重针对性和有效性，不能大水漫灌，不能当作一个筐，什么都往里装。要注重增强竞争力和发展后劲，注重结构优化升级，不能只考虑眼前的增长，更不能只顾短期利益”①。从全国来看，补短板的重点在于：一是加大脱贫攻坚力度；二是提高公共服务水平和质量；三是增强创新能力；四是培养创新性人才；五是加快生态文明建设；六是补齐产业链条短板；七是加强基础设施薄弱环节。还必须促升级。“我们要紧紧抓住经济调整的窗口期，扎扎实实推进供给侧结构性改革，推动经济结构不断优化、经济发展方式不断转变、经济增长动力加快转换。”② 在做加法的同时还必须做减法，运用市场机制、经济手段、法治方式，去产能、去库存、去杠杆，为经济发展留出新空间。

第二，优化现有供给结构，通过调整现有产品供给结构、提高产品和服务质量，从深层次上解决供给同需求错位问题，满足现有产品和服务需求。优化现有供给结构，提高产品和服务质量，不只是供给方的问题，而是供给方如何适应需求方来调整自身的问题，“我国不是需求不足，或没有需求，而是需求变了，供给的产品没有变，质量、服务跟不上。有效供给能力不足带来大量‘需求外溢’，消费能力严重外流”③。国人出国旅游“爆买”马桶盖、净化器、奶粉等就是实例。因此，看似是有效需求不足，实则有效供给不足。推进供给侧结构性改革，就必须“既强调供给又关注需求，既突出发展社会生产力又注重完善生产关系，既发挥市场在资源配置中的决定性作用又更好发挥政府作用，既着眼当前又立足长远”④。通过结构性的思维、采取结构性的方式，解决结构性失衡、供需错位问题。

---

① 参见《习近平关于社会主义经济建设论述摘编》，中央文献出版社 2017 年版，第 118～119 页。

② 参见《习近平关于社会主义经济建设论述摘编》，中央文献出版社 2017 年版，第 117 页。

③ 《十八大以来重要文献选编》下，中央文献出版社 2018 年版，第 174 页。

④ 《十八大以来重要文献选编》下，中央文献出版社 2018 年版，第 173 页。

优化现有供给结构，提高产品和服务质量的目的在于，提高供给结构对需求变化的适应性和灵活性，使我国的供给能力更好地满足广大人民日益增长、不断升级和个性化的物质文化和生态环境需要。当前，要以“破”“立”“降”为重点，推进经济结构优化，促进供需动态平衡。所谓“破”，就是大力破除无效供给，把处置“僵尸企业”作为重要抓手，推动化解过剩产能。所谓“立”，就是大力培育新动能，强化科技创新，推动传统产业优化升级，培育一批具有创新能力的排头兵企业。所谓“降”，就是大力降低实体经济成本，降低制度性交易成本，清理涉企收费，降低用能、物流成本。“破”“立”“降”为经济的高质量发展拓展了空间。提高产品和服务质量，要求树立质量第一的意识，在农产品、工业制成品、装备制造、工程建设、服务业等领域加强全面质量管理，提高质量治理能力。以市场需求为导向，突出市场主体地位，完善质量信号传导反馈机制，促进供需对接和结构优化。

第三，优化现有产品和服务功能，大力培育发展新产业和新业态，提供新的产品和服务，创造新的供给，以此创造新的需求。供给与需求是一对辩证关系，供给决定需求，需求也反作用于供给。在供给侧结构性改革中，使用需求变化改革供给，供给的改革又会创造新的需求。“从国际经验看，一个国家发展从根本上要靠供给侧推动。一次次科技和产业革命，带来一次次生产力提升，创造着难以想象的供给能力。当今时代，社会化大生产的突出特点，就是供给侧一旦实现了成功的颠覆性创新，市场就会以波澜壮阔的交易生成进行回应。”[①] 这不仅说明了供给能力的提升意味着生产能力的发展，而且也说明了在供给与需求的

① 《十八大以来重要文献选编》下，中央文献出版社 2018 年版，第 176 页。

关系中，供给决定着需求；更重要的是，也深刻地说明了创新发展的意义。推进供给侧结构性改革，必须牢固树立创新发展理念，只有推动新技术、新产业、新业态蓬勃发展，才能为经济持续健康发展提供源源不断的内生动力。

第十一章

推进经济高质量发展

经济高质量发展问题是新时代中国政治经济学的重要组成内容。以习近平同志为主要代表的中国共产党人站在新时代和全局战略的高度，对新时代我国经济已由高速增长转向高质量发展的特征作出准确判断；从新发展理念、新质生产力的发展“六稳”工作、“两个轮子”、新发展格局等方面，对经济高质量发展的基点作出正确把握；客观分析了在推进经济高质量发展中，如何通过打好“三大攻坚战”消除经济高质量发展的障碍；对经济高质量发展的取向即以人民为中心、强化民生服务作了科学定位。

一、新时代经济发展的新特征

中国特色社会主义进入了新时代，中国经济发展也进入了新时代。新时代的中国经济发展经受到了 2008 年国际金融危机爆发后世界经济的冲击，特别是全球经济增长在 2010 年反弹到 4.1% 后就连续 3 年下滑，国际市场动荡和外需相对收缩对我国经济增长形成了强大的制约，2011 年以后中国的经济增长速度开始下降，发展进程减缓。

党的十八大以来，新时代中国政治经济学阐述了中国经济发展所面临的风险与挑战，分析了中国经济发展存在的矛盾与问题，对中国经济发展的特征做出了准确的研判。根据我国社会主要矛盾变化和新发展理念的要求，我国经济已由高速增长转向高质量发展。党的十九大基于我国社会主要矛盾已经转化为“人民日益增长的美好生活需要和不平衡不充分的发展之间的矛盾”事实，以及创新、协调、绿色、开放、共享发展理念的要求，对我国所处的经济发展阶段做了准确的判断，即“我国经济已由高速增长阶段转向高质量发展阶段”①。2017 年 12 月，习近平在主持中共中央党外人士座谈会的讲话中，明确指出，“推动高质量发展是我们当前和今后一个时期确定发展思路、制定经济政策、实施宏观调控的根本要求”②。在随后召开的中央经济工作会议上，习近平又进一步强调必须围绕推动经济高质量发展来部署 2018 年的经济工作。同样，在 2019 年 12 月召开的中央经济工作会议上，习近平依然明确地为我国 2020 年经济发展定了“高质量发展”的调子，尽管 2020 年经济发展受到了抗击新冠肺炎疫情的影响，但是，经济“高质量发展”的目标和要求则坚定不移。2022 年 10 月召开的党的二十大则明确表明，“高质量发展是全面建设社会主义现代化国家的首要任务”③，并围绕“高质量发展”主题部署了各项具体任务。

我国经济已由高速增长阶段转向高质量发展阶段，这是对新时代我国经济发展特征作出的重大判断。这一重大判断奠定了中国经济朝着质量更高、效益更好、结构更优、优势充分释放方向发展的基础，构成了我们理解和把握推进经济高质量发展问题的前提。

二、推进经济高质量发展的基点

为推进经济高质量发展，坚持稳中求进成为中央经济工作的总基

---

① 《十九大以来重要文献选编》上，中央文献出版社 2019 年版，第 21 页。

② 《习近平主持党外人士座谈会强调　高质量发展必须真正落实》，载于《人民日报（海外版）》2017 年 12 月 9 日。

③ 习近平：《高举中国特色社会主义伟大旗帜　为全面建设社会主义现代化国家而团结奋斗——在中国共产党第二十次全国代表大会上的报告》，人民出版社 2022 年版，第 28 页。

调。这既体现了量的要求，说明速度的增长要符合当前发展阶段的要求，更体现了质的要求，说明稳定的经济增长环境是结构优化、动能转换、经济质量和效益提升的前提。只有在经济“稳”的基础上，才能通过解决结构性矛盾实现经济的高质量发展。党的二十大明确指出：“发展是党执政兴国的第一要务。没有坚实的物质技术基础，就不可能全面建成社会主义现代化强国。必须完整、准确、全面贯彻新发展理念，坚持社会主义市场经济改革方向，坚持高水平对外开放，加快构建以国内大循环为主体、国内国际双循环相互促进的新发展格局。”① 党的二十大对党的十九大以来科学把握新时代经济高质量发展的基点作出了总结和概括。

第一，以新发展理念引领经济高质量发展。新发展理念是基于我国经济由高速增长转向高质量发展的客观实际提出来的，是引领和推动经济高质量发展的价值体系和指导思想。它集中体现了新时代中国政治经济学对我国新的发展阶段所存在的社会、经济、生态环境等问题的思考，对经济社会发展规律认识的进一步深化，以及对社会主义本质要求和发展方向的科学把握。“推动高质量发展是做好经济工作的根本要求。高质量发展就是体现新发展理念的发展，是经济发展从‘有没有’转向‘好不好’。”② 这深刻说明了发展理念与经济发展阶段的适应性。当我国经济处于高速增长阶段，经济发展所要解决的是“有没有”“有多少”的问题，而当我国经济由高速增长转向高质量发展后，经济发展所要解决的则是“好不好”“优不优”的问题。因此，新时代抓经济

---

① 习近平：《高举中国特色社会主义伟大旗帜　为全面建设社会主义现代化国家而团结奋斗——在中国共产党第二十次全国代表大会上的报告》，人民出版社 2022 年版，第 28 页。

② 习近平：《坚持新发展理念打好“三大攻坚战”　奋力谱写新时代湖北发展新篇章》，载于《人民日报》2018 年 4 月 29 日。

的高质量发展，就必须更加坚定不移地贯彻新发展理念。

坚持新发展理念是党的经济工作的首要任务和重要目标。“全党要把思想和行动统一到新发展理念上来，努力提高统筹贯彻新发展理念的能力和水平，对不适应、不适合甚至违背新发展理念的认识要立即调整，对不适应、不适合甚至违背新发展理念的行为要坚决纠正，对不适应、不适合甚至违背新发展理念的做法要彻底摒弃。”① 如何以新发展理念引领经济高质量发展，一是要把注意力集中在解决各种不平衡不充分的问题上；二是树立全面的、整体的观念，遵循经济社会发展规律，重大政策出台和调整要进行综合影响评估，切实抓好政策落实，坚决杜绝形形色色的形式主义、官僚主义；三是把坚持贯彻新发展理念作为检验各级领导干部抓经济工作的一个重要尺度。这三个方面成为推进经济高质量发展的标尺。经济高质量发展是体现新发展理念的发展，“是创新成为第一动力、协调成为内生特点、绿色成为普遍形态、开放成为必由之路、共享成为根本目的的发展”②。

第二，以新质生产力推动经济高质量发展。习近平指出：“高质量发展需要新的生产力理论来指导，而新质生产力已经在实践中形成并展示出对高质量发展的强劲推动力、支撑力，需要我们从理论上进行总结、概括，用以指导新的发展实践。”③ 新质生产力是包含新质态要素的生产力，它以科技创新特别是颠覆性技术和前沿技术催生新产业、新模式、新动能为基础，代表着生产力水平的跃迁。劳动者的劳动能力在

---

① 习近平：《准确把握和抓好我国发展战略重点　扎实把“十三五”发展蓝图变为现实》，载于《人民日报》2016 年 1 月 31 日。

② 《十九大以来重要文献选编》上，中央文献出版社 2019 年版，第 139 页。

③ 《习近平在中共中央政治局第十一次集体学习时强调　加快发展新质生产力　扎实推进高质量发展》，载于《光明日报》2024 年 2 月 2 日。

科技创新推动下提升到新高度。掌握先进技术、知识和劳动技能，并能够从事科技创新、适应数字化智能化需要的劳动者，日益成为生产力中的革命性力量。劳动资料在新技术、新产业等的作用下发生新变革。人工智能、虚拟现实和增强现实设备、自动化制造设备等全新的物质技术手段，日益成为推动生产力发展的重要力量。劳动对象的范围和领域在科技创新推动下发生重要变化，出现了数智化设施、新材料、新能源等新的劳动对象。物质形态的高端智能设备、数据等非实体形态的新型生产要素，释放出巨大生产效能并日益成为生产力发展的驱动力量。新质生产力以劳动者、劳动资料、劳动对象及其优化组合的跃升为基本内涵，以全要素生产率大幅提升为核心标志，根据新时代经济发展实践，对马克思主义关于生产力要素的内涵作出了新的拓展和深化，对马克思关于"生产力中也包括科学"的概括作出了新的发展和具体化，成为马克思主义生产力理论中国化时代化的最新成果。

新质生产力是符合新发展理念的先进生产力质态。它以创新为主导，摆脱了传统经济增长方式、生产力发展路径，具有高科技、高效能、高质量特征。具体看，新质生产力是由技术革命性突破、生产要素创新性配置、产业深度转型升级而催生的先进生产力，需要加强科技创新特别是原创性、颠覆性科技创新，加快实现高水平科技自立自强，打好关键核心技术攻坚战；是统筹区域、城乡、物质文明和精神文明等各方面协调发展的先进生产力，需要正确处理发展中的重大关系，在增强国家硬实力的同时提升国家软实力，不断增强发展效能；是牢固树立和践行绿水青山就是金山银山理念、实现绿色发展的先进生产力，需要加快绿色科技创新和先进绿色技术在产业结构中的推广应用，构建绿色低碳循环经济体系；是奉行互利共赢开放战略、发展更高层次开放型经济的先进生产力，需要顺应我国经济深度融入世界经济的趋势，积极推进贸易自由化和便利化；是坚持共享发展、实现共同富裕的先进生产力，需要作出更有效的制度安排，使全体人民在共建共享发展中有更多获得感。新质生产力不仅代表着更高的发展效率和效能，而且会带来更高的生活品质和质量，丰富发展了马克思主义关于生产力与生产关系的基本原理。

运用新质生产力是推动经济高质量发展的内在要求和重要着力点。在新质生产力推动下，中国的发展将从过去主要依靠资源要素和劳动力低成本高强度投入的粗放式增长转向技术创新的集约型发展，从过去的传统生产要素驱动发展模式转向数据、人才等新型生产要素驱动的发展模式；中国的产业将从“做大”走向“做强”，中国将从“制造大国”走向“制造强国”；中国的生产方式将从传统的劳动密集型转向知识密集型，实现数字技术与实体经济的深度融合。新质生产力凸显的科学发现、技术突破和创新应用的集合，可以为我国从高速增长转向高质量发展提供全新动能；新质生产力所体现的科技创新对产业发展的支撑、牵引和带动，可以为我国从“大”走向“强”提供革新动力；新质生产力和新型生产方式的互动，可以为推进经济高质量发展提供强大动力。

第三，以“六稳”工作推进经济高质量发展。党的十九大在作出“我国经济已由高速增长阶段转向高质量发展阶段”判断的同时，针对我国经济发展中存在的结构性、体制性、周期性问题相互交织，“三期叠加”影响持续深化，经济下行压力加大等问题，面对世界大变局加速演变的特征日趋明显，全球动荡源和风险点显著增多的历史环境，对我国高质量发展的要求作出了明确阐释，即我国“正处在转变发展方式、优化经济结构、转换增长动力的攻关期，建设现代化经济体系是跨越关口的迫切要求和我国发展的战略目标”①。为此，多年来，每年年底召开的中央经济工作会议，都围绕推进“高质量发展”问题部署下一年的经济工作。

要推进经济高质量发展，必须全面做好“六稳”工作。所谓“六稳”，即稳就业、稳金融、稳外贸、稳外资、稳投资、稳预期。稳就业居于“六稳”之首。稳就业的任务，一是对就业困难人员及时提供就业指导和技能培训，确保他们就业有门路、生活有保障；二是重点解决好高校毕业生、退役军人、下岗职工、农民工、返乡人员等重点人群的就业问题；三是坚持就业优先战略，努力为人民群众创造更多的就业岗位。显然，稳就业对于推动实体经济发展具有重大意义。稳金融在“六稳”中地位突出。“面对未来全球系统性金融风险挑战，我们不但要确保金融安全网资源充足，也要让国际金融架构的代表性更加合理，更好反映世界经济现实格局。”② 为应对全球系统性金融风险的挑战，确保我国的金融安全，稳金融就在于继续实施稳健的货币政策，同时要深化金融供给侧结构性改革，缓解民营和中小微企业融资难融资贵问题。稳外贸不仅关乎中国发展，而且对全球经济也意义重大。“我们应该坚持以开放求发展，深化交流合作，坚持‘拉手’而不是‘松手’，坚持‘拆墙’而不是‘筑墙’，坚决反对保护主义、单边主义。”③ 稳外贸既要扩大进出口规模也要提升进出口质量。“我们不刻意追求贸易顺差，愿意进口更多国外有竞争力的优质农产品、制成品和服务，促进

---

① 《十九大以来重要文献选编》上，中央文献出版社 2019 年版，第 21 页。

② 习近平：《携手共进，合力打造高质量世界经济——在二十国集团领导人峰会上关于世界经济形势和贸易问题的发言（二〇一九年六月二十八日，大阪）》，载于《人民日报》2019 年 6 月 29 日。

③ 《习近平出席第二届中国国际进口博览会开幕式并发表主旨演讲》，载于《人民日报》2019 年 11 月 6 日。

贸易平衡发展。”[①] 稳外资即稳定和扩大利用外资，加强外商投资促进和保护，继续缩减外商投资负面清单。中国开放的大门不会关闭，只会越开越大。“中国将不断完善市场化、法治化、国际化的营商环境，放宽外资市场准入，继续缩减负面清单，完善投资促进和保护、信息报告等制度。”[②] 稳投资强调切实增加有效投资，释放国内市场需求潜力，各类政策形成合力，引导资金投向供需共同受益、具有乘数效应的先进制造、民生建设、基础设施短板等领域，促进产业和消费“双升级”。稳预期则是要求在经济发展中坚持稳字当头，坚持宏观政策要稳、微观政策要活、社会政策要托底的政策框架，提高宏观调控的前瞻性、针对性、有效性。“我们既要坚信中国的发展前途光明，又要充分认识到道路曲折、困难很多，发挥中国共产党领导和我国社会主义制度的政治优势，集中力量办大事，打好防范和抵御风险的有准备之战，打好化险为夷、转危为机的战略主动战。”[③] 完成“六稳”对推进经济高质量发展意义重大。

第四，以“两个轮子”确保经济高质量发展。要以创新驱动和改革开放为“两个轮子”，全面提高经济整体竞争力，加快现代化经济体系建设。创新驱动和改革开放作为确保经济实现量的合理增长和质的稳步提升的“两个轮子”，对于激发经济内生动力，加快经济高质量发展无疑具有“提速”作用。

在经济的高质量发展中，创新从理念到实践都并非是单向度的行

---

① 《十九大以来重要文献选编》中，中央文献出版社 2021 年版，第 21 页。

② 《习近平出席第二届中国国际进口博览会开幕式并发表主旨演讲》，载于《人民日报》2019 年 11 月 6 日。

③ 习近平：《扎扎实实推动经济高质量发展》，载于《人民日报》2019 年 7 月 31 日。

为。“创新是一个复杂的社会系统工程，涉及经济社会各个领域”[①]，它包括了“理论创新、体制创新、制度创新、人才创新等”[②]。在国际竞争日趋激烈和我国发展动力转换的形势下，只有把创新摆在国家发展全局的核心位置，“不断推进理论创新、制度创新、科技创新、文化创新等各方面创新”[③]，才能塑造更多依靠创新驱动、更多发挥先发优势的引领型发展。以创新驱动经济的高质量发展，既要坚持全面系统的观点，又要以主要领域和关键环节的突破带动全局；既要强化事关发展全局的基础研究和共性关键技术研究取得重大突破，又要以重大科技创新为引领，加快科技创新成果向现实生产力转化，增强我国经济整体素质和国际竞争力。

第五，以新发展格局推进经济高质量发展。构建新发展格局，是根据我国发展阶段、环境、条件变化作出的战略决策，是事关全局的系统性深层次变革，这一变革对于推进经济高质量发展意义重大。2020 年 10 月，党的十九届五中全会通过的《中共中央关于制定国民经济和社会发展第十四个五年规划和二〇三五年远景目标的建议》，提出了“加快构建以国内大循环为主体、国内国际双循环相互促进的新发展格局”。新发展格局中的“双循环”是“以国内大循环为主体”的双循环，这就说明，“双循环”不是平均的、也不是像过去那样以国际循环为主体；国内循环是主循环、是双循环的基础，国际循环是次循环、是国内循环的辅助和延伸。“国内循环越顺畅，越能形成对全球资源要素的引力场，越有利于构建以国内大循环为主体、国内国际双循环相互促

① 参见《习近平关于社会主义经济建设论述摘编》，中央文献出版社 2017 年版，第 35 页。
② 参见《习近平关于科技创新论述摘编》，中央文献出版社 2016 年版，第 4 页。
③ 《十八大以来重要文献选编》中，中央文献出版社 2016 年版，第 825 页。

进的新发展格局，越有利于形成参与国际竞争和合作的新优势。”① 明确“以国内大循环为主体”，就意味着要坚持扩大内需这个战略基点，依托强大国内市场，着力贯通生产、分配、流通、消费各个环节，推动金融、房地产同实体经济均衡发展，实现上下游、产供销有效衔接，促进农业、制造业、服务业、能源资源等产业门类协调；就意味着要打破行业垄断和地方保护，破除妨碍生产要素市场化配置和商品服务流通的体制机制障碍；就意味着要坚持以供给侧结构性改革为主线，优化供给结构，改善供给质量，提升供给体系对国内需求的适配性，形成需求牵引供给、供给创造需求的更高水平动态平衡，从而推进经济高质量发展。

改革开放是经济发展的关键一招，也是制胜一招。新时代，在“四梁八柱”的改革基本完成、重点领域和关键环节的开放取得了重大进展的情况下，以改革开放驱动经济高质量发展，就必须注重改革开放的系统性、整体性、协同性。供给侧结构性改革是习近平适应经济新常态提出的战略决策，也是引领我国经济高质量发展的政策主线。以改革为动力，降成本、补短板、提升供给体系质量和效率，切实做强实体经济。开放是国家繁荣发展的必由之路，经济要发展，就必须顺应经济深度融入世界经济的趋势，奉行互利共赢的开放战略，坚持内外需协调、进出口平衡、引进来和走出去并重、引资和引技引智并举，发展更高层次的开放型经济，积极参与全球经济治理和公共产品供给，提高我国在全球经济治理中的制度性话语权，构建广泛的利益共同体。

三、经济实现高质量发展的障碍

在新时代经济发展中，特别是在全面建成小康社会的过程中，打赢

① 习近平：《国家中长期经济社会发展战略若干重大问题》，载于《求是》2020 年第 21 期。

“三大攻坚战”即精准脱贫、污染防治和金融风险防范化解有着重要意义。在2020年全面建成小康社会的收官之年，“三大攻坚战”却遭遇到了新冠肺炎疫情的挑战，从而给经济高质量发展的推进带来了障碍。

第一，打赢精准脱贫攻坚战。这是决胜全面建成小康社会的重要部署，是建设社会主义现代化强国、实现中华民族伟大复兴的战略支点。在2020年新冠肺炎疫情增加了打赢精准脱贫攻坚战的难度、影响着决胜全面建成小康社会的紧要关头，以习近平同志为核心的党中央就决战脱贫攻坚问题作出了新决策新部署。

一是脱贫攻坚取得决定性成就。2020年3月，习近平在决战决胜脱贫攻坚座谈会上指出：“党的十八大以来，我们坚持以人民为中心的发展思想，明确了到二〇二〇年我国现行标准下农村贫困人口实现脱贫、贫困县全部摘帽、解决区域性整体贫困的目标任务。目前看，脱贫进度符合预期，成就举世瞩目。”① 脱贫攻坚目标任务接近完成、贫困群众收入水平大幅度提高、贫困地区基本生产生活条件明显改善、贫困地区经济社会发展明显加快、贫困治理能力明显提升、中国减贫方案和减贫成就得到国际社会普遍认可，如此等等，都说明了我国的脱贫攻坚取得了前所未有的成就。

二是打赢脱贫攻坚战面临的困难挑战。习近平精准分析了在2020年决胜全面建成小康社会中打赢脱贫攻坚战所面临的难题。对于全国还有52个贫困县未摘帽、2707个贫困村未出列、建档立卡贫困人口未全部脱贫的问题，他强调：“虽然同过去相比总量不大，但都是贫中之贫、困中之困，是最难啃的硬骨头。”② 对于新冠肺炎疫情带来的诸如

①② 《十九大以来重要文献选编》中，中央文献出版社2021年版，第457、460页。

外出务工受阻、扶贫产品销售和产业扶贫困难、扶贫项目停工等问题，他强调必须采取措施解决。对于已脱贫的地区和人口中存在产业基础比较薄弱、产业项目同质化严重、就业不够稳定等问题，他强调在已脱贫人口中要防范返贫风险，在边缘人口中要防范致贫风险。对于脱贫攻坚工作中存在的工作重点转移、投入力度下降、干部精力分散等现象，以及数字脱贫、虚假脱贫等问题，他强调必须采取有效措施加强脱贫攻坚工作。

三是确保打赢精准脱贫攻坚战的举措。针对位于西藏、新疆、甘肃、四川和云南的“三区三州”这类国家层面的深度贫困地区，习近平强调要加大政策、资金的倾斜支持力度，优化政策供给，强化措施落地，提升产业扶贫质量。针对疫情影响问题，习近平强调，疫情严重地区，在重点搞好疫情防控同时，统筹推进疫情防控和脱贫攻坚，而没有疫情或疫情较轻地区，则集中精力加快推进脱贫攻坚；要做好对因疫致贫返贫人口的帮扶，密切跟踪受疫情影响的贫困人口情况，及时落实好兜底保障等帮扶措施，确保他们基本生活不受影响。习近平提出了要在精准施策上出实招、在精准推进上下实功、在精准落地上见实效的思想。不仅扶贫对象、项目安排、资金使用精准，而且措施到户、因村派人、脱贫成效精准。在打赢精准脱贫攻坚战与乡村振兴的关系上，习近平指出：“脱贫摘帽不是终点，而是新生活、新奋斗的起点。”[①] 这既说明了打赢精准脱贫攻坚战，全面提升脱贫的稳定性和可持续性，是乡村振兴的关键，也强调了减贫战略和工作体系纳入乡村振兴战略的重要意义。

---

① 《十九大以来重要文献选编》中，中央文献出版社 2021 年版，第 463 ~ 464 页。

第二，打好污染防治攻坚战。良好的生态环境是全面建成小康社会的重要标杆，是衡量经济高质量发展的显著标志。污染防治攻坚战开展以来，生态环境质量持续改善，成效显著。但是，2020 年突如其来的疫情给打好污染防治攻坚战增添了难度。经济社会发展同生态环境保护的矛盾依然突出、资源环境承载能力已经达到或接近上限、环境风险防控能力还有不足等问题，成为经济社会可持续发展的瓶颈制约。面对这些问题，在全面建成小康社会的决胜关头，习近平对如何打好污染防治攻坚战作了精辟论述。

一是必须树牢“绿水青山就是金山银山”的绿色发展观，把握生态文明建设的规律。习近平把新时代生态文明建设概括为“四个一”，即“在‘五位一体’总体布局中生态文明建设是其中一位，在新时代坚持和发展中国特色社会主义基本方略中坚持人与自然和谐共生是其中一条基本方略，在新发展理念中绿色是其中一大理念，在三大攻坚战中污染防治是其中一大攻坚战”①。习近平的这一概括，深刻说明了绿色发展观对于推动我国经济高质量发展的重要意义。在全面建成小康社会遇到的难题和挑战面前，“在我国经济由高速增长阶段转向高质量发展阶段过程中，污染防治和环境治理是需要跨越的一道重要关口。要保持加强生态环境保护建设的定力，不动摇、不松劲、不开口子”②。既不能放宽放松，更不能走回头路，保持方向、决心和定力不动摇，是打好污染防治攻坚战的先导。

二是突出精准治污、科学治污、依法治污，推动生态环境质量持续好转。为打好污染防治攻坚战，习近平提出了精准治污、科学治污、依

①② 《习近平参加内蒙古代表团审议》，载于《人民日报》2019 年 3 月 6 日。

法治污的原则。精准治污，既在于精确定位影响环境质量和涉及污染扰民的突出环境问题及主要污染源，更在于精准发力，对症解决主要矛盾和深层次问题。科学治污，关键在于遵循客观规律，实事求是地采取科学手段，力求取得较好的治污效果。依法治污，则是严格依法审批、监管、治理、处罚、追责，把尊重法律与依法行政、创新工作、防治污染有机结合起来。“准确把握‘三个治污’，要害在精准，关键在科学，路径在依法。”① 以“实行最严格的生态环境保护制度”“全面建立资源高效利用制度”“健全生态保护和修复制度”“严明生态环境保护责任制度”为举措，聚焦绿色发展、生态保护与修复，构建政府为主导、企业为主体、社会组织和公众共同参与的环境治理体系，强化系统谋划、精准施策、攻坚保障，做到精准发力、科学施治、依法推动。

三是重点打好蓝天、碧水、净土保卫战，完善相关治理机制，抓好源头防控。打好蓝天、碧水、净土三大保卫战，是习近平在论述经济高质量发展中始终贯穿的思想。他强调，要采取更有效的政策措施，包括调整产业结构、实施水污染防治行动计划、落实土壤污染防治行动计划等，打好这场攻坚战。2020 年是打好污染防治攻坚战的决胜之年，打好蓝天、碧水、净土保卫战是推动经济高质量发展，补齐全面建成小康社会短板的不可忽缺的内容。

第三，打好防范化解金融风险攻坚战。金融是国家重要的核心竞争力，金融安全是国家安全的重要组成部分，金融制度是经济社会发展中重要的基础性制度。针对我国实体经济中结构性矛盾、金融服务实体经济能力不强、要素成本快速上升、创新能力不足、资源环境约束增强等

① 环境部：《关于在疫情防控常态化前提下积极服务落实“六保”任务　坚决打赢打好污染防治攻坚战的意见》。

问题，习近平就如何在推动经济高质量发展中，打好防范化解金融风险攻坚战作了系统性分析。

一是防范化解金融风险重中之重在于防止发生系统性金融风险，习近平把此项任务看成是金融工作的根本性任务。他认为，防范风险，重要的是防范系统性金融风险。为此，既要“加快金融市场基础设施建设，稳步推进金融业关键信息基础设施国产化”，“做好金融业综合统计，健全及时反映风险波动的信息系统，完善信息发布管理规则，健全信用惩戒机制”；也要“管住金融机构、金融监管部门主要负责人和高中级管理人员，加强对他们的教育监督管理，加强金融领域反腐败力度”“运用现代科技手段和支付结算机制，适时动态监管线上线下、国际国内的资金流向流量，使所有资金流动都置于金融监管机构的监督视野之内”；还要“完善金融从业人员、金融机构、金融市场、金融运行、金融治理、金融监管、金融调控的制度体系，规范金融运行”①。习近平关于防范系统性金融风险的系统性对策的提出，对于压实金融机构、金融管理部门各方责任，为防范化解系统性金融风险规定了方向和路径。

二是金融要回归本源，金融业的天职是为实体经济服务，习近平把此项举措看成是防范化解金融风险的根本性举措。他指出：“金融活，经济活；金融稳，经济稳。经济兴，金融兴；经济强，金融强。经济是肌体，金融是血脉，两者共生共荣。”② 习近平的这一重要论述，揭示了金融服务实体经济的本质属性，指明了理清金融与实体经济的关系对于防范化解金融风险的意义。针对我国金融业的市场结构、经营理念、

①② 习近平：《深化金融供给侧结构性改革　增强金融服务实体经济能力》，载于《人民日报》2019 年 2 月 24 日。

创新能力、服务水平与经济高质量发展不相适应的方面，习近平强调："我们要抓住完善金融服务、防范金融风险这个重点，推动金融业高质量发展。"① 一方面，防范化解金融风险要以实体经济的健康稳定发展为基础，在稳增长的基础上防风险；另一方面，防范化解金融风险，必须建立完善更加协调的金融监管制度。

三是充分发挥金融机构防范化解风险的主体作用，守住风险底线，提高防控能力。习近平强调，防范化解金融风险要守住底线打好基础，把防范化解经济重大风险变成加快推动经济高质量发展的动力。他提出了"六个要"，即要以金融体系结构调整优化为重点，优化融资结构和金融机构体系、市场体系、产品体系；要构建多层次、广覆盖、有差异的银行体系；要建设一个规范、透明、开放、有活力、有韧性的资本市场；要围绕建设现代化经济的产业体系、市场体系、区域发展体系、绿色发展体系等提供精准金融服务，构建风险投资、银行信贷、债券市场、股票市场等全方位、多层次金融支持服务体系；要适应发展更多依靠创新、创造、创意的大趋势，推动金融服务结构和质量来一个转变；要更加注意尊重市场规律、坚持精准支持，让市场在金融资源配置中发挥决定性作用。这"六个要"充分表达了金融业高质量发展对于实体经济发展的重要性。

全面小康社会通过打赢"三大攻坚战"顺利建成，为以高质量发展全面建设社会主义现代化国家奠定了基础。

① 习近平:《深化金融供给侧结构性改革　增强金融服务实体经济能力》，载于《人民日报》2019 年 2 月 24 日。

四、经济高质量发展的价值取向

经济高质量发展的根本目的就是改善民生、增进民生福祉。关心人民、最关注民生，多谋民生之利、多解民生之忧，在发展中补齐民生短板、促进社会公平正义，是新时代中国政治经济学强调高质量发展的根本立场和价值取向。

经济的高质量发展依靠人民，经济的高质量发展也是为了人民。"以人民为中心"是中国共产党部署经济工作、制定经济政策、推动经济发展的重要基础。带领人民创造美好生活是以习近平同志为核心的党中央始终不渝的奋斗目标。"要把人民放在心中最高位置"[①]"在任何时候任何情况下，与人民同呼吸共命运的立场不能变，全心全意为人民服务的宗旨不能忘，群众是真正英雄的历史唯物主义观点不能丢"[②]。经济发展最终都要看人民是否真正得到了实惠，人民生活是否真正得到了改善，人民权益是否真正得到了保障。因此，以人民的呼声为第一信号，以人民的需求为第一要务，以增进人民福祉为重要内容，以满足人民期待和实现人民愿望为己任，让改革发展成果更多更公平惠及全体人民，成为新时代中国政治经济学关于经济高质量发展理论和实践的重要导向。

民生问题是人民群众最关心、最直接、最现实的利益问题，事关国家发展、人民幸福。关注民生、重视民生、保障民生、改善民生，历来是中国共产党经济工作的重点。在全面建成小康社会决胜之年，以人民为中心，强化民生服务，更是推进经济高质量发展的出发点和归属点。

---

① 《十八大以来重要文献选编》下，中央文献出版社 2018 年版，第 352 页。
② 《十八大以来重要文献选编》上，中央文献出版社 2014 年版，第 309 页。

在推进经济高质量发展中，习近平部署的每项任务、每个举措，都贯穿了鲜明的民生导向。做好“六稳”工作、“两个轮子”驱动、打好“三大攻坚战”等都和民生直接有关。经济高质量发展的目的就在于确保民生得到有效改善和保障，这反映了新时代中国政治经济学基于人民，为了人民，向着人民，对人民负责，让人民获益的立场和思想理念。

民生是一项系统而复杂的工程，涉及就业、医疗、住房保障等方方面面。全面建成小康社会，全面建设社会主义现代化国家，把确保民生得到有效改善和保障的重点，定位在重点群体、困难群体和特殊群体上，强调要发挥政府作用保基本，注重普惠性、基础性、兜底性，做好关键时点、困难人群的基本生活保障，都反映了新时代中国政治经济学解决民生问题的针对性和有效性。

第一，就业是民生之本。“就业是最大的民生”，说明了就业与民生的关系。要让老百姓端稳饭碗，就必须通过就业，获得稳定的收入，只有安居乐业，才能促进社会的发展和稳定。从宏观上来说，就是“要坚持就业优先战略和积极就业政策，实现更高质量和更充分就业”①。高质量的就业就在于稳定就业总量、改善就业结构、突出抓好重点群体就业工作，确保零就业家庭动态清零。针对重点群体就业问题，新时代中国政治经济学强调要扎实做好下岗失业人员、高校毕业生、农民工、退役军人等重点群体就业工作，多渠道促进就业创业。开展“稳就业”行动，兜牢民生“底线”，可以不断增强人民群众的获得感、幸福感和安全感。在全面建设社会主义现代化国家新征程上，要实

① 《十九大以来重要文献选编》上，中央文献出版社 2019 年版，第 32～33 页。

施“就业优先战略”①，强化就业优先政策，健全就业公共服务体系，统筹城乡就业支持体系，健全终身职业技能培训制度，完善促进创业带动就业的保障制度，健全劳动法律法规。

第二，教育是民生之基。“建设教育强国是中华民族伟大复兴的基础工程，必须把教育事业放在优先位置，深化教育改革，加快教育现代化，办好人民满意的教育。”② 在全面建成小康社会中，新时代中国政治经济学对于农村教育存在着短板问题作出了决策。一是“要推进城乡义务教育一体化发展，缩小城乡教育资源差距，促进教育公平，切断贫困代际传递”③。二是对于城市务工人员特殊群体，要有效解决他们的子女上学难问题，保证城市务工人员的子女以流入地公办幼儿园和普惠性民办幼儿园为主接受学前教育，以公办学校为主接受义务教育，解决他们接受完成义务教育之后的中高考升学问题，让他们的子女享有平等的同城入学、同城升学的机会，以推进教育公平。在全面建设社会主义现代化国家新征程上，新时代中国政治经济学强调，要坚持教育优先发展，办好人民满意的教育。④ 坚持以人民为中心发展教育，加快建设高质量教育体系，发展素质教育，促进教育公平。

第三，社会保障是民生之安全网。“社会保障体系是人民生活的安全网和社会运行的稳定器。健全覆盖全民、统筹城乡、公平统一、安全

① 习近平：《高举中国特色社会主义伟大旗帜　为全面建设社会主义现代化国家而团结奋斗——在中国共产党第二十次全国代表大会上的报告》，人民出版社 2022 年版，第 47 页。

② 《十九大以来重要文献选编》上，中央文献出版社 2019 年版，第 32 页。

③ 《脱贫摘帽是新生活新奋斗的起点——习近平总书记陕西考察重要讲话引发热烈反响》，载于《人民日报》2020 年 4 月 26 日。

④ 习近平：《高举中国特色社会主义伟大旗帜　为全面建设社会主义现代化国家而团结奋斗——在中国共产党第二十次全国代表大会上的报告》，人民出版社 2022 年版，第 33、34 页。

规范、可持续的多层次社会保障体系。”① 在全面建成小康社会的进程中，在新冠肺炎疫情肆虐中国大地之时，新时代中国政治经济学强调，“要完善社会保障，做好低保工作，及时发放价格临时补贴，确保群众基本生活”②。对于老弱病残等缺乏劳动能力的群体，要综合运用社会救助、社会福利等保障措施，实现应保尽保，确保兜住基本生活底线；对于老年人群体，要确保养老金按时足额发放，加快推进养老保险全国统筹；还必须发挥市场供给灵活性优势，深化医疗养老等民生服务领域市场化改革和对内对外开放，增强多层次多样化供给能力，更好实现社会效益和经济效益相统一。在全面建设社会主义现代化国家的征程上，新时代中国政治经济学提出了完善基本养老保险全国统筹制度、实施渐进式延迟法定退休年龄、扩大社会保险覆盖面、促进多层次保险制度省级统筹等多方面的措施和要求。

第四，住房是民生之保障。“坚持房子是用来住的、不是用来炒的定位，加快建立多主体供给、多渠道保障、租购并举的住房制度。”③在全面建设社会主义现代化国家的新征程中，新时代中国政治经济学强调，对于城市困难群体的住房保障，不仅要加强城市更新改造，改善基础设施，而且要进行存量住房改造提升，加电梯、地下管网等，做好城镇老旧小区改造，同时还要大力发展租赁住房，全面落实因城施策，稳地价、稳房价、稳预期的长效管理调控机制，促进房地产市场平稳健康发展，更好地满足城市困难群体的住房需求。

---

①③　习近平：《高举中国特色社会主义伟大旗帜　为全面建设社会主义现代化国家而团结奋斗——在中国共产党第二十次全国代表大会上的报告》，人民出版社 2022 年版，第 48 页。

②《中共中央政治局召开会议　中共中央总书记习近平主持会议》，载于《人民日报》2020 年 4 月 18 日。

解决民生问题，既是经济高质量发展的需要，也是经济高质量发展的取向。新时代中国政治经济学把改善民生、增进民生福祉，特别是在关键时点上改善特定群体的民生，放在党的经济工作的突出位置，体现了新时代中国政治经济学是人民的经济学的重要特点。

第十二章

实施经济发展战略

战略

在我国经济由高速增长阶段转向高质量发展阶段，经济发展处于转变发展方式、优化经济结构、转换增长动力的攻关期，创新驱动发展战略、区域经济发展战略、乡村振兴战略等经济发展战略的实施，是建设现代化经济体系、朝着社会主义现代化强国迈进的战略支撑。抓创新就是抓发展。在创新中，依靠科技创新转换发展动力则是关键。创新推动中国制造向中国创造转变、中国速度向中国质量转变、中国产品向中国品牌转变。协调是发展手段与发展目标的统一，是发展两点论和重点论的统一，是发展平衡和不平衡的统一，是发展短板和潜力的统一。区域经济、城乡经济协调发展有助于增强中国经济发展的实力和后劲。

一、创新驱动发展战略

创新驱动发展战略是党的十八大依据我国经济社会发展面临的新形势，从全局发展战略高度提出的战略措施。实施创新驱动发展战略，有利于提高经济增长的质量和效益、加快经济发展方式转变，有利于加快实现由低成本优势向创新优势的转换，为我国持续发展提供强大动力，也有利于形成国际竞争新优势、增强发展的长期动力。2016 年，中共中央、国务院印发的《国家创新驱动发展战略纲要》，明确提出到 2030 年时，我国将跻身创新型国家前列；到 2050 年时，我国将成为世界科技创新强国。这对新时代加快实施创新驱动发展战略提出了目标性要求。

第一，创新驱动发展的双重任务。创新在驱动我国经济建设中的产业优化、基础设施建设，以及实现发展动力的转换、支撑现代化经济体系上具有针对性。实施创新驱动发展战略的总体战略规划把发展基点放在创新上，以科技创新为核心，以人才发展为支撑，推动科技创新与大众创业万众创新有机结合，塑造更多依靠创新驱动、更多发挥先发优势的引领型发展。创新成为发展的着力点，说明了经济发展的“老常态”路子、简单粗放发展的路子难以为继，关键要靠科技创新转换发展动力。

实施创新驱动发展战略，不能“脚踩西瓜皮，滑到哪儿算哪儿”，要抓好顶层设计。顶层设计要有世界眼光，找准世界科技发展趋势，找准我国科技发展现状和应走的路径，把发展需要和现实能力、长远目标和近期工作统筹起来考虑，有所为有所不为，提出切合实际的发展方向、目标、工作重点。实施创新驱动发展战略面临双重任务：一方面，我们要跟踪全球科技发展方向，努力赶超，力争缩小关键领域差距，形成比较优势；另一方面，我们要坚持问题导向，通过创新突破我国发展的瓶颈制约。这基本上反映了一个时期以来我国如何走出创新驱动发展的新路子。

在跟踪全球科技发展方向，努力赶超，力争缩小关键领域差距，形成比较优势方面，中国在未来一段时间里，能否把握住发展机遇，实现经济的跨越式发展，关键就在于能否形成比较优势、能否取得科技创新的突破性进展。在科技产业革命迅猛发展，国际竞争形势日益激烈，国内发展进入关键阶段，在世界各国纷纷制定国家战略抢占科技发展的制高点，试图通过科技创新实现社会经济的跨越式发展时期，我国作为世界上最大的发展中国家在经历了较长时期的高速增长之后，经济总量达到一定规模，但科技经济竞争能力与发达国家相比却存在较大差距，同时，在资源环境、劳动力成本等方面又失去了和世界上低收入国家相互竞争的优势，因此，跟踪全球科技发展方向，努力赶超发达国家，力争缩小关键领域差距，形成比较优势就显得尤为重要和必要。“实施创新驱动发展战略，最根本的是要增强自主创新能力，最紧迫的是要破除体制机制障碍，最大限度解放和激发科技作为第一生产力所蕴藏的巨大潜能。”① 走自主创新的道路，就是依靠我国科技人员的智慧和能力，夯实基础创新，增强原创能力，扭转当前技术对外依存过高的局面，努力赶超发达国家。不仅如此，“我们要按照主动跟进、精心选择、有所为有所不为的方针，提高技术认知力，加强独创性设计，发展独有的‘杀手锏’，确保不被敌实施技术突袭。对看准的，要超前规划布局，加大投入力度，加速赶超步伐”②。抢占科技创新发展先机，是习近平的重要思想。只有充分做好相应准备，全力抢占科技创新发展先机，才能促使我国在科技竞赛中由“跟跑者”向“并跑者”转变，从而力争做到“领跑者”。

第二，创新驱动发展突破瓶颈制约。在坚持问题导向，通过创新突破我国发展的瓶颈制约方面，我们看到，创新驱动发展不是纯思辨的产物，而是当今时代的现实问题倒逼产生的认识结果和解决问题的方向。中国当前的经济发展呈现出速度变化、结构优化、动力转换三大特点，存在着创新能力不强、科技发展水平总体不高、科技对经济社会发展的支撑能力不足、科技对经济增长的贡献率远低于发达国家水平的问题。抓住经济发展的特点和问题深入展开研究，是解决问题、探求发展路径

① 参见《习近平关于科技创新论述摘编》，中央文献出版社 2016 年版，第 16 页。
② 参见《习近平关于科技创新论述摘编》，中央文献出版社 2016 年版，第 49 ~ 50 页。

的前提。问题既是时代的声音，同时也是人们面临的客观上已显露出征兆与根据的历史任务。立足当前中国面临的发展特点、发展难题、发展需求和发展任务，实施创新驱动发展战略，着力解决制约经济持续健康发展的重大问题。通过全方位的创新，包括科技创新、产业创新、企业创新、市场创新、产品创新、业态创新、管理创新等，推动产学研结合和技术成果转化，加快科技成果向现实生产力的转化，“科技成果只有同国家需要、人民要求、市场需求相结合，完成从科学研究、实验开发、推广应用的三级跳，才能真正实现创新价值、实现创新驱动发展”[①]。通过全方位的创新，大力推进经济结构性战略调整，实现从以要素驱动、投资规模驱动发展为主转向以创新驱动为主。总之，“面对新形势新挑战，我们必须加快从要素驱动为主向创新驱动发展转变，发挥科技创新的支撑引领作用，推动实现有质量、有效益、可持续的发展。这是着眼全局、面向未来作出的重大战略调整，对我国未来发展具有十分重要的意义”[②]。坚持问题导向，通过创新突破我国发展的瓶颈制约，制约并引导着我国经济建设的活动方向，反映了社会发展规律的作用。

实施创新驱动发展战略“决定着中华民族前途命运。没有强大的科技，‘两个翻番’‘两个一百年’的奋斗目标难以顺利达成，中国梦这篇大文章难以顺利写下去，我们也难以从大国走向强国。全党全社会都要充分认识科技创新的巨大作用，把创新驱动发展作为面向未来的一项重大战略，常抓不懈”[③]。实施创新驱动发展战略，是在深刻把握新

① 参见《习近平关于科技创新论述摘编》，中央文献出版社 2016 年版，第 16 页。
② 参见《习近平关于科技创新论述摘编》，中央文献出版社 2016 年版，第 14 页。
③ 参见《习近平关于科技创新论述摘编》，中央文献出版社 2016 年版，第 25 页。

时代的历史任务、基本特征与发展走向的基础上认识世界、改造世界的根本出路。

第三，创新驱动发展的实践路径。实施创新驱动发展战略，不能“脚踩西瓜皮，滑到哪儿算哪儿”，不仅要抓好顶层设计，还必须抓好任务落实，找准我国科技发展的路径。近年来，我国实施创新驱动发展战略，已经基本形成了促进创新的政策体系。这一创新政策体系涵盖了科研机构、高校、企业、中介机构等各类创新主体，覆盖了从基础研究、技术开发、技术转移到产业化等创新链条的各个环节，包括了科技政策、财政政策、税收政策、金融政策、知识产权、产业政策、竞争政策、教育政策等多样化的政策工具。创新政策体系的构建对促进创新驱动发展战略的实施发挥了较好的作用。党的二十大提出了“加快实施创新驱动发展战略”的具体要求，即“坚持面向世界科技前沿、面向经济主战场、面向国家重大需求、面向人民生命健康，加快实现高水平科技自立自强。以国家战略需求为导向，集聚力量进行原创性引领性科技攻关，坚决打赢关键核心技术攻坚战。加快实施一批具有战略性全局性前瞻性的国家重大科技项目，增强自主创新能力。加强基础研究，突出原创，鼓励自由探索。提升科技投入效能，深化财政科技经费分配使用机制改革，激发创新活力。加强企业主导的产学研深度融合，强化目标导向，提高科技成果转化和产业化水平。强化企业科技创新主体地位，发挥科技型骨干企业引领支撑作用，营造有利于科技型中小微企业成长的良好环境，推动创新链产业链资金链人才链深度融合”①。

其一，构建制造业创新体系。国际金融危机以后，发达国家均把制

① 习近平：《高举中国特色社会主义伟大旗帜　为全面建设社会主义现代化国家而团结奋斗——在中国共产党第二十次全国代表大会上的报告》，人民出版社2022年版，第35~36页。

造业智能化作为主要战略方向，支持和推进制造业智能化发展，重塑制造业竞争优势，并以此为核心推动能源供给、交通运输、建筑家居、教育卫生等领域的智能化，进而实现整个社会的智能化。我国不能落伍，必须迎头赶上、奋起直追、力争超越，“西方国家都在讲‘再工业化’，实质上就是用新技术推动高端制造业发展。未来绿色化、智能化、柔性化、网络化的先进制造业，不仅会从源头上有效缓解资源环境压力，改变制造业‘资源消耗大户’‘污染大户’的面貌，而且会引发制造业及其相关产业链的重大变革”[①]。对于这一重大变革，中国必须牢牢把握产业革命的大趋势，瞄准世界产业发展制高点，以提高技术含量、延长产业价值链、增加附加值、增强竞争力为重点，发展战略性新兴产业，发展先进制造业，“在科技资源上快速布局，力争在基础科技领域作出大的创新，在关键核心技术领域取得大的突破”[②]。推进制造业智能化发展是增强制造业核心竞争力，构建制造业创新体系，加快建设制造强国的必由之路。要实现中国制造业从中国制造向中国创造转变，中国速度向中国质量转变，中国产品向中国品牌转变。创新驱动制造业发展，一是针对生产率低，开展效率驱动型创新，提高要素利用效率和生产力；二是针对有效供给不足，开展面向消费者的创新，满足市场多样化需求；三是针对转型升级的需要，以绿色技术和信息技术加强传统产业的技术改造，提升传统制造业的竞争力，积极培育新兴产业，形成新的经济增长点；四是针对关键技术制约，突破核心关键技术，提高整体竞争力。

其二，强化企业创新的主体地位。企业是经济活动的基本单元，也

---

① 参见《习近平关于科技创新论述摘编》，中央文献出版社 2016 年版，第 76 ~ 77 页。
② 参见《习近平关于科技创新论述摘编》，中央文献出版社 2016 年版，第 80 页。

是技术创新的重要载体。在经济转型过程中，企业又是新旧动能转换的关键所在。在从研发到产业化的科技创新过程中，企业是实现科技和经济紧密结合的重要力量。要“推动科技和经济社会发展深度融合，打通从科技强到产业强、经济强、国家强的通道”[①]，而在从科技强转变为产业强、经济强、国家强的过程中，企业发挥着至关重要的作用。经济主体与科技创新主体集于企业一体，使企业能够成为实现创新市场导向的基础、提升区域创新驱动力的重要保障、优化区域创新体系的关键环节。强化企业创新的主体地位，必须让企业“面向世界科技前沿、面向经济主战场、面向国家重大需求、面向人民生命健康”[②]。企业面向世界科技前沿，就是要瞄准科技创新的前沿阵地，关注理论的新突破和应用的新进展，深刻认识科技前沿的微小进步都蕴藏着巨大的经济潜能。企业面向经济主战场，就是要让数量巨大的小微型企业，发挥其灵活机动、反应迅速的特点，解决科技与社会的脱节问题。企业面向国家重大需求，就是指企业中的大中型企业要承担起保障国家战略安全、支撑民族未来发展的社会责任，提升国家的核心竞争力。企业面向人民生命健康，就是要面向百姓民生和大众需求，发展民生科技，为社会公众提供便利，为日常百姓提供福利。强化企业创新主体地位，一要建立健全各种创新激励制度，加强专利产权保护，营造公平、透明、公开的创新环境，激发企业创新动力；二要着力培育骨干龙头企业，使之发展成为创新的领军者和风向标，成为区域创新的“心脏”和“引擎”；三要加大政策创新力度，破解中小微企业创新发展的困境，助力科技型中小

---

① 参见《习近平关于社会主义经济建设论述摘编》，中央文献出版社 2017 年版，第 135 ~ 136 页。

② 习近平：《高举中国特色社会主义伟大旗帜　为全面建设社会主义现代化国家而团结奋斗——在中国共产党第二十次全国代表大会上的报告》，人民出版社 2022 年版，第 35 页。

微企业的快速成长；四要大力发展为企业创新提供技术服务与支持的新型研发组织，加快各类科技园、孵化器、创客空间、生产力促进中心以及科技市场等创新支持机构的建设与发展，着力培育企业创新支撑网络。

其三，优化产业结构。以创新推动产业结构由中低端产业向中高端产业转变，是新时代中国政治经济学的核心内容。“科技创新及其成果决不能仅仅落在经费上、填在表格里、发表在杂志上，而要面向经济社会发展主战场，转化为经济社会发展第一推动力，转化为人民福祉。要坚持产业化导向，加强行业共性基础技术研究，努力突破制约产业优化升级的关键核心技术，为转变经济发展方式和调整产业结构提供有力支撑。要以培育具有核心竞争力的主导产业为主攻方向，围绕产业链部署创新链，发展科技含量高、市场竞争力强、带动作用大、经济效益好的战略性新兴产业，把科技创新真正落到产业发展上。”① 推动产业结构由中低端产业向中高端产业转变，必须通过科技创新实现内涵式发展，实施《中国制造 2025》。一方面，促进互联网与传统产业深度融合，大力发展“互联网 +”行动计划，推动移动互联网、云计算、大数据、物联网等与现代制造业结合，坚持创新驱动、智能转型、强化基础，加快从制造大国向制造强国转变；对传统落后产业加大升级改造的力度，加大支持优势企业对落后企业优化重组的力度，通过市场竞争实现优胜劣汰；按照高端化、智能化、绿色化、服务化的方向，积极发展健康、养老、教育、旅游等服务业。另一方面，促进工业化和信息化深度融合，培育发展新产业，加快技术、产品、业态等创新，支持节能环保、

① 参见《习近平关于科技创新论述摘编》，中央文献出版社 2016 年版，第 97 页。

新一代信息技术、高端装备制造等产业成长；实施高端装备、信息网络、集成电路、新能源、新材料、生物医药、航空发动机、燃气轮机等重大项目，把一批新兴产业培育成主导产业。

其四，转变政府职能。实施创新驱动发展战略需要在政府的主导下有条不紊地进行，需要运用政府的力量集中全国上下各方面的资源，组织各个主体广泛参与、通力协作；需要处理好政府与市场的关系，充分发挥政府的管理职能。"政府要集中力量抓好少数战略性、全局性、前瞻性的重大创新项目。政府要做好加强知识产权保护、完善促进企业创新的税收政策等工作。要强化激励，用好人才，使发明者、创新者能够合理分享创新收益。要加快建立主要由市场评价技术创新成果的机制，打破阻碍技术成果转化的瓶颈，使创新成果加快转化为现实生产力。"①政府管理职能在这些方面的发挥，可以为创新驱动发展提供资金支撑和政策保障，可以有效调动国家权力和财税资源，同时也可以为创新驱动发展提供一个良好的环境。此外，"搞好科研力量和资源整合，健全同高校、科研院所、企业、政府的协同创新机制，最大限度发挥各方面优势，形成推进科技创新整体合力"②。进一步深化政产学研协同创新机制建设，明晰政产学研各主体功能定位、利益分配与风险分担，建立以企业为主导、高校与科研院所参与研发与利益分享、政府提供引导与市场服务的政产学研协同创新体系，加速创新产品市场化进程，对于创新驱动发展战略的实施具有重要的推动作用。

其五，优化人才成长空间。综合国力的竞争归根到底是人才的竞争，创新驱动发展的关键在人才。"要把科技创新搞上去，就必须建设

---

①② 参见《习近平关于科技创新论述摘编》，中央文献出版社 2016 年版，第 60 页。

一支规模宏大、结构合理、素质优良的创新人才队伍。”① 这支队伍的建设关键在改革与完善人才发展机制上。“一是要用好用活人才，建立更为灵活的人才管理机制，完善评价这个指挥棒，打通人才流动、使用、发挥作用中的体制机制障碍，统筹加强高层次创新人才、青年科技人才、实用技术人才等方面人才队伍建设，最大限度支持和帮助科技人员创新创业。‘千军易得，一将难求。’要大力造就世界水平的科学家、科技领军人才、卓越工程师、高水平创新团队。二是要深化教育改革，推进素质教育，创新教育方法，提高人才培养质量，努力形成有利于创新人才成长的育人环境。三是要积极引进海外优秀人才，制定更加积极的国际人才引进计划，吸引更多海外创新人才到我国工作。”② 培养人才、尊重人才，必须给予他们宽松的成长环境，关心和支持他们的工作和生活，加大有利于创新的基础设施建设。“要在全社会积极营造鼓励大胆创新、勇于创新、包容创新的良好氛围，既要重视成功，更要宽容失败，完善好人才评价指挥棒作用，为人才发挥作用、施展才华提供更加广阔的天地。”③ 可见，优化人才培养和成长的空间，形成创新型人才的规模优势，是实施创新驱动发展战略的重要保障。

二、区域经济发展战略

区域经济发展的不协调在新时代对推进我国区域经济发展提出了更高要求，以习近平同志为核心的党中央站在新的高度、用更加宽广的视野来审视区域经济发展问题审时度势，以新发展理念为引领，坚持问题导向，提出了包含“三大战略”和“四大板块”的区域协调发展新战

①② 参见《习近平关于科技创新论述摘编》，中央文献出版社 2016 年版，第 111 页。
③ 参见《习近平关于科技创新论述摘编》，中央文献出版社 2016 年版，第 118 页。

略。“三大战略”即为“一带一路”建设、京津冀协同发展、长江经济带发展。“三大战略”是我国经济进入新常态背景下，针对重点区域或特定区域制定的发展战略，它着眼于打破地域界线，实现一体联动和重点突破相统一，促进区域协调发展。

“一带一路”建设包含了“丝绸之路经济带”和“21 世纪海上丝绸之路”的建设。“丝绸之路经济带和二十一世纪海上丝绸之路倡议顺应了时代要求和各国加快发展的愿望，提供了一个包容性巨大的发展平台，具有深厚历史渊源和人文基础，能够把快速发展的中国经济同沿线国家的利益结合起来”[①]。“一带一路”贯穿欧亚大陆，东边连接亚太经济圈，西边进入欧洲经济圈。截至 2022 年底，我国已与 151 个国家、32 个国际组织签署 200 余份共建“一带一路”的合作文件。2022 年，我国与“一带一路”沿线国家的进出口规模创历史新高，占我国外贸总值的比重达 32.9%；与沿线国家的双向投资也迈上新台阶，涵盖多个行业。[②] 通过“一带一路”建设，传承和弘扬了丝绸之路精神，把我国发展同沿线国家发展结合起来，在更大范围、更高水平、更深层次上进行区域合作，打造开放、包容、均衡、普惠的区域合作框架。在促进“一带一路”建设方面，一是要在发展自身利益的同时，更多考虑和照顾其他国家的利益；二是要坚持正确义利观，以义为先、义利并举，不急功近利，不搞短期行为；三是要统筹我国同沿线国家的共同利益和具有差异性的利益关切，寻找更多利益交汇点，调动沿线国家积极性；四是要发挥政府把握方向、统筹协调的作用，同时发挥市场作用，构建以

① 参见《习近平关于社会主义经济建设论述摘编》，中央文献出版社 2017 年版，第 254～255 页。

② 参见《“一带一路”倡议十周年：为世界提供新机遇》，中国日报网，2023 年 2 月 11 日。

市场为基础、企业为主体的区域经济合作机制。“一带一路”建设的重点虽然在国外，但是根基在国内，不仅国内的发展是促进“一带一路”建设的根基，而且“一带一路”建设又是促进我国发展的重要契机。“开展合作要统筹国际国内两个市场、两种资源，特别是要重视发挥国内经济的支撑辐射和引领带动作用。要统筹‘走出去’和‘引进来’，鼓励国内企业到沿线国家投资经营，也欢迎沿线国家企业到我国投资兴业。双向开放才能实现更好的利益融合。”① “通过‘一带一路’建设把沿线国家团结起来，我们就可以在全球和地区大竞争中站稳脚跟、赢得主动。”② 因此，“一带一路”建设是从全球视野来思考产业链、能源链、供应链、价值链的发展问题的，增强的是中国的经济实力，促进的是中国及沿线国家乃至整个世界的共同发展。

京津冀协同发展是京津冀三地作为一个整体的协同发展，“总的看，京津冀协同发展意义重大。对这个问题的认识，要上升到国家战略层面。京津冀协同发展不仅仅是解决北京发展面临的矛盾和问题的需要，也不仅仅是解决天津、河北发展面临的矛盾和问题的需要，而且是优化国家发展区域布局、优化社会生产力空间结构、打造新的经济增长极、形成新的经济发展方式的需要，是一个重大国家战略”③。京津冀协同发展包括了产业一体化、城市群建设、生态环境保护合作、交通一体化等。产业一体化是京津冀协同发展的实体内容和关键支撑。“从北京、天津、河北现有经济结构看，如果各自封闭调整只会是小循环，加重分布不均衡问题，但若能搞好大挪移，做到互通有无、有效互补，对

① 参见《习近平关于社会主义经济建设论述摘编》，中央文献出版社2017年版，第279页。
② 参见《习近平关于社会主义经济建设论述摘编》，中央文献出版社2017年版，第276页。
③ 参见《习近平关于社会主义经济建设论述摘编》，中央文献出版社2017年版，第254页。

三地转变经济发展方式都能起到事半功倍的成效。”① 为了给京津冀协同发展提供便利，中央提出了“不要简单以国内生产总值增长率论英雄”的政策，强调以综合指标为考核标准，三地的产业规划要对接。

长江经济带发展是关系国家发展全局的重大战略。长江是中华民族的母亲河，也是中华民族发展的重要支撑。推动长江经济带发展必须从中华民族长远利益考虑，走生态优先、绿色发展之路，使绿水青山产生巨大生态效益、经济效益、社会效益，使母亲河永葆生机活力。“以共抓大保护、不搞大开发为导向推动长江经济带发展”②，是新时代推进长江经济带发展的总要求和根本遵循。从长江经济带发展的战略定位、发展理念和发展方向看，“长江拥有独特的生态系统，是我国重要的生态宝库。当前和今后相当长一个时期，要把修复长江生态环境摆在压倒性位置，共抓大保护，不搞大开发。要把实施重大生态修复工程作为推动长江经济带发展项目的优先选项，实施好长江防护林体系建设、水土流失及岩溶地区石漠化治理、退耕还林还草、水土保持、河湖和湿地生态保护修复等工程，增强水源涵养、水土保持等生态功能。要用改革创新的办法抓长江生态保护。要在生态环境容量上过紧日子的前提下，依托长江水道，统筹岸上水上，正确处理防洪、通航、发电的矛盾，自觉推动绿色循环低碳发展，有条件的地区率先形成节约能源资源和保护生态环境的产业结构、增长方式、消费模式，真正使黄金水道产生黄金效益”③。显然，长江经济带发展的战略定位、发展理念和发展方向，就在于坚持生态优先、绿色发展，共抓大保护，不搞大开发，把长江经济

① 参见《习近平关于社会主义经济建设论述摘编》，中央文献出版社 2017 年版，第 250 页。
② 《十九大以来重要文献选编》上，人民出版社 2019 年版，第 23 页。
③ 参见《习近平关于社会主义经济建设论述摘编》，中央文献出版社 2017 年版，第 264 页。

带建成生态更优美、交通更顺畅、经济更协调、市场更统一、机制更科学的黄金经济带。

“四大板块”是将全国范围划分为四个互不重叠的区域，根据不同区域资源和要素特点以及发展面临的问题制定不同的区域发展战略，主要表现为西部开发、东北振兴、中部崛起、东部率先。改革开放40多年来，我国一直高度重视促进区域协调发展，尤其是党的十八大以来，采取一系列措施解决区域发展中存在的突出问题，着力补齐发展短板，持续推进区域经济协调发展。在新发展理念的引领下，供给侧结构性改革扎实推进，新发展空间得到拓展，新发展动能得到培育，地区经济运行总体保持平稳、稳中有进，区域发展呈现出“四大板块”良性互动、协调发展的势头，其中，东部地区的龙头作用发挥有力，中部基本平稳，西部地区稳中向好，前期下滑较多的东北地区筑底回升迹象明显。近几年，党中央在继续深入实施西部开发、东北振兴、中部崛起和东部率先发展战略的基础上，提出并重点实施“一带一路”建设、京津冀协同发展、长江经济带发展三大战略，推动区域协调向更大范围和更高层次挺进。在“三大战略”和“四大板块”的关系上，“这三大战略的共同特点，是跨越行政区划、促进区域协调发展”①。在区域经济发展战略体系中，“四大板块”是基础，从国家战略层面对全国区域协调发展进行了统筹安排和总体部署；“三大战略”是引领、支撑和桥梁，从全球和国家治理的角度，聚焦国际国内合作和区域协同发展，致力于增强发展的内外联动性、形成区域发展新格局。“三大战略”与“四大板块”的结合，是实现区域全面协调可持续发展的重大举措。以“一带

① 参见《习近平关于社会主义经济建设论述摘编》，中央文献出版社2017年版，第260页。

一路”为桥梁促进东部板块和西部板块经济的协调发展，以京津冀为枢纽促进四大板块的连接，以长江经济带为纽带联通东中西三大区域，产生的必将是激发各地区发展活力的叠加效应、促进资源共享和分工协作的协同效应，以及降成本、提效率、促创新的融合效应，从而使中国经济发展进入新空间与新动力互促共进的良性循环之中。

以习近平同志为核心的党中央提出的区域经济发展战略的总体思路是：“推动西部大开发形成新格局，推动东北全面振兴取得新突破，促进中部地区加快崛起，鼓励东部地区加快推进现代化。支持革命老区、民族地区加快发展，加强边疆地区建设，推进兴边富民、稳边固边。推进京津冀协同发展、长江经济带发展、长三角一体化发展，推动黄河流域生态保护和高质量发展。”①

三、乡村振兴战略

乡村振兴战略由党的十九大提出。十九大报告强调：“农业农村农民问题是关系国计民生的根本性问题，必须始终把解决好‘三农’问题作为全党工作重中之重。”② 2018 年 2 月公布的中央一号文件，即《中共中央 国务院关于实施乡村振兴战略的意见》，进一步把坚持城乡融合发展作为实施乡村振兴战略的基本原则之一。2018 年 9 月，习近平在主持中共中央政治局第八次集体学习时强调，要把乡村振兴战略作为新时代“三农”工作的总抓手，促进农业全面升级农村全面进步农民全面发展，要通过振兴乡村，开启城乡融合发展和现代化建设新局面。

---

① 习近平：《高举中国特色社会主义伟大旗帜　为全面建设社会主义现代化国家而团结奋斗——在中国共产党第二十次全国代表大会上的报告》，人民出版社 2022 年版，第 32 页。

② 《十九大以来重要文献选编》上，人民出版社 2019 年版，第 22 页。

这实际意味着，改变城乡发展不协调、坚持走城乡融合发展道路，是乡村振兴战略实施的方向。党的二十大也明确表示，“全面建设社会主义现代化国家，最艰巨最繁重的任务仍然在农村。”必须“坚持农业农村优先发展，坚持城乡融合发展，畅通城乡要素流动。加快建设农业强国，扎实推动乡村产业、人才、文化、生态、组织振兴”①。

第一，实施乡村振兴战略的总目标。“农业农村现代化是实施乡村振兴战略的总目标”②，没有农业农村的现代化，就没有城乡的协调发展和融合发展，就没有国家的现代化。总目标的实现是由完成阶段性具体目标的任务来实现的。因此，在《中共中央 国务院关于实施乡村振兴战略的意见》中，按照党的十九大提出的决胜全面建成小康社会、分两个阶段实现第二个百年奋斗目标的战略安排，把实施乡村振兴战略的目标任务分成三个阶段，即第一阶段为“到2020年，乡村振兴取得重要进展，制度框架和政策体系基本形成。农业综合生产能力稳步提升，农业供给体系质量明显提高，农村一二三产业融合发展水平进一步提升；农民增收渠道进一步拓宽，城乡居民生活水平差距持续缩小；现行标准下农村贫困人口实现脱贫，贫困县全部摘帽，解决区域性整体贫困；农村基础设施建设深入推进，农村人居环境明显改善，美丽宜居乡村建设扎实推进；城乡基本公共服务均等化水平进一步提高，城乡融合发展体制机制初步建立；农村对人才吸引力逐步增强；农村生态环境明显好转，农业生态服务能力进一步提高；以党组织为核心的农村基层组织建设进一步加强，乡村治理体系进一步完善；党的农村工作领导体制

① 习近平：《高举中国特色社会主义伟大旗帜　为全面建设社会主义现代化国家而团结奋斗——在中国共产党第二十次全国代表大会上的报告》，人民出版社2022年版，第30～31页。

② 《习近平在中共中央政治局第八次集体学习时强调把乡村振兴战略作为新时代“三农”工作总抓手促进农业全面升级农村全面进步农民全面发展》，载于《人民日报》2018年9月23日。

机制进一步健全；各地区各部门推进乡村振兴的思路举措得以确立。”第二阶段为“到2035年，乡村振兴取得决定性进展，农业农村现代化基本实现。农业结构得到根本性改善，农民就业质量显著提高，相对贫困进一步缓解，共同富裕迈出坚实步伐；城乡基本公共服务均等化基本实现，城乡融合发展体制机制更加完善；乡风文明达到新高度，乡村治理体系更加完善；农村生态环境根本好转，美丽宜居乡村基本实现。”第三阶段为“到2050年，乡村全面振兴，农业强、农村美、农民富全面实现。”[①] 实施乡村振兴战略是关系全面建设社会主义现代化国家的全局性、历史性任务。

第二，实施乡村振兴战略的总方针。“坚持农业农村优先发展是总方针”[②]，任何时候都不能忽视农业、忘了农民、淡漠农村。中国要强，农业必须强；中国要美，农村必须美；中国要富，农民必须富。农业农村农民通过这“三个必须”走向强、美、富，与国家的强、美、富有着密切的内在关系。坚持农业农村优先发展是关系中国特色社会主义事业发展的根本性问题，是关系中国共产党巩固执政基础的全局性问题。坚持农业农村优先发展，必须进一步调整和理顺工农城乡关系，在要素配置上优先满足、在资源条件上优先保障、在公共服务上优先安排，加快农业农村经济发展，加快补齐农村公共服务、基础设施和信息流通等方面的短板，缩小城乡差距。在实施乡村振兴战略中要注意处理好四个关系。一是长期目标和短期目标的关系。要遵循乡村建设规律，坚持科学规划、注重质量、从容建设，一件事情接着一件事情办，一年接着一

---

① 参见《中共中央 国务院关于实施乡村振兴战略的意见》，载于《人民日报》2018年2月5日。

② 《习近平在中共中央政治局第八次集体学习时强调把乡村振兴战略作为新时代“三农”工作总抓手促进农业全面升级农村全面进步农民全面发展》，载于《人民日报》2018年9月23日。

年干，切忌贪大求快、刮风搞运动，防止走弯路、翻烧饼。二是顶层设计和基层探索的关系。党中央已经明确了乡村振兴的顶层设计，各地要制定符合自身实际的实施方案，科学把握乡村的差异性，因村制宜，发挥亿万农民的主体作用和首创精神，善于总结基层的实践创造。三是充分发挥市场决定性作用和更好发挥政府作用的关系。要进一步解放思想，推进新一轮农村改革，发挥政府在规划引导、政策支持、市场监管、法治保障等方面的积极作用。四是增强群众获得感和适应发展阶段的关系。要围绕农民群众最关心最直接最现实的利益问题，加快补齐农村发展和民生短板，让亿万农民有更多实实在在的获得感、幸福感、安全感，同时要形成可持续发展的长效机制，坚持尽力而为、量力而行，不能提脱离实际的目标，更不能搞形式主义和“形象工程”。

第三，实施乡村振兴战略的总要求。“产业兴旺、生态宜居、乡风文明、治理有效、生活富裕是总要求”①，这是立足社会主义初级阶段现实提出的战略要求。所谓产业兴旺，就是要紧紧围绕促进产业发展，引导和推动更多的资本、技术、人才等要素向农业农村流动；以推进农业供给侧结构性改革，培育农村发展新动能为主线，加快推进农业产业升级，提高农业的综合效益和竞争力；形成现代农业产业体系，实现一二三产业融合发展，保持农业农村经济发展的旺盛活力。产业兴旺是乡村振兴的基础，也是推进经济建设的首要任务。所谓生态宜居，就是要加强农村资源环境保护，大力改善水电路气房讯等基础设施，统筹山水林田湖草保护建设，保护好绿水青山和清新清净的田园风光。实现生态宜居，必须转变发展观念，把农村生态文明建设摆在突出的位置，必须

① 《习近平在中共中央政治局第八次集体学习时强调把乡村振兴战略作为新时代“三农”工作总抓手促进农业全面升级农村全面进步农民全面发展》，载于《人民日报》2018 年 9 月 23 日。

转变发展方式，构建五谷丰登、六畜兴旺的绿色生态系统，必须转变发展模式，健全以绿色生态为保障的农业政策。所谓乡风文明，就是要促进农村文化教育、医疗卫生事业的发展，加强农村的思想道德建设，推进移风易俗、文明进步，挖掘具有农耕特质、民族特色、区域特点的物质文化和非物质文化遗产，进一步提升农民的综合素质，进一步提高农村的文明程度。所谓治理有效，则是通过建立和完善以党的基层组织为核心，村民自治和村务监督组织为基础，集体经济组织和农民合作组织为纽带，各种社会服务组织为补充的农村治理体系，加强农村社会治理，加强农村基层工作、农村基础工作，弘扬正气，惩治违法行为，使农村更加和谐、安定有序。所谓生活富裕，就是要通过拓宽农民的收入渠道，促进农民致富增收，通过加强农村基础设施建设，提高基层公共服务水平，通过开展村庄的人居环境整治，推进美丽宜居乡村建设，让农民平等参与现代化进程，共同分享现代化的成果，真正做到经济宽裕、衣食无忧、生活便利、共同富裕。

第四，实施乡村振兴战略的制度保障。“建立健全城乡融合发展体制机制和政策体系是制度保障。”① 新时代，以习近平同志为核心的党中央高度重视“三农”问题，建立了有关城乡融合发展的体制机制和政策体系，出台了一系列深化农村改革的文件，作出了长远的、战略性的制度安排。在农村土地制度改革上，明确了新的历史条件下深化农村改革的主线仍然是农民与土地的关系。土地承包关系是改革开放中农民群众的一种实践创造，改革开放以来，中国共产党将这一实践经验上升为党的政策在全国范围内推行。党的十九大报告进一步提出了“保持

① 《习近平在中共中央政治局第八次集体学习时强调把乡村振兴战略作为新时代“三农”工作总抓手促进农业全面升级农村全面进步农民全面发展》，载于《人民日报》2018 年 9 月 23 日。

土地承包关系稳定并长久不变，第二轮土地承包到期后再延长三十年”① 的论断，这一重大决策维护了农民土地权益，稳定了农民对土地的预期，也回应了社会关切，满足了土地流转的需要，对于解决好“三农”问题具有重要的指导意义。在农村集体产权制改革上，2016 年 12 月，中共中央、国务院印发了《关于稳步推进农村集体产权制度改革的意见》，对农村集体产权制度改革做了部署。这一文件要求：一是全面加强农村集体资产管理，即从 2017 年开始，用 3 年左右的时间基本完成集体资产清产核资，摸清集体家底，健全管理制度，防止资产流失；在此基础上，严格按照产权归属，把农村集体资产的所有权确权到不同层级的农村集体经济组织成员集体，并依法由农村集体经济组织代表集体行使所有权；加强农村集体资金资产资源监督管理，加强乡镇农村经营管理体系建设。二是由点及面开展集体经营性资产产权制度改革，即用 5 年左右的时间基本完成农村集体经营性资产股份合作制改革；做好农村集体经济组织成员身份确认工作，解决成员边界不清的问题；保障农民集体资产股份权利。三是因地制宜探索农村集体经济有效实现形式，即发挥农村集体经济组织功能作用，维护农村集体经济组织合法权利，探索发展集体经济的有效途径，引导农村产权规范流转和交易。② 党的二十大明确提出：“巩固和完善农村基本经营制度，发展新型农村集体经济，发展新型农业经营主体和社会化服务，发展农业适度规模经营。深化农村土地制度改革，赋予农民更加充分的财产权益。保

---

① 《十九大以来重要文献选编》上，人民出版社 2019 年版，第 23 页。

② 参见《中共中央 国务院关于稳步推进农村集体产权制度改革的意见》，载于《人民日报》2017 年 1 月 2 日。

障进城落户农民合法土地权益，鼓励依法自愿有偿转让。”[①] 在完善农业支持保护制度上，国家财政对“三农”的投入快速增长，农业补贴涵盖的范围越来越宽，已初步构建了一套适合我国国情的比较完整的农业支持保护体系。实施乡村振兴战略，还必须要“健全农业支持保护制度，完善农业补贴制度，加快形成覆盖全面、指向明确、重点突出、措施配套、操作简便的农业支撑保护制度”[②]。这主要表现在三个方面：一是建立农业农村投入稳定增长机制，用财政资金撬动金融和社会资本投向农业农村，发挥财政资金的引导和杠杆作用；二是完善农产品价格形成机制和农业补贴制度，充分发挥市场在资源配置中的决定性作用，避免政府过度干预；三是建立农业可持续发展机制，强化生态保护的机制创新，推广减量化和清洁化农业生产模式，完善农业投入品减量提效补偿机制，发展生态循环农业。

第五，实施乡村振兴战略的主要内容。加快农业现代化建设、加强农业农村基础工作是实施乡村振兴战略的不可忽缺的内容。“新形势下，农业主要矛盾已经由总量不足转变为结构性矛盾，主要表现为阶段性的供过于求和供给不足并存。推进农业供给侧结构性改革，提高农业综合效益和竞争力，是当前和今后一个时期我国农业政策改革和完善的主要方向。要以市场需求为导向调整完善农业生产结构和产品结构，以科技为支撑走内涵式现代农业发展道路，以健全市场机制为目标改革完善农业支持保护政策，以家庭农场和农民合作社为抓手发展农业适度规

---

① 习近平：《高举中国特色社会主义伟大旗帜 为全面建设社会主义现代化国家而团结奋斗——在中国共产党第二十次全国代表大会上的报告》，人民出版社 2022 年版，第 31 页。

② 参见《习近平关于社会主义经济建设论述摘编》，中央文献出版社 2017 年版，第 202 页。

模经营。"[①] 这就是说，加快农业现代化建设，必须调整优化农业产品结构、产业结构和布局结构，促进粮经饲统筹、农林牧副渔结合、种养加销一体、一二三产业融合发展，延长产业链、提升价值链；必须加快构建现代农业的产业体系、生产体系、经营体系，发展多种形式的适度规模经营，实现小农户与现代农业发展的有机衔接；必须确保国家粮食安全，巩固和提升粮食产能，划定和建设粮食生产功能区和重要农产品生产保护区，提高农民务农种粮的积极性。在乡村振兴战略实施中，既要健全自治、法治、德治相结合的乡村治理体系，也要加强"三农"工作队伍建设。自治、法治、德治的"三治结合"反映了乡村治理的新模式，是加强农业农村基础工作的创新性思路。"培养造就一支懂农业、爱农村、爱农民的'三农'工作队伍"[②]，是新时代新农村建设中对农业农村干部的要求，同时也体现了培养、配备、使用的目标。

① 习近平：《在参加十二届全国人大四次会议湖南代表团审议时的讲话》，载于《人民日报》2016 年 3 月 9 日。

② 《十九大以来重要文献选编》上，人民出版社 2019 年版，第 23 页。

第十三章

中国式现代化的推进和拓展

以习近平同志为核心的党中央，在全面建成社会主义现代化强国、实现第二个百年奋斗目标的征程中，坚持把马克思主义基本原理同中国具体实际相结合、同中华优秀传统文化相结合，明确提出了“以中国式现代化全面推进中华民族伟大复兴”的论断，系统分析了中国式现代化的内涵、特征、本质要求，以及重要意义。中国式现代化理论，构成了新时代中国政治经济学的重要内容。

一、现代化与中国式现代化

现代化是一个人类社会由传统的农业社会向现代的工业社会和更高级的社会形式转变的世界历史过程。在这个世界历史过程中，现代化首先表现为一种社会变革，它反映了人与自然的变革，改变了社会物质生产和工艺技术的状况，也反映了人与人之间关系的变革，改变了社会结构和人们的社会关系。在这种社会变革中，人们的生活方式、思维方式、价值观念等都将发生深刻的变化。现代化同时还表现为人类追求的共同目标，给人类带来现代的新文明，使每个国家、每个民族在其历史转变过程中重新塑造文明结构，进入一个包括了经济、社会、政治、文化等层面的全方位转变的新的文明世界。对于这种美好的现代化，中国共产党在初创时期就开始了探索。“十月革命”的炮响意味着人类历史上出现了一场力图改变现代化发展方向的世界性社会运动，世界上第一个社会主义国家的建立让中国共产党人看到了实现现代化的新曙光。中国共产党带领中国人民开始走上了以实现社会主义的方式探索现代化的道路。

从世界历史进程来看，随着现代工业生产方式和工业化生活方式的扩展，现代化具有超越各个国家、各个民族特点而成为世界性浪潮的性质。在这种世界性的浪潮中，步入现代化行列的国家或民族有先有后，西欧、北美等国家自 16 ~ 17 世纪开始就迈向现代化，在这种世界性的现代化浪潮中走在了前列。正因为如此，现代化被看成是一个起源于西方并逐渐向全球扩展的过程。在西方现代化进程推动下，各个国家、各个民族的自给自足、闭关自守状态被打破，出现了“未开化和半开化的国家从属于文明的国家，使农民的民族从属于资产阶级的民族，使东方从属于西方”① 的状况。现代化的这一发展过程，把世界分裂成了“早发内生型现代化”和“后发外生型现代化”两类国家。中国的现代化最早开始于 19 世纪中期，比西方国家晚了 3 个世纪之久。在 1840 年的鸦片战争中，西方列强用坚船利炮轰开了中国的国门，从此开启了中国现代化的征程。中国作为“后发外生型现代化”国家，除了现代化的刺激动力和示范效应源于外部世界外，在最初探索现代化的方式上，同样也依赖于外部世界。中国共产党诞生前，一些志士仁人提出的救国救民的现代化方案，大多以西方文明作为中国现代化发展的方向，以西方现代化作为中国现代化效仿的对象，以西方的社会体制作为中国现代化实现的目标。中国现代化的最初探索无疑成为一个彻彻底底的被动行为。

中国共产党成立以来的百年历史，就是对现代化的探索由行动上的

① 《马克思恩格斯文集》第 2 卷，人民出版社 2009 年版，第 36 页。

被动走向精神上的主动，再到行动上的主动的历史。如果说新民主主义革命时期和社会主义建设探索时期，中国共产党通过社会和政治的变革创立社会主义国家、探索社会主义建设的制度和道路，为实现国家富强和民族复兴的现代化、打破“被动现代化”提供了重要保障的话，那么，改革开放以后，中国共产党关于现代化的探索才正式步入了“主动现代化”的轨道。

中国共产党探索现代化“精神上的主动”，主要在于把马克思主义的社会主义思想与探索现代化、实现富强之梦结合起来。正如毛泽东所说：“自从中国人学会了马克思列宁主义以后，中国人在精神上就由被动转入主动。”① 毛泽东所说的精神上的“主动”，意在中国共产党找到了中华民族救亡图存的出路，看到了中国现代化发展的前景。在新民主主义革命中，中国共产党人通过开展政治斗争创设无产阶级政权，领导中国革命为现代化开辟道路；通过在抗日根据地开展一系列经济建设活动，把民族革命与现代化建设结合起来，为中国的现代化建设积累宝贵经验；通过领导中国人民取得新民主主义革命的胜利，建立起中华人民共和国，为新中国的现代化事业奠定社会思想和政治变革的基础。新中国成立以后，中国共产党对实现社会主义现代化作出了重大贡献。首先，经过三年国民经济恢复时期，完成了社会主义“三大改造”，确立了社会主义制度，为中国现代化的探索创造了根本前提；其次，实施了第一个五年计划，建立了较为完整的社会主义工业化体系，为中国现代化的探索奠定了重要基础；最后，在探索中国建设社会主义道路中，对社会主义现代化作出了一系列的构想，为中国现代化的探索指明了社会主义方向。

① 《毛泽东选集》第4卷，人民出版社1991年版，第1516页。

中国共产党探索中国现代化之路，在行动上逐步走向主动则是改革开放以来。党的十一届三中全会之后，中国进入了改革开放的历史时期，进入了中国特色社会主义理论、道路、制度、文化的探索时期。与此相应，中国共产党对现代化的探索，更加立足于社会主义初级阶段的基本国情，更加立足于中国自身的发展特点，更加立足于满足人民群众利益的要求，更加契合于中国建设社会主义现代化国家的奋斗目标，更加顺应于世界发展的潮流与趋势。特别是在世界百年未有之大变局中，在经济全球化的深入发展中，中国共产党抓住机遇主动发展，育先机开新局，在马克思主义现代化理论指导下，结合时代发展的特征和自身发展的实际，走出了一条合乎时代要求，既适合人民需要也有益于世界发展，实现国家富强和民族复兴目标的“主动现代化”之路。

党的十八大开启了中国共产党探索中国特色社会主义现代化的新时代。面对复杂多变并处于深度调整的当今世界，面对显著发展并仍处于重要战略机遇期的新时代中国，以习近平同志为核心的党中央从全局出发，运筹帷幄，谋篇布局，对中国现代化发展的蓝图作出了创造性的描绘，提出了一系列创新理论和战略，开辟了中国式现代化推进和拓展的新境界。2020 年，党的十九大关于一个“决胜期”（2020 年全面建成小康社会）、一个“历史交汇期”（全面建成小康社会，开启全面建设社会主义现代化国家新征程）、两个“十五年”（从 2020 年到 2035 年，奋斗 15 年，基本实现社会主义现代化；从 2035 年到本世纪中叶，再奋斗 15 年，把我国建成富强民主文明和谐美丽的社会主义现代化强国）的谋划[①]，是对中国特色社会主义现代化发展蓝图的设计。党的十九届

① 参见《十九大以来重要文献选编》上，中央文献出版社 2019 年版，第 19 ~ 20 页。

五中全会更加全面地描绘了到2035年我国基本实现社会主义现代化的美好蓝图，提出了由经济、政治、文化、社会、生态、国防和军队等方面构成的现代化发展目标，为本世纪中叶把我国建成富强民主文明和谐美丽的社会主义现代化强国提供了强大的理论和实践支撑。2020年10月，习近平在党的十九届五中全会第二次全体会议上，深刻阐述了中国式现代化的基本特征，我国现代化是人口规模巨大的现代化，是全体人民共同富裕的现代化，是物质文明和精神文明相协调的现代化，是人与自然和谐共生的现代化，是走和平发展道路的现代化，并且强调："我国建设社会主义现代化具有许多重要特征。世界上既不存在定于一尊的现代化模式，也不存在放之四海而皆准的现代化标准。"[①] 2021年7月，在庆祝中国共产党成立100周年大会上，习近平向全国和全世界人民宣告中国已经全面建成小康社会，正式开启了实现全面建设社会主义现代化强国的新征程，创造性地提出了"中国式现代化新道路"的重要论断。2022年10月，在党的二十大报告中，习近平从中国特色、本质要求、重大原则、实践推进等方面系统阐述了中国式现代化理论。中国式现代化理论已经日臻成熟，它不仅反映了中国从传统走向现代的历史逻辑，也体现了中国从本土走向世界的理论和实践逻辑。

中国共产党关于现代化探索的理论和实践，深刻说明了中国式现代化就是社会主义现代化，中国的社会主义现代化就是中国特色的社会主义现代化；中国特色社会主义现代化具有鲜明的原创性和示范效应，它会彻底改写原有现代化的内涵和版图；中国特色社会主义现代化也具有

① 《十九大以来重要文献选编》中，中央文献出版社2021年版，第824页。

鲜明的独特性，它“不是简单延续我国历史文化的母版，不是简单套用马克思主义经典作家设想的模板，不是其他国家社会主义实践的再版，也不是国外现代化发展的翻版”①，但它能为世界现代化发展提供可借鉴的中国方案、贡献可分享的中国智慧。中国式现代化的理论和实践，为创造更加美好的人类社会带来了光明前景。从世界历史发展的进程来看，它进一步拓展了发展中国家走向现代化的途径，因而也改写了现代化的内涵，对理论界关于现代化的理解有着重要的启示意义。对于现代化的内涵，尽管学术界存在着不同理解，但最常见的则是来自于罗荣渠先生在20世纪90年代初的理解。他根据历史和当时关于现代化的探索，对现代化概念作了广义和狭义的区分，认为广义的现代化指的是“人类社会从工业革命以来所经历的一场急剧变革，这一变革以工业化为推动力，导致传统的农业社会向现代工业社会的全球性的大转变过程，它使工业主义渗透到经济、政治、文化、思想各个领域，引起深刻的相应变化”；狭义的现代化指的是“落后国家采取高效率的途径（其中包括可利用的传统因素），通过有计划地经济技术改造和学习世界先进，带动广泛的社会改革，以迅速赶上先进工业国和适应现代世界环境的发展过程”②。中国共产党关于现代化的百年探索，以习近平同志为核心的党中央对中国式现代化内涵、特征、本质要求探索的独特智慧、世界贡献、示范意义，已经改写了现代化内涵。

二、中国式现代化的鲜明特征

中国共产党关于现代化的百年探索已经充分地证明了，在探索历程

① 《习近平谈治国理政》第二卷，外文出版社2017年版，第344页。
② 罗荣渠：《现代化新论》，北京大学出版社1993年版，第16～17页。

中形成的中国式现代化是中国共产党领导的社会主义现代化，既有各国现代化的共同特征，更有基于自己国情的中国特色。“中国式现代化是人口规模巨大的现代化”“中国式现代化是全体人民共同富裕的现代化”“中国式现代化是物质文明和精神文明相协调的现代化”“中国式现代化是人与自然和谐共生的现代化”“中国式现代化是走和平发展道路的现代化”①，党的二十大报告关于中国式现代化特征的概括，是新时代中国政治经济学关于中国式现代化的最新认识成果，反映了中国共产党对中国式现代化的成功推进和拓展。

第一，中国式现代化是人口规模巨大的现代化。我国是一个拥有14亿多人口的大国，约占世界总人口数的18%。中国人口规模位居世界第一，走现代化道路没有现成的现代化教材可以参考，也没有成功的现代化经验可以借鉴，更没有现成的现代化模板可以复制，其艰巨性、复杂性前所未有。我国在2021年如期建成了全面小康社会，解决了绝对贫困问题，为实现现代化奠定了基础，而在全面建设社会主义现代化国家的道路上任务更加艰巨，我们面临着如何推进经济高质量发展的问题，面临着如何建立起包括养老保险、医疗保险、失业保险等系列保障和福利事业的庞大的社会保障体系的问题，面临着如何提高14亿人的文化教育水平、综合素质和能力问题。这就决定了中国式现代化不能照搬别国模式，发展途径与推进方式必然有自己的特点。因此，坚持从本国人口规模巨大的实际出发，把人的现代化作为重要任务来抓，充分调动人民群众建设现代化的积极性，并着力提升人民群众的现代化素质和水平，是实现中国式现代化的根本要求。

---

① 习近平：《高举中国特色社会主义伟大旗帜为全面建设社会主义现代化国家而团结奋斗——在中国共产党第二十次全国代表大会上的报告》，人民出版社2022年版，第22~23页。

中国式现代化是人口规模巨大的现代化，还意味着“我国十四亿人口要整体迈入现代化社会，其规模超过现有发达国家的总和，将彻底改写现代化的世界版图，在人类历史上是一件有深远影响的大事”[①]。中国式现代化在占有世界1/5人口的国家得到实现，将大幅度超越现有发达国家的人口总量，改写现代化的世界版图，进而显著改变世界发展的趋势和格局，为世界现代化作出更大贡献，还将破解如何在超大规模国家实现现代化这一世界性、世纪性难题。

第二，中国式现代化是全体人民共同富裕的现代化。共同富裕“是中国式现代化的重要特征”[②]，它反映的是中国共产党的根本宗旨。为民造福是中国共产党立党为公、执政为民的本质要求，增进民生福祉、提高人民的生活品质是中国共产党守江山、守民心的具体指向，因此，带领全体人民实现共同富裕是中国共产党的宗旨和目标。在党的二十大报告中，习近平提出了实现共同富裕的中国式现代化的“两步走”战略，即第一步从2020年到2035年基本实现社会主义现代化，第二步从2035年到本世纪中叶把我国建成富强民主文明和谐美丽的社会主义现代化强国。以习近平同志为核心的党中央为扎实推动全体人民共同富裕作出了具体部署，提出了要规范财富积累机制，坚持实施就业优先战略，促进高质量充分就业和平等就业，使人人都有通过勤奋劳动实现自身发展的机会，对多层次社会保障体系建设与关乎老年人、妇女儿童及残疾人福利的制度安排作出了原则规定，等等。坚持中国共产党的领导是推动共同富裕的中国式现代化取得胜利的政治保证和独特优势。中国

① 《十九大以来重要文献选编》中，中央文献出版社2021年版，第825页。

② 《习近平主持召开中央财经委员会第十次会议强调在高质量发展中促进共同富裕统筹做好重大金融风险防范化解工作》，载于《人民日报》2021年8月18日。

共产党坚持从全局、大势、长远出发谋划共同富裕的中国式现代化，它作为马克思主义政党具有坚强的领导力、组织力、执行力，能够做到“一届接着一届干”“一张蓝图绘到底”，保证了共同富裕的中国式现代化始终沿着正确的方向推进。

“共同富裕是中国特色社会主义的本质要求。”① 中国特色社会主义的本质要求是共同富裕，而不能贫富悬殊、两极分化。中国式现代化是中国特色社会主义现代化，所要实现的是全体人民的共同富裕。推进中国式现代化，则是把实现人民对美好生活的向往作为现代化建设的出发点和落脚点，自觉地解决收入差距问题，让发展成果更多更公平惠及全体人民，扎实推进共同富裕。为此，习近平提出，“分配制度是促进共同富裕的基础性制度。坚持按劳分配为主体、多种分配方式并存，构建初次分配、再分配、第三次分配协调配套的制度体系。”② 初次分配是由我国社会主义初级阶段的基本国情所决定的，强调“效率优先”“物质激励”，既要通过做大做强我国发展的“蛋糕”，夯实中国式现代化建设的物质基础，又要防止出现平均主义“吃大锅饭”或是福利主义“养懒汉”现象；再分配制度是对地域差异、城乡差异、群体差异所导致的收入差距问题的调节，既保证公平公正分好中国发展的“蛋糕”，又防止出现资本主义两极分化现象，是对“效率优先”“物质激励”的弥合；第三次分配“注重公平”是对初次分配和再分配的补充完善，是社会主义制度优势的充分彰显。因此，构建“三次分配”制度是分好中国发展“蛋糕”的有效举措，通过“限高、扩中、提低”的举措，

---

① 习近平：《高举中国特色社会主义伟大旗帜为全面建设社会主义现代化国家而团结奋斗——在中国共产党第二十次全国代表大会上的报告》，人民出版社 2022 年版，第 22 页。

② 习近平：《高举中国特色社会主义伟大旗帜为全面建设社会主义现代化国家而团结奋斗——在中国共产党第二十次全国代表大会上的报告》，人民出版社 2022 年版，第 46 ~ 47 页。

既能消除两极分化现象，又能防止滑入福利主义陷阱，是推动共同富裕的中国式现代化建设的关键性制度设计。

共同富裕是一个长期的历史过程，不可能一蹴而就。生产力的发展是实现全体人民共同富裕的物质基础，生产关系的变革是实现全体人民共同富裕的制度基础，共同富裕的实现本身就是生产关系一定要适应生产力发展要求的长期、动态、复杂、艰巨的历史过程。党的十八大以来，从打赢人类历史上规模最大的脱贫攻坚战，到取得全面建成小康社会的历史性胜利，全体人民共同富裕的目标在实践中得以扎实推进。在以中国式现代化推进中华民族伟大复兴的过程中，共同富裕也将随着中国式现代化的推进而不断得到稳步发展。

第三，中国式现代化是物质文明和精神文明相协调的现代化。现代化不仅是物质财富的积累，更是“两个文明”的协调发展。因为物质文明是精神文明的物质前提和条件，精神文明为物质文明建设提供必要的智力支撑，二者紧密联系、互为条件，统一于社会经济发展实践。因为物质富足、精神富有是社会主义现代化的根本要求，物质贫困不是社会主义，精神贫乏也不是社会主义。改革开放以来，中国共产党领导中国人民在中国特色社会主义发展的道路上，从物质文明和精神文明“两手抓、两手都要硬”，到“三位一体”“四位一体”，再到“五位一体”，开创了“两个文明”相互协调的现代化道路，有效解决了经济增长过程中“两个文明”不平衡、不协调的世界性难题。

物质文明是国家现代化的物质基础，精神文明是国家现代化的文化支撑，对于国家现代化而言，在建设高度物质文明的同时，必须努力建设高度的社会主义精神文明，二者缺一不可。在建设社会主义现代化强国的进程中，“两个文明”的协调发展要求中国共产党坚持系统观念，科学把握“两个文明”的辩证统一关系，致力于使“两个文明”相辅相成、协同发力，统一于现代化建设的总体历史进程，进而推动中国社会实现整体跃升。“两个文明”的协调发展要求中国共产党不断厚植现代化的物质基础，不断夯实人民幸福生活的物质条件，同时大力发展社会主义先进文化，坚持社会主义核心价值观，加强理想信念教育，弘扬中华优秀传统文化，增强人民的精神力量，促进物的全面丰富和人的全面发展。由此可见，中国式现代化是物质文明和精神文明相协调的现代化，要求我们既要物质富足，也要精神富有，要在发展经济、促进物质全面丰富的同时，以社会主义核心价值观凝聚人心，推进经济建设健康发展，坚定文化自信，提升公共文化服务水平，广泛开展群众性文化活动，打造中华民族共有的精神家园，不断满足人民群众日益增长的精神文化需求，实现物质文明和精神文明相互促进、相得益彰。

第四，中国式现代化是人与自然和谐共生的现代化。大自然是人类生存和发展的根基所在。人与自然是休戚与共的生命共同体。生态环境没有替代品，很多自然资源具有不可再生性。人类的一切生产发展活动都必须尊重自然、顺应自然、保护自然。中国式现代化的推进过程正是如何处理好人与自然关系的过程。生态兴则文明兴，生态衰则文明衰。中国式现代化把人融入自然之中，坚持人与自然和谐共生的生态理念，正确处理人与自然的关系，注重经济发展与生态保护相结合，加快发展方式绿色转型，提升生态系统多样性、稳定性、持续性，推进环境污染防治，推进碳达峰碳中和，将保护自然环境作为可持续发展的重要途径。因此，中国式现代化，就是要推进经济社会发展全面绿色转型，形成绿色发展方式和生活方式，坚持走生产发展、生活富裕、生态良好的文明发展道路，建设美丽中国，为人民创造良好生产生活环境，为全球生态安全作出贡献。

新时代以来，以习近平同志为核心的党中央把生态文明建设摆在全局工作的突出位置，将生态文明建设纳入“五位一体”总体布局；将人与自然和谐共生纳入新时代坚持和发展中国特色社会主义的基本方略；将绿色发展纳入新发展理念；将污染防治作为三大攻坚战之一；美丽中国更是本世纪中叶建成社会主义现代化国家的目标之一。中国式现代化是人与自然和谐共生的现代化，既要求我们看到，无止境地向自然索取甚至破坏自然必然会遭到大自然的报复，人类对大自然的伤害最终会伤及人类自身，也要求我们要像保护眼睛一样保护生态环境，像对待生命一样对待生态环境，牢固树立和践行绿水青山就是金山银山的理念，坚持可持续发展，坚持节约优先、保护优先、自然恢复为主的方针，坚定不移地建设山青天蓝水绿的美丽中国，不断满足人民日益增长的优美生态环境需要，也要求我们在现代化的发展中遵循自然规律，在开发利用自然的同时，注意科学地修复自然；在现代化生态发展路径上，推进循环发展、绿色发展、低碳发展，形成健康绿色的生产生活方式；在现代化生态发展目标上，建设资源节约型、环境友好型社会，建设地球生命共同体。

第五，中国式现代化是走和平发展道路的现代化。西方现代化的过程是伴随野蛮的侵略扩张和殖民掠夺，充满了血腥和罪恶，给广大经济文化比较落后国家人民造成了深重灾难的过程。西方现代化主张发展中国家要输入西方文明、西方发展模式，亦步亦趋地跟随西方发达国家去实现现代化。中国式现代化是致力于维护世界和平、促进各国共同发展的现代化，坚定地回击了“文明冲突论”“文明博弈论”“文明中心论”和“历史终结论”等西方的言论。西方现代化对发展中国家的影响体现的是“国强必霸”的政治逻辑，强化的是霸权主义、强权政治，中国式现代化以走和平发展道路，开创了“强而不霸”的现代化发展之路，摈弃了西方现代化“国强必霸论”和“修昔底德陷阱”的逻辑。中国始终坚持维护世界和平、促进共同发展的外交政策宗旨，“坚定站在历史正确的一边、站在人类文明进步的一边，高举和平、发展、合作、共赢旗帜，在坚定维护世界和平与发展中谋求自身发展，又以自身发展更好维护世界和平与发展”①。中国式现代化，秉持人类命运共同体的理念，以同世界各国合作共赢为目标推动合作共赢开放的体系建设，以多边主义为准则推动形成更加公正合理的全球治理体系，以“一带一路”倡议为抓手推动中国的新发展为世界提供新机遇。

三、中国式现代化的重大创新

中国共产党关于中国式现代化的理论和实践，蕴含着独特世界观、价值观、历史观、文明观、民主观、生态观，是在新中国成立特别是改革开放以来长期探索和实践基础上，经过党的十八大以来在理论和实践上作出突破性进展中所形成的重大创新，是在打破“现代化 = 西方化”、摒弃西方现代化老路的基础上，以一种全新的现代化模式对世界现代化理论和实践的重大创新。

第一，中国式现代化蕴含的世界观。坚持马克思主义世界历史观，展现“胸怀天下”的高远境界，是中国式现代化所蕴含的独特的世界观。马克思主义世界历史观认为，人类社会的发展是在不断拓展自身的活动范围和能力的基础上进行的，是循着从狭窄的民族历史向广阔的世

① 习近平：《高举中国特色社会主义伟大旗帜　为全面建设社会主义现代化国家而团结奋斗——在中国共产党第二十次全国代表大会上的报告》，人民出版社2022年版，第23页。

界历史的轨迹前行的。“各个相互影响的活动范围在这个发展进程中越是扩大，各民族的原始封闭状态由于日益完善的生产方式、交往以及因交往而自然形成的不同民族之间的分工消灭得越是彻底，历史也就越是成为历史。”[①] 而“生产力的普遍发展和与此相联系的世界交往”[②]，是推进人类历史向世界历史转变的动力。世界历史与世界现代化是密切相关的，与世界历史的发展相伴随，15～16 世纪在欧洲就已经出现了“现代化”运动，而从 18 世纪 60 年代英国工业革命开始就有了现代意义上的世界现代化进程。世界历史与世界现代化的这种紧密联系性，决定了人们在推进现代化进程中必然会形成对整个世界以及人与世界关系的总的看法和根本观点。西方现代化的世界观是“国强必霸”，它们凭借其先发优势，向落后国家输出现代化模式，把广大发展中国家视为其现代化的附庸。中国共产党领导中国人民推进中国式现代化，始终站在世界历史的高度，以“胸怀天下”的高远境界，审视当今世界发展趋势，“深刻洞察人类发展进步潮流，积极回应各国人民普遍关切，为解决人类面临的共同问题作出贡献，以海纳百川的宽阔胸襟借鉴吸收人类一切优秀文明成果，推动建设更加美好的世界”[③]。中国式现代化把中国的命运同各国人民的命运紧密联系在一起，努力以中国发展的新成就为世界发展提供新机遇，为人类对现代化道路的探索提供新助力，为人类社会现代化理论和实践创新作出新贡献。因此，“中国式现代化不走殖民掠夺的老路，不走国强必霸的歪路，走的是和平发展的人间正道”[④]。

---

① 《马克思恩格斯文集》第 1 卷，人民出版社 2009 年版，第 540～541 页。

② 《马克思恩格斯文集》第 1 卷，人民出版社 2009 年版，第 539 页。

③ 习近平：《高举中国特色社会主义伟大旗帜　为全面建设社会主义现代化国家而团结奋斗——在中国共产党第二十次全国代表大会上的报告》，人民出版社 2022 年版，第 21 页。

④ 习近平：《携手同行现代化之路》，载于《光明日报》2023 年 3 月 16 日。

中国式现代化所蕴含的世界观，强调坚持马克思主义世界历史观，坚持胸怀天下，以聚焦人类命运与共的现实和未来为目标，把中国特色社会主义现代化的建设统一于中国人民利益与世界各国人民利益，统一于中国发展的自立自强与推进经济全球化健康发展，统一于铸牢中华民族共同体意识与推动构建人类命运共同体，统一于立足新发展阶段、贯彻新发展理念、构建新发展格局，统一于中国式现代化的中国特色与世界现代化的一般要求。

第二，中国式现代化蕴含的价值观。现代化的推进过程，反映了一种价值追求，具有鲜明的价值取向。西方现代化的价值追求明显地表现为以资本为中心，遵循资本逻辑。没有资本来到世间，没有资本的每个毛孔滴着肮脏的血，没有资本的对外扩张，就没有西方现代化。中国式现代化与西方现代化在价值观上存在着根本区别。中国式现代化是以人民为中心的现代化，反映的是人民的利益，"我们要坚守人民至上理念，突出现代化方向的人民性"[①]。人民性是中国式现代化所蕴含的价值观。它以实现人自由而全面的发展、中华民族伟大复兴为最终目标，在推进过程中，坚持发展依靠人民，中国式现代化是中国共产党领导中国人民独立自主探索出来的；坚持发展为了人民，让现代化更好地回应人民各方面诉求和多层次需求；坚持发展成果由人民共享，让现代化建设成果更多更公平惠及全体人民，不断转化为生活品质，不断增强人民群众的获得感、幸福感、安全感。

中国式现代化所蕴含的价值观，强调坚持马克思主义实现人民幸福、维护人民利益的立场，强调坚持科学社会主义价值观主张、体现社

① 习近平：《携手同行现代化之路》，载于《光明日报》2023 年 3 月 16 日。

会主义核心价值观、彰显全人类共同价值。中国式现代化所蕴含的人民性价值观，是科学社会主义价值观主张在中国式现代化上的生动体现。党无私利、人民至上等，这些科学社会主义价值观主张是科学社会主义的本质要求，也是中国式现代化所蕴含的价值观的科学基础。新时代以来，在中国式现代化的进程中，中国式现代化厚植的物质基础夯实了人民幸福生活的物质条件，发展的全过程人民民主提高了民主制度化、规范化、程序化水平，维护和促进的社会公平正义创造了更加公平正义的社会环境，注重精神富有丰富了人民的精神世界，坚持人与自然和谐共生的理念促进了生态系统的优化改善。中国式现代化所蕴含的人民性价值观，是社会主义核心价值观在中国式现代化上的具体体现。社会主义核心价值观从国家、社会、个人三个层面及其辩证关系上为中国式现代化的价值追求作出了指引。中国式现代化所蕴含的价值观的目标追求，都能够从社会主义核心价值观各个层面的要求上得到反映和体现，也都能够从社会主义核心价值观的各个层面的要求中寻找到精神支撑。中国式现代化所蕴含的人民性价值观，是全人类共同价值在中国式现代化上的鲜明实践。和平、发展、公平、正义、民主、自由是全人类共同价值的核心内容，反映了全人类的根本利益，表达了人类社会追求发展进步的普遍共识。中国式现代化遵循全人类共同价值的导向，在坚持自立自强的同时，秉持团结合作、共同发展的理念，走共建共享共赢之路，为世界其他国家的发展创造条件、提供机遇。

第三，中国式现代化蕴含的历史观。现代化本身就是一个历史过程，中国式现代化的形成及其推进和拓展也是一个历史过程。中国式现代化孕育于五千多年中华文明史中，在中华文明源远流长的五千多年历史中，蕴藏着博大精深的优秀成果，而这些优秀成果所包含的丰富的人生哲理、学术思想和治理智慧，是中国式现代化形成的文化根基和资源宝库。“中华民族有着深厚文化传统，形成了富有特色的思想体系，体现了中国人几千年来积累的知识智慧和理性思辨。这是我国的独特优势。中华文明延续着我们国家和民族的精神血脉，既需要薪火相传、代代守护，也需要与时俱进、推陈出新。”① 中国式现代化成为180多年中国人民近代以来矢志奋斗的伟大梦想。鸦片战争的爆发使中华民族被动地纳入现代化大潮。而十月革命一声炮响给中国人送来了马克思主义之后，中国找到了改变命运的出路。从此，中国共产党以实现社会主义、实现中华民族伟大复兴为目标，以马克思主义为解决问题的武器，对实现现代化进行了艰难的探索和长期不懈的努力，使中华民族实现了从站起来、富起来到强起来的历史性飞跃。中国式现代化是中国共产党百年探索的经验总结。新民主主义革命和建设时期，中国共产党领导中国人民实现了由中国的工业化和农业近代化向“四个现代化”的转变，初步建立起独立的比较完整的工业体系和国民经济体系，奠定了中国式现代化的基础。改革开放和社会主义现代化建设时期，中国共产党领导中国人民实现了由“四个现代化”向“中国式现代化”的转变，作出了我国经济总量跃居世界第二的历史性突破。在40多年改革开放实践史和10多年新时代中国特色社会主义的历史性成就、历史性变革中，中国式现代化日渐形成和发展，其内涵和外延更具体，目标指向更明确，理论更加成熟。因此，中国共产党团结带领全国各族人民全面建成社会主义现代化强国、实现第二个百年奋斗目标，以中国式现代化全面推进中华民族伟大复兴，正是中国式现代化所蕴含的历史观。

① 《十八大以来重要文献选编》下，中央文献出版社2018年版，第323～324页。

中国式现代化所蕴含的历史观，强调坚持大历史观，遵循世界现代化历史规律，体现了历史必然性与历史主体能动性的辩证统一。中国式现代化的历史充分证明，中国共产党坚持自信自立的历史自觉和历史主动精神，坚持中国的事情由中国人民自己作主张、自己来处理，融入在中国式现代化中，反映了中国式现代化的内在本质。“党历来坚持独立自主开拓前进道路，坚持把国家和民族发展放在自己力量的基点上，坚持中国的事情必须由中国人民自己作主张、自己来处理——只要我们坚持独立自主、自力更生，既虚心学习借鉴国外的有益经验，又坚定民族自尊心和自信心，不信邪、不怕压，就一定能够把中国发展进步的命运始终牢牢掌握在自己手中。”① 把国家和民族发展放在自己力量的基点上、把中国发展进步的命运牢牢掌握在自己手中，是中国式现代化的重要基点。

第四，中国式现代化蕴含的文明观。人类文明具有多样性，就如同自然界物种的多样性一样。但是，文明没有优劣之分，只有特色之别，每种文明都有其独特魅力和深厚底蕴，都是人类的精神瑰宝。文明因多样而交流，因交流而互鉴，因互鉴而发展。中国式现代化遵循人类文明发展规律，倡导尊重世界文明多样性，重视文明传承和创新，致力于推动文明交流互鉴，促进人类文明进步，既让本国文明充满勃勃生机，又为他国文明发展创造条件。因此，“尊重世界文明多样性，以文明交流超越文明隔阂、文明互鉴超越文明冲突、文明共存超越文明优越，共同应对各种全球性挑战”②，彰显了中国式现代化独具特色的文明观。

---

① 《中共中央关于党的百年奋斗重大成就和历史经验的决议》，人民出版社 2021 年版，第 67 ~ 68 页。

② 习近平：《高举中国特色社会主义伟大旗帜　为全面建设社会主义现代化国家而团结奋斗——在中国共产党第二十次全国代表大会上的报告》，人民出版社 2022 年版，第 63 页。

中华文明是人类文明的重要组成内容。“中华文明自古就以开放包容闻名于世，在同其他文明的交流互鉴中不断焕发新的生命力。要坚持弘扬平等、互鉴、对话、包容的文明观，以宽广胸怀理解不同文明对价值内涵的认识，尊重不同国家人民对自身发展道路的探索，以文明交流超越文明隔阂，以文明互鉴超越文明冲突，以文明共存超越文明优越，弘扬中华文明蕴含的全人类共同价值，推动构建人类命运共同体。”① 中国共产党领导的中国式现代化，不仅深深植根于中华文明的深厚土壤，赋予中华文明以现代力量，而且还内在地要求传承和弘扬中华文明，并赋予自身以深厚底蕴。中国式现代化是中国 14 多亿人口规模巨大的现代化，是全体人民共同富裕的现代化，是物质文明和精神文明相协调的现代化，是人与自然和谐共生的现代化，是走和平发展道路的现代化，因而它不仅是经济社会发展的现代化，而且更是人类文明发展的现代化。中华文明中以民为本、诚实守信、天人和谐、自强不息、协和万邦、和而不同、日新月异、天下大同等的文化精神，深深融入在中国式现代化的理论和实践中，构成了中国式现代化的浓重底色。中国式现代化“既有各国现代化的共同特征，更有基于自己国情的中国特色”②，凸显了中华文明的精湛智慧，创造了人类文明新形态。中华文明也因融入中国式现代化而为世界展现出了新的文明图景。

第五，中国式现代化蕴含的民主观。民主是人类社会共同的价值追求，是人类政治文明发展进步的重要标志。民主也是各国实现自身现代化的重要内容，是衡量一国现代化程度如何的重要标志，没有民主就没

① 《习近平在中共中央政治局第三十九次集体学习时强调　把中国文明历史研究引向深入　推动增强历史自觉坚定文化自信》，载于《新民晚报》2023 年 5 月28 日。

② 习近平：《高举中国特色社会主义伟大旗帜　为全面建设社会主义现代化国家而团结奋斗——在中国共产党第二十次全国代表大会上的报告》，人民出版社 2022 年版，第 22 页。

有现代化。对于一个国家的民主来说，关键要看是不是真正做到了人民当家作主。只有人民当家作主，才能顺利推进和实现现代化。“人民民主是社会主义的生命，是全面建设社会主义现代化国家的应有之义。”①没有民主就没有社会主义，就没有社会主义的现代化，就没有中华民族伟大复兴。人民民主是一种全过程的民主。“全过程人民民主是社会主义民主政治的本质属性，是最广泛、最真实、最管用的民主。”② 人民当家作主是中国民主的最本质特征，全过程人民民主则是中国民主的最新概括与独特表达，是中国式现代化所蕴含的民主观。

在中国式现代化的推进过程中，中国共产党始终坚持马克思主义民主观，始终注重健全人民当家作主制度体系，发挥社会主义协商民主重要作用，丰富民主形式，畅通民主渠道，坚持“全面发展协商民主”和“积极发展基层民主”，从各层次各领域扩大人民有序政治参与，推动全过程人民民主取得历史性成就。全过程人民民主实现了过程民主和成果民主的统一、程序民主和实质民主的统一、直接民主和间接民主的统一、人民民主和国家意志的统一，表现为全链条、全方位、全覆盖的民主。在全过程人民民主中，人民不仅有投票权，而且有广泛参与权；人民不仅能够充分表达自己的意见和意愿，而且能够在中国共产党的领导下团结奋斗；人民不仅拥有制度和法律保障的当家作主权利，而且拥有监督权力运行的权利和相关制度保证。中国式现代化所蕴含的民主观是一种全新的民主形态，凸显了人民是历史的创造者，是决定党和国家前途命运的根本力量。

第六，中国式现代化蕴含的生态观。正确处理经济发展与生态保护

①② 习近平：《高举中国特色社会主义伟大旗帜　为全面建设社会主义现代化国家而团结奋斗——在中国共产党第二十次全国代表大会上的报告》，人民出版社 2022 年版，第 37 页。

的关系、人与自然的关系，是世界各国在实现现代化中都必须要面对的问题。西方发达国家在推进现代化的过程中，在发展生产力、创造物质财富的同时，加速了对自然资源的掠夺，破坏了自然生态系统，经济发展与生态保护的关系、人与自然的关系处于失衡状态，不仅对本国生态环境造成严重污染，而且也带来一系列严峻的全球性环境问题。中国式现代化站在中华民族永续发展和全人类可持续发展的高度来谋划经济社会发展，处理好人与自然之间的关系，超越了西方现代化将经济发展凌驾于生态保护之上的经济观，将人凌驾于自然之上的人类中心主义自然观。人与自然和谐共生，构成了中国式现代化所蕴含的独具特色的生态观。

中国式现代化所蕴含的生态观，强调经济活动的规模要受到自然资源和自然环境承载力的制约，经济发展不能以牺牲环境、破坏生态环境为代价，强调经济持续发展必须要有绿色发展理念，以生态的保护和利用为前提，强调确保自然资源的持续利用，提高自然资源的配置效率，协调生态环境与经济发展的矛盾，优化环境经济行为，是经济持续而健康发展对生态提出的要求。强调人与自然是生命共同体，要站在人与自然和谐共生的高度谋划发展，科学统筹自然系统和人类社会各方面要素，协调推进物质文明建设和生态文明建设。中国式现代化从科学处理经济发展与生态保护关系、人与自然关系角度，丰富和发展了世界现代化的理论和实践。

第十四章

构建开放型经济新体制

开放所要解决的问题，是要发展国内国外联动，形成深度融合的互利合作格局，使我国经济的低水平开放转向高水平开放。适应经济全球化新形势，我国实行了更加积极主动的开放战略。构建对外开放新体制、推动“一带一路”建设、积极参与全球治理、构建人类命运共同体等，标志着我国开放发展进入了新的历史阶段。完善互利共赢、多元平衡、安全高效的开放经济体系，使中国发展主动顺应世界发展潮流，在增强自身实力的同时更好地惠及世界。

一、经济全球化与实行主动的开放战略

在我国的对外开放进程中，我国 2001 年加入世界贸易组织，经过快速发展，我国已经成为全球第二大经济体；2008 年国际金融危机之后，经济全球化出现了复杂的发展态势。新时代以来，中华民族伟大复兴战略全局和世界百年未有之大变局深度展开，我国的对外开放必须实行更加积极主动的开放战略，以更广阔的视野统筹国内国际“两个大局”，谋划国内国际“两个市场”，推进全方位对外开放格局，不断拓展新的开放领域和空间，扩大和深化同各国利益的汇合点，进一步提升中国在全球化进程中的影响力和话语权。

经济全球化是在科学技术、生产力和国际分工不断发展、生产社会化和国际化程度不断提高的情况下，世界各国、各地区的生产、贸易、金融等经济活动越来越超出一个国家或地区的范围，而相互联系、相互

依赖的一体化过程。20 世纪 90 年代以后经济全球化得到了迅猛发展。经济全球化的发展使当代世界获得了许多重要进展，如信息技术的创新所带来的信息传递的加快和国际经济交往的快捷，以及国家对经济生活干预作用的增强等。在经济全球化的发展中，人类的相互依存关系趋于最大化，各国间的利益相互交融，一荣俱荣、一损俱损已经成为反映一国发展与世界发展之间关系的"晴雨表"。"不拒众流，方为江海。当今世界，经济全球化、信息社会化所带来的商品流、信息流、技术流、人才流、文化流，如长江之水，挡也挡不住。"① 但是，我们"要准确把握经济全球化新趋势和我国对外开放新要求"②。

2008 年国际金融危机之后，国际政治经济环境发生了重大而深远的变化，全球经济处于不确定的阴霾中。经济全球化的发展出现了极为复杂的问题。第一，经济全球化的发展所形成的资源全球配置，虽然在资源的共享性及比较优势的发挥上给各国经济发展带来了利益，但是，全球范围包括资本主义国家内部却产生了红利分配不均的问题，并且这一问题处于不断尖锐化的状态，表现在南北差距的日益扩大和高收入阶层与中低收入阶层的贫富差距迅速扩大上。第二，经济全球化的发展所形成的用以解决全球问题的治理手段，在一定范围一定程度上，虽然可以调节各国之间的矛盾和冲突，解决一国治理中产生的负外部性问题和全球公域治理中的问题，但是，由于全球治理中裹挟着发达国家对世界的操控、发达国家制定和确定治理规则，以及维护发达国家利益的治理意图等问题，导致全球治理体系有效性不足，从而使现行的全球治理体

① 习近平：《在同外国专家座谈时的讲话》（2014 年 5 月 22 日），载于《人民日报》2014 年 5 月 24 日。

② 习近平：《在十八届中央政治局第十九次集体学习时的讲话》（2014 年 12 月 5 日），载于《人民日报》2014 年 12 月 7 日。

系难以适应世界的发展和变化。第三，经济全球化的发展所形成的“地球村”现象虽然反映了世界的整体性、各国间利益的相融性，但是，移民潮的产生，特别是从较为落后的国家向发达国家移民人数的大量增加，产生了诸如移民人口融入异国文化的问题、移民人口对社会稳定的危害问题等。第四，经济全球化的发展所形成的金融全球化，使全球金融市场趋于一体化，虽然可以促进分工和经济效率的提高，在一定方面可以制约全球的经济失衡，但是却产生了极大的负面效应，导致了贫富分化、虚拟经济过度膨胀、经济过分金融化、金融资本对经济的控制力过度增强，乃至全球金融市场动荡、各种金融泡沫积聚、随时可能爆发金融危机等严重问题。面对这些复杂的问题，我国不能当旁观者、跟随者，而是要做参与者、引领者。

经济全球化的发展也带来了许多需要人类共同面对并解决的问题。从世界范围来看，在经济全球化发展出现复杂性的情况下，“逆全球化”力量急剧上升，保护主义、内顾倾向不断抬头，多边贸易体制受到严重冲击，世界“面临增长动力不足、需求不振、金融市场反复动荡、国际贸易和投资持续低迷等多重风险和挑战”①。此外，“地区冲突频繁发生，恐怖主义、难民潮等全球性挑战此起彼伏，贫困、失业、收入差距拉大，世界面临的不确定性上升”②。显然，经济全球化的发展雪上加霜，不仅自身发展具有许多要解决的问题，而且还遭到了“逆全球化”力量的挑战。

经济全球化遭遇“逆全球化”力量的挑战是多方面的。主要表现在：第一，贸易保护主义盛行。在全球经济增长乏力的情况下，一些国

① 《习近平谈治国理政》第二卷，外文出版社2017年版，第471页。
② 《习近平谈治国理政》第二卷，外文出版社2017年版，第476页。

家为了扭转贸易逆差，规避贸易失衡，通过设置贸易壁垒，实施贸易保护，采用反倾销手段，干预正常的贸易，抢占国际市场份额。贸易保护主义的盛行必然带来贸易争端，影响全球经济发展。当前，特朗普政府新贸易保护主义的兴起，搅动世界人心浮动，引起的贸易冲突正侵蚀全球贸易的长远利益。第二，民粹主义势力登场。经济全球化发展的复杂性被一些民粹主义势力所利用，他们以维护平民的利益为由头，引导广大底层民众把经济疲软乏力，以及存在的社会问题归罪于经济全球化。加上全球范围的新媒体、大数据、云计算的出现，网络民主、网络政治得以产生，使大量的草根阶层卷入了高层政治。民粹主义势力的登场，对全球自由贸易和投资体系产生了影响，使全球治理机制出现了失序和碎片化问题。第三，国际恐怖主义加剧。随着经济全球化的发展，国家之间发生战争的可能性已大大减弱。在这种情况下，恐怖主义一方面利用互联网进行恐怖主义宣传，通过网络传播恐怖主义活动信息，利用电脑黑客对网址进行破坏活动等；另一方面利用大规模杀伤性武器进行恐怖活动，如毒气袭击、利用生化武器搞破坏活动，破坏人类的秩序感和对安全生活的控制感。

"逆全球化"力量的急剧上升，反映了经济全球化进程的不足，说明了经济全球化的发展缺乏普惠性、共享性和包容性。"面对经济全球化带来的机遇和挑战，正确的选择是，充分利用一切机遇，合作应对一切挑战，引导好经济全球化走向。"①

我国的对外开放到了一个新的重要关头。新时代搞开放发展，面临的国际国内形势同以往有很大的不同，有利因素虽然很多，但风险挑战

① 《习近平谈治国理政》第二卷，外文出版社2017年版，第478页。

不少。除了经济全球化的挑战之外，还有一些深层次的风险挑战。主要是四个方面："一是国际力量对比正在发生前所未有的积极变化，新兴市场国家和发展中国家群体性崛起正在改变全球政治经济版图，世界多极化和国际关系民主化大势难逆，以西方国家为主导的全球治理体系出现变革迹象，但争夺全球治理和国际规则制定主导权的较量十分激烈，西方发达国家在经济、科技、政治、军事上的优势地位尚未改变，更加公正合理的国际政治经济秩序的形成依然任重道远。二是世界经济逐渐走出国际金融危机的阴影，西方国家通过再工业化总体保持复苏势头，国际产业分工格局发生新变化，但国际范围内保护主义严重，国际经贸规则制定出现政治化、碎片化苗头，不少新兴市场国家和发展中国家经济持续低迷，世界经济还没有找到全面复苏的新引擎。"① 这两个方面的风险挑战主要是针对国际而言的，对于中国来说，对外开放中的"引进来""走出去"，在深度、广度、节奏上都是过去所不可比拟的，应对外部经济风险、维护国家经济安全的压力也是过去所不能比拟的。"三是我国在世界经济和全球治理中的分量迅速上升，我国是世界第二经济大国、最大货物出口国、第二大货物进口国、第二大对外直接投资国、最大外汇储备国、最大旅游市场，成为影响世界政治经济版图变化的一个主要因素，但我国经济大而不强问题依然突出，人均收入和人民生活水平更是同发达国家不可同日而语，我国经济实力转化为国际制度性权力依然需要付出艰苦努力。四是我国对外开放进入引进来和走出去更加均衡的阶段，我国对外开放从早期引进来为主转为大进大出新格局，但与之相应的法律、咨询、金融、人才、风险管控、安全保障等都

① 《习近平谈治国理政》第二卷，外文出版社 2017 年版，第 212 ~ 213 页。

难以满足现实需要，支撑高水平开放和大规模走出去的体制和力量仍显薄弱。”[①] 在我国经济发展出现了市场、资源能源、投资“三头”对外深度融合的新局面下，如何应对我国经济社会发展中面临的困难和挑战，如何应对对外开放中面临的困难和挑战，这就需要“实行更加积极主动的开放战略，坚定不移提高开放型经济水平，坚定不移引进外资和外来技术，坚定不移完善对外开放体制机制”[②]。显然，需要提高对外开放的质量和发展的内外联动性。

由此可见，在我国国内部分行业产能过剩，资源能源对外依存度持续攀升，依靠拼优惠、拼资源的“三来一补”加工贸易模式已经不适应我国社会经济发展的情况下，中国的对外开放已经站在了实施新一轮高水平开放的新起点上。中国对外开放的着力点已在于：全面推进双向开放，促进国内国际要素有序流动、资源高效配置、市场深度融合，加快培育国际竞争新优势，完善对外开放战略布局；完善法治化、国际化、便利化的营商环境，健全有利于合作共赢、同国际投资贸易规则相适应的体制机制，健全对外开放新体制；秉持亲诚惠容，坚持共商共建共享原则，开展与有关国家和地区多领域互利共赢的务实合作，打造陆海内外联动、东西双向开放的全面开放新格局，推进“一带一路”建设；推动国际经济治理体系改革完善，积极引导全球经济议程，维护和加强多边贸易体制，促进国际经济秩序朝着平等公正、合作共赢的方向发展，共同应对全球性挑战，积极参与全球经济治理。中国对外开放的目标就在于，以共建“一带一路”高质量发展为统领，丰富对外开放

① 《习近平谈治国理政》第二卷，外文出版社 2017 年版，第 213 页。

② 习近平：《在中央全面深化改革领导小组第十六次会议上的讲话》，载于《人民日报》2015 年 9 月 16 日。

内涵，推进高水平对外开放，协同推进战略互信、投资经贸合作、人文交流，努力形成深度融合的互利合作格局，开创对外开放新局面，构建全方位开放新格局。

在经济全球化加快发展的今天，在世界政治经济格局发生重大变化的情况下，在对外开放取得了巨大成就的今天，中国将继续深化各领域改革，坚持对外开放基本国策，坚定不移奉行互利共赢的开放战略，继续从世界汲取发展动力，让中国发展更好惠及世界，中国将在更大范围、更宽领域、更深层次上提高开放型经济水平。“自由贸易区战略”“一带一路”“人类命运共同体”等成为中国实施新一轮高水平对外开放的重大战略构想。中国需要世界，坚持对外开放，是中国经济腾飞的一个秘诀，也是实现中华民族伟大复兴的必然选择；世界也同样需要中国，坚持对外开放，世界也可以为中国提供所需资源要素，为中国的发展提供更广阔的盈利舞台。中国经济的更大发展空间必将在对外开放中得到拓展。

二、推进高水平对外开放的有效方式

实施自贸区战略是我国推进高水平对外开放的重要内容，是全面提高开放型经济水平的有效方式。在经济全球化背景下，中国在对外开放的进程中借助自贸区这个国际平台，不仅可以增强中国的国际竞争力，助推我国真正进入世界强国之列，而且可以使我国在国际规则制定中发出更多声音，维护和拓展我国的利益。加快实施自由贸易区战略，成为我国扩大对外开放的重要突破口和途径。

我国自由贸易区建设自 2013 年 9 月从上海开始。中国上海自贸区成立之初，面积仅有 28.78 平方公里，涵盖上海市外高桥保税区、外高桥保税物流园区、洋山保税港区和上海浦东机场综合保税区。2014 年 3 月，习近平在参加十二届全国人大二次会议上海代表团审议时强调："建设自由贸易试验区，是党中央为推进新形势下改革开放提出的一项重大举措。要牢牢把握国际通行规则，加快形成与国际投资、贸易通行规则相衔接的基本制度体系和监管模式，既充分发挥市场在资源配置中的决定性作用，又更好发挥政府作用。要大胆闯、大胆试、自主改，尽快形成一批可复制、可推广的新制度，加快在促进投资贸易便利、监管高效便捷、法制环境规范等方面先试出首批管用、有效的成果。要扩大服务业对外开放，引进国际先进经验，提高服务业能级和水平。在自由贸易试验区要做点压力测试，把各方面可能发生的风险控制好，切实防范系统性风险特别是金融风险。"① 在"先行先试、大胆创新"的要求鼓舞下，2014 年 12 月自由贸易区扩容，区域涵盖了陆家嘴、金桥和张江，面积达 120.72 平方公里。2015 年，又增设了广东、天津和福建 3 个自由贸易试验区。2015 年 12 月，国务院印发了《关于加快实施自由贸易区战略的若干意见》，提出了我国加快实施自由贸易区战略的总体要求，强调要进一步优化自由贸易区建设布局和加快建设高水平自由贸易区，并就健全保障体系、完善支持机制以及加强组织实施作出了具体部署。2017 年 4 月 1 日，辽宁、浙江、河南、湖北、陕西、四川、重庆 7 个自由贸易试验区正式挂牌运营。2018 年 4 月 13 日，习近平在庆祝海南建省办经济特区 30 周年大会上郑重宣布，党中央决定支持海南全岛建设自由贸易试验区。同年 10 月 16 日，国务院批复同意设立中国（海南）自由贸易试验区并印发《中国（海南）自由贸易试验区总体方

① 参见《习近平关于社会主义经济建设论述摘编》，中央文献出版社 2017 年版，第 289 页。

案》。国内自由贸易区数量达到12个，占省级行政区划三分之一，这是新时代中国改革开放创新的重要窗口。

加快建设自由贸易区的必要性和重要性在于，多边贸易体制和区域贸易安排一直是驱动经济全球化向前发展的两个轮子，而全球贸易体系现在正经历自1994年乌拉圭回合谈判以来最大的一轮重构，我国“加快实施自由贸易区战略，是适应经济全球化新趋势的客观要求，是全面深化改革、构建开放型经济新体制的必然选择，也是我国积极运筹对外关系、实现对外战略目标的重要手段。我们要加快实施自由贸易区战略，发挥自由贸易区对贸易投资的促进作用，更好帮助我国企业开拓国际市场，为我国经济发展注入新动力、增添新活力、拓展新空间”①。同时，“加快实施自由贸易区战略，是我国积极参与国际经贸规则制定、争取全球经济治理制度性权力的重要平台，我们不能当旁观者、跟随者，而是要做参与者、引领者，善于通过自由贸易区建设增强我国国际竞争力，在国际规则制定中发出更多中国声音、注入更多中国元素，维护和拓展我国发展利益。”②

建设自由贸易区是一项复杂的系统工程，其核心任务是制度创新，即“要对照国际最高标准、最好水平的自由贸易区，深化完善基本体系，突破瓶颈、疏通堵点、激活全盘，聚焦商事制度、贸易监管制度、金融开放创新制度、事中事后监管制度等，加快建立同国际投资和贸易通行规则相衔接的制度体系，率先形成法治化、国际化、便利化的营商环境，加快形成公平、统一、高效的市场环境”③。其四点要求，即一

①② 习近平：《在十八届中央政治局第十九次集体学习时的讲话》（2014年12月5日），载于《人民日报》2014年12月7日。

③ 参见《习近平关于社会主义经济建设论述摘编》，中央文献出版社2017年版，第301页。

是“要加强顶层设计、谋划大棋局，既要谋子更要谋势，逐步构筑起立足周边、辐射一带一路、面向全球的自由贸易区网络，积极同一带一路沿线国家和地区商建自由贸易区，使我国与沿线国家合作更加紧密、往来更加便利、利益更加融合”。二是“要努力扩大数量、更要讲质量，大胆探索、与时俱进，积极扩大服务业开放，加快新议题谈判”。三是“要坚持底线思维、注重防风险，做好风险评估，努力排除风险因素，加强先行先试、科学求证，加快建立健全综合监管体系，提高监管能力，筑牢安全网”。四是“要继续练好内功、办好自己事，加快市场化改革，营造法治化营商环境，加快经济结构调整，推动产业优化升级，支持企业做大做强，提高国际竞争力和抗风险能力”①。

加快建设自由贸易区，对推进我国高水平对外开放具有重要意义。第一，中国自贸区的建设必须是能适应更高标准的贸易规则、投资规则，和国际上更高标准的贸易规则接轨，在某些方面要超高标准。自由贸易区的目标就是按照国际化、市场化、法治化高标准进行的新一轮制度创新，构建公平、统一、高效的营商环境，力争开放度最大，开放层次最高，将对我国未来经济发展、创新驱动、转型升级产生深远影响。第二，中国坚持世界贸易体制规则，坚持双边、多边、区域次区域开放合作，扩大同各国各地区利益汇合点，以周边为基础加快实施自由贸易区战略。在与周边国家的经贸联系中，中国有能力也有实力在一定程度上发挥带头引领作用，协助周边国家通过完善基础设施等谋求自身发展。第三，坚持底线思维，做到“有守”和“有为”相统一。一方面，面对困难和挑战要划定并坚守一些安全红线，把涉及重大国计民生的战

① 习近平：《在十八届中央政治局第十九次集体学习时的讲话》（2014 年 12 月 5 日），载于《人民日报》2014 年 12 月 7 日。

略型产业、领域和敏感产品在一定时期内排除在谈判内容之外，并根据我国发展水平自主开展我国的自贸协定谈判。另一方面，按照中央部署有计划、有重点地开展自由贸易协定谈判，着重在健全政策体系、提高监管能力上下功夫。第四，把自己的事情办好，把国内的经济工作做得更好更扎实。要建立公平开放透明的市场规则，提高我国服务业国际竞争力；要坚持引进来和走出去相结合，完善对外投资体制和政策，激发企业对外投资潜力，勇于并善于在全球范围内配置资源、开拓市场；要加快从贸易大国走向贸易强国，巩固外贸传统优势，培育竞争新优势，拓展外贸发展空间，积极扩大进口；要树立战略思维和全球视野，站在国内国际两个大局相互联系的高度，审视我国和世界的发展，把我国对外开放事业不断推向前进。

三、构建人类命运共同体

构建人类命运共同体，是中国作为一个负责任大国，在全球经济发展中发出更多中国声音、注入更多中国元素，努力为全球经济治理提供“中国方案”的重要内容之一，是以习近平同志为核心的党中央站在新时代起点上，审视全球发展大势，以加强中国对外关系发展为基点，提出的促进人类共同发展的重要方案，反映了新时代中国的新型国际经济关系。

人类命运共同体的理论内涵主要有四个方面：

第一，以世界各国在追求自身利益和寻求自身发展的同时兼顾他国利益、促进世界共同发展为基础的“合作共赢的利益观”。这种新型的利益观强调把本国利益和世界各国的共同利益结合起来，谋求世界共同发展进步的长久大计。“各国要树立命运共同体意识，真正认清‘一荣俱荣、一损俱损’的连带效应，在竞争中合作，在合作中共赢。在追求本国利益时兼顾别国利益，在寻求自身发展时兼顾别国发展。”① “合作共赢的利益观”充分把握了生命体之间的共生关系即互利互惠的关系，展现了中国建立以合作共赢为核心的新型国际关系的新理念。坚持合作共赢，追求人类共同利益，成为人类命运共同体的应有之义。

第二，以共同安全、综合安全、合作安全、可持续安全等为内容，体现世界各国安全与共的“多种安全的新安全观”。这种新型的安全观强调以平等合作推动世界经济走可持续的、平衡的、包容的增长之路，以国家安全和国际安全的结合共同应对全球的共同威胁。“当今世界，安全的内涵和外延更加丰富，时空领域更加宽广，各种因素更加错综复杂。各国人民命运与共、唇齿相依。”② 经济全球化进程中国际安全形势的日益复杂，要求安全主体多样化、安全要素综合化、安全手段复合化，要求各国在安全领域相互合作，形成命运共同体，朝着互利互惠、共同安全的目标相向而行。

第三，以世界各国间在经济、政治、文化等领域，进行文化文明成果交流为基础的“包容互鉴的文明观”。这种新型的文明观要求对不同文明秉持平等、交流、包容的态度，文明既会因交流而多彩，文明也会因互鉴而丰富。不同文明的国家相互启发和借鉴，是推动人类文明进步和世界和平发展的重要动力。文明如水，润物无声。我们应该推动不同文明相互尊重、和谐共处，让文明交流互鉴成为增进各国人民友谊的桥梁、推动人类社会进步的动力、维护世界和平的纽带。我们应该从不同

① 习近平：《共同维护和发展开放型世界经济——在二十国集团领导人峰会第一阶段会议上关于世界经济形势的发言》，载于《人民日报》2013 年 9 月 6 日。

② 习近平：《迈向命运共同体开创亚洲新未来——在博鳌亚洲论坛 2015 年年会上的主旨演讲》，载于《人民日报》2015 年 3 月 29 日。

文明中寻求智慧、汲取营养，为人们提供精神支撑和心灵慰藉，携手解决人类共同面临的各种挑战。包容互鉴的文明观成为人类命运共同体的本质内容。

第四，以坚持集思广益、共同参与、互利共赢原则为基础的“共商共建共享的全球治理观”。随着经济全球化挑战的增多，加强全球治理，推进全球治理体制的变革是人类命运共同体的重要任务。“共商”，在集思广益中兼顾各方利益和关切、体现各方智慧和创意；“共建”，在共同参与中发挥各方优势和潜能，形成新的合作优势；“共享”，在坚持互利共赢中寻求利益契合点和合作的最大公约数，使合作成果惠及各国和国际社会。在“共商共建共享”中，“共商”是起点和基础，“共建”是核心和方式，“共享”是目标和动力。“共商共建共享”就在于，全球治理的话语权、国际规则的制定权、世界秩序的重构权等，必须由所有治理的参与方共同享有，治理的成果也必须由所有治理的参与方平等地享有。人类命运共同体的核心内容是通过“共商共建共享的全球治理观”反映出来的。

合作共赢作为人类命运共同体的核心理念，也是和平与发展这一时代主题发展的必然要求和抉择。当前世界，虽然正处于大发展大变革大调整时期，但和平与发展仍是时代主题；当前世界，虽然充满了诸如经济增长动能不足、贫富分化日益严重等各方面挑战，但世界却充满了希望。各国人民“要相互尊重、平等协商，坚决摒弃冷战思维和强权政治，走对话而不对抗、结伴而不结盟的国与国交往新路。要坚持以对话解决争端、以协商化解分歧，统筹应对传统和非传统安全威胁，反对一切形式的恐怖主义。要同舟共济，促进贸易和投资自由化便利化，推动经济全球化朝着更加开放、包容、普惠、平衡、共赢的方向发展。要尊重世界文明多样性，以文明交流超越文明隔阂、文明互鉴超越文明冲突、文明共存超越文明优越。要坚持环境友好，合作应对气候变化，保护好人类赖以生存的地球家园”①。要建设持久和平、普遍安全、共同繁荣、开放包容、清洁美丽的世界，构建人类命运共同体具有重要的意义。

人类命运共同体作为中国特色大国外交的重要内容，是在以习近平同志为核心的党中央对中国国际地位的清醒认识和世界新形势的冷静判断，以及对中国与世界互动性的深刻把握中形成的。“当今世界是一个变革的世界，是一个新机遇新挑战层出不穷的世界，是一个国际体系和国际秩序深度调整的世界，是一个国际力量对比深刻变化并朝着有利于和平与发展方向变化的世界。”② 世界并非可以任由不合理、不平等的国际体系和国际秩序所支配，中国要发展，世界要发展，必须顺应和平与发展潮流。构建人类命运共同体，既是维护世界和平，在独立自主的基础上，同世界各国建立平等的关系，和平共处，也是促进共同发展，在维护正当权益和核心利益的基础上，坚持世界命运由各国人民共同掌握，合作共赢。人类命运共同体既通过维护世界和平实现各国共同发展，又通过各国共同发展维护世界和平。政治上平等互信、经济上合作共赢、文明上交流互鉴、安全上守望相助、国际事务中团结协作是人类命运共同体的建设理念。

顺应和平与发展潮流而生的人类命运共同体，在坚持合作共赢的同时必须讲责任共担，在维护世界和平的同时必须反对霸权主义、在促进共同发展的同时必须消除两大社会制度间的矛盾和冲突。人类命运共同

① 《十九大以来重要文献选编》上，人民出版社 2019 年版，第 41 ~42 页。

② 《习近平谈治国理政》第二卷，外文出版社 2017 年版，第 442 页。

体以承认主权国家差异为前提、以承认存在不同社会制度为基础，强调人类的共同性、整体性。它以一种开放包容的姿态面对各种不同的社会文明形态。

首先，在笃行责任共担中坚持合作共赢。合作共赢是建立在责任共担的基础之上的。面对人类发展面临的共同问题和挑战，面对世界发展持续低迷等多重风险，人类命运共同体倡导各国均有责任去应对并解决，要有舍我其谁的担当精神，要有治理担当的态度和责任。不仅如此，各国应以自身的发展带动其他国家的发展，实现共同发展。“各国都应成为全球发展的参与者、贡献者、受益者。不能一个国家发展、其他国家不发展，一部分国家发展、另一部分国家不发展。各国能力和水平有差异，在同一目标下，应该承担共同但有区别的责任。要完善全球经济治理，提高发展中国家代表性和发言权，给予各国平等参与规则制定的权利。”① 中国经过改革开放40多年的发展，国际地位显著提升，开始由经济大国走向经济强国，成为全球第二大经济体。国际社会正在用放大镜看中国，对中国在全球发展中是否有能力、有意愿承担责任持观望态度，各种不同舆论接踵而来。例如，“金德尔伯格陷阱理论”就认为，中国不愿承担特朗普当选美国总统后无力负责的重要国际公共产品的供给，从而会造成全球经济混乱和安全失序。中国在世界上负责任大国的形象足以使这一理论不攻自破。在当今世界发展中，“中国将继续发挥负责任大国作用，积极参与全球治理体系改革和建设，不断贡献中国智慧和力量”②。构建人类命运共同体，谋求世界的共同永续发展，

① 习近平：《共同永续发展　做合作共赢伙伴——在联合国发展峰会上的讲话（二〇一五年九月二十六日，纽约）》，载于《人民日报》2015年9月27日。

② 《十九大以来重要文献选编》上，人民出版社2019年版，第42页。

展现的正是中国负责任大国的形象和风采。

其次，在反对霸权主义中维护世界和平。世界历史的发展过程不仅是一个各民族国家反对殖民主义、帝国主义的历史过程，同时也是一个各民族国家反对霸权主义、强权政治的现实过程。第二次世界大战以后，帝国主义殖民体系的瓦解，充分说明了饱受殖民地之苦的各民族国家，由于共同的民族遭遇、共同的战略利益、共同的历史任务、共同的精神追求结成了命运共同体，在共同抗争帝国主义、殖民主义中获得了新生。今天，霸权主义、强权政治是危害世界和平、安全和稳定的根源。以习近平同志为核心的党中央倡导构建人类命运共同体，打破的正是弱肉强食、国强必霸的思维逻辑。中国强调国家不分大小、强弱、贫富一律平等，永不称霸、永不扩张、永不谋求势力范围，永远不会把自身曾经经历过的悲惨遭遇强加给其他民族。中国坚决反对霸权主义和强权政治，坚定不移地维护世界和平。“偏见和歧视、仇恨和战争，只会带来灾难和痛苦。相互尊重、平等相处、和平发展、共同繁荣，才是人间正道。”① 中国通过构建人类命运共同体，助力改变以大欺小、以强凌弱、以富吃贫、以霸为尊的国际旧格局、旧秩序，做世界和平的建设者，推动建立以互利共赢为核心的新型国际关系。

最后，在消除两种社会制度间的矛盾和冲突中促进共同发展。当世界历史的发展从一个由资本主义世界体系扩展为两种社会制度共存的体系之后，虽然社会制度的对立、对抗在20世纪末走向了并存中的竞争、合作，不同社会制度国家间形成“双赢”利益新格局，但是，矛盾、冲突依然存在，不同社会制度间不仅国家的较量日益激烈，经济竞争与

① 《习近平谈治国理政》第二卷，外文出版社2017年版，第446页。

贸易摩擦趋于表面化，而且资本主义对社会主义的文化渗透与扩张、“西化”“分化”的政治图谋日益加重。在经济全球化发展中，资本主义与社会主义的制度矛盾、南北之间的矛盾、一国范围矛盾的世界化、意识形态的冲突等日益复杂，造成这些矛盾、冲突的根源依然存在。人类命运共同体谋求的是中国与世界各方利益的汇合点，中国致力于以各国利益汇合点为基础开展合作，以合作交流推动人类进步，以互利共赢推动人类发展，这自然也是离不开与消除国际范围内、两种社会制度之间各种矛盾、冲突，以及根源同行。从人类共同利益、世界共同发展角度，打破社会制度对抗的思维，中国与世界各国良性互动、互利共赢，是在利益多元化背景下构建人类命运共同体的发展要求。

共同发展是世界和平的基础，共同发展问题不解决，世界和平难有保障。维护世界和平，推进世界共同发展，是当今世界具有全局性、战略性意义的两大重要问题。“中国将高举和平、发展、合作、共赢的旗帜，恪守维护世界和平、促进共同发展的外交政策宗旨，坚定不移在和平共处五项原则基础上发展同各国的友好合作，推动建设相互尊重、公平正义、合作共赢的新型国际关系。”① “中国始终坚持维护世界和平、促进共同发展的外交政策宗旨，致力于推动构建人类命运共同体。”②

目前，中国正致力于通过激发增长动力和市场活力，建设现代化经济体系，提升经济增长的质量和效益，加强中国对外关系的发展，以解决发展中的问题，推动人类命运共同体的建设。

第一，中国致力于构建开放型经济新体制，以推动人类命运共同体

---

① 《十九大以来重要文献选编》上，人民出版社 2019 年版，第 41 页。

② 习近平：《高举中国特色社会主义伟大旗帜　为全面建设社会主义现代化国家而团结奋斗——在中国共产党第二十次全国代表大会上的报告》，人民出版社 2022 年版，第 60 页。

的建设。站在新的历史起点上，实现“两个一百年”奋斗目标、实现中华民族伟大复兴，必须适应经济全球化新趋势、准确判断国际形势新变化、深刻把握国内改革发展新要求，以更加积极有为的行动，推进更高水平的对外开放，加快实施自由贸易区战略，加快构建开放型经济新体制。我国的开放型经济新体制的总目标是互利共赢、多元平衡、安全高效，内容主要包括了建立市场配置资源新机制和形成经济运行管理新模式、全方位开放新格局、国际合作竞争新优势；而实质则在于，以共建“一带一路”高质量发展为重点，丰富对外开放内涵，提高对外开放水平，打造国际合作新平台，协同推进战略互信、投资经贸合作，努力形成深度融合的互利合作格局，开创对外开放新局面。面对来自世界经济的多重风险和挑战，中国构建开放型经济新体制的目的就在于做强自身，以对外开放的主动赢得经济发展的主动，赢得国际竞争的主动。

第二，中国大力倡导“一带一路”建设，以推动人类命运共同体的建设。“一带一路”建设是我国在新的历史条件下实行全方位对外开放的重大举措、推行互利共赢的重要平台。我们必须以更高的站位、更广的视野，在吸取和借鉴历史经验的基础上，以创新的理念和创新的思维，扎扎实实做好各项工作，使沿线各国人民实实在在感受到“一带一路”给他们带来的好处。“一带一路”作为促进人类命运共同体建设的重要形式，不仅可以为中国的发展带来保障，而且也可以促进沿线国家的发展。我国是“一带一路”的倡导者和推动者，但建设“一带一路”不是我们一家的事。“一带一路”建设不应仅仅着眼于我国自身发展，而是要以我国发展为契机，让更多国家搭上我国发展“快车”，帮助他们实现发展目标。我们要在发展自身利益的同时，更多考虑和照顾其他国家利益。因此，“一带一路”建设是从全球视野来思考产业链、能源链、供应链、价值链的发展问题的，促进的是中国及沿线国家乃至整个世界的共同发展。

第三，中国积极参与全球治理体系改革和建设，以推动人类命运共同体的建设。随着国际力量对比消长变化和全球性挑战日益增多，加强全球治理、推动全球治理体系变革是大势所趋。中国历来认为，全球性问题和挑战需要世界各国携手共同应对、共同解决，全球治理体系运行要由各国人民共同商量，不能由一个国家说了算，不能由少数国家说了算。中国坚持共商共建共享原则，积极参与全球治理，促使关于全球治理体系变革的主张转化为各方共识，努力为完善全球治理贡献中国智慧和力量，同世界各国人民一道，推动国际秩序和全球治理体系的健康发展。一方面，由于全球治理格局取决于国际力量对比，全球治理体系变革源于国际力量对比变化，中国只有通过苦练内功，做好自己，提升国际竞争力，才能提高我国参与全球治理的能力，才能主动承担起国际责任，为世界各国人民发声；另一方面，面对经济全球化发展中存在的需要解决的共同问题，中国必须发出声音，提出共同解决的方案，在经济全球化中不当旁观者、跟随者，而做建设者、引领者，通过人类命运共同体的建设，推动开放、包容、普惠、平衡、共赢的经济全球化发展，推动相互尊重、公平正义、合作共赢的新型国际关系建设。

构建人类命运共同体是世界各国人民前途所在。万物并育而不相害，道并行而不相悖。只有各国行天下之大道，和睦相处、合作共赢，繁荣才能持久，安全才有保障。中国提出了全球发展倡议、全球安全倡议，愿同国际社会一道努力落实。中国坚持对话协商，推动建设一个持久和平的世界；坚持共建共享，推动建设一个普遍安全的世界；坚持合作共赢，推动建设一个共同繁荣的世界；坚持交流互鉴，推动建设一个开放包容的世界；坚持绿色低碳，推动建设一个清洁美丽的世界。